令和7年版

根本正次のリアル実況中継

司法書士

合格ゾーン

テキスト

5 不動産登記法Ⅱ

JN060331

はじめに

　本書は、初めて司法書士試験の勉強にチャレンジする方が、本試験突破の「合格力」を無理なくつけるために制作しました。

　まず、下の図を見てください。

　これは、司法書士試験での、理想的な知識の入れ方のイメージです。

　まず、がっちりとした基礎力をつけます。この基礎力が備わっていれば、その後の部分は演習をすることで、徐々に知識を積み重ねていくことが可能になります。

　私は、**この基礎力のことを「合格力」と呼んでいます。**

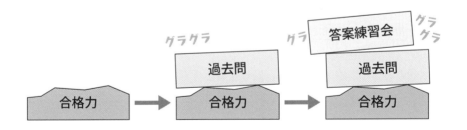

　この合格力がついていないと、いくら勉強しても、知識を上積みすることができず、ドンドンと抜けていってしまいます（これまでの受験指導の中で、こういった受験生を本当に多く見ています…）。

　本書は、まさにこの「**合格力（＋ある程度の過去問知識)」をつけるための基本書です。**

本書では、この「合格力」をつけるためにさまざまな工夫をしています。

①「合格に必要な知識」だけを厳選して掲載。

　学問分野すべてを記載するのではなく、司法書士試験に出題がある部分（または今後出題される可能性が高いもの）に絞った記述にしています。学問的に重要であっても、「司法書士試験において必要かどうか」という観点で、論点を大胆に絞りました。

　覚えるべき知識量を抑えることによって、繰り返し学習がしやすくなり、スムーズに合格力がつけられるようになります。本書を何度も通読し、合格力がついてきたら、次は過去問集にチャレンジしていきましょう。

②初学者が理解しやすい言葉、言い回しを使用。

　本書は、司法書士試験に向けてこれから法律を本格的に学ぶ方のために作っています。そのため、**法律に初めて触れる方でも理解しやすい言葉や言い回しを使っています。**これは「極めて正確な用語の使い回し」をしたり、「出題可能性が低い例外を説明」することが、「必ずしも初学者のためになるとは限らない」という確固たる私のポリシーがあるからです。

③実際の講義を受けているようなライブ感を再現。

　生講義のライブ感そのままに、話し言葉と「ですます調」の軟らかな文体で解説しています。また、できるだけ長文にならないよう、リズムよく5〜6行ごとに段落を区切っています。さらに文章だけのページが極力ないように心掛けました。

④ 「図表」→「講義」→「問題」の繰り返し学習で知識定着。

　1つの知識について、「図表・イラスト」、「講義」、「問題」で構成しています。そのため、本書を読み進めるだけで、**1つの知識について、3つの角度から繰り返し学習ができます。**また、「図表」は、講義中の登場人物の心境や物語の流れを把握するのに役立ちます。

　試験で落としてはいけない「基本知識」の問題を掲載。講義の理解度をチェックし、実戦力、得点力を養います。基礎知識を確認するための問題集としても使えます。

最後に

　2002年から受験指導を始めて、たくさんの受験生・合格者を見てきました。
改めて、司法書士試験の受験勉強とは何をすることかを考えると、

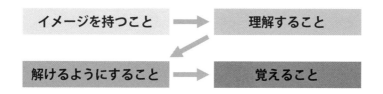

このプロセスを丹念に踏むことに尽きると思っています。

　学習のスタートは、早ければ早いほど合格に近づきます。

　しかし、いざ学習を始めるに当たり、「自分にできるかどうか」という不安をもっている方も多いのではないでしょうか。
　ですが、**司法書士試験に今までの学習経験・学歴は、一切関係ありません。出題される知識を、「繰り返す」「続ける」努力を続けた人が勝つ試験です**。
　本書は、いろいろな方法で学習を始めやすい・続けやすい工夫を凝らしています。安心して、本書を手に取って学習を始めてみましょう。

2024年5月
LEC専任講師　根本正次

◆本書は、2024年5月1日現在成立している法律に基づいて作成しています。

STEP 1 　本書を通読＋掲載されている問題を解く（1～2周）
※　ただし「2周目はここまで押さえよう」の部分を除く

まずは、本書をあたまから順々に読んでいってください。

各章ごとに、「問題を解いて確認しよう」という問題演習のパートがあります。それを解くことによって、知識が入っているかどうかを確認してください。この問題を間違えた場合は、次に進む前に、該当箇所の復習をするようにしてください。

STEP 2 　本書の「2周目はここまで押さえよう」の部分を含めて通読する　＋　問題を解く（2周以上）

本書には「2周目はここまで押さえよう」というコーナーを多く設けています。この部分は、先の学習をしないとわからないところ、知識の細かいところ、基本知識が固まらないうちに読むと消化不良を起こす部分を記載しています。

STEP 1を数回クリアしていれば、この部分も読めるようになっています。ぜひ、この部分を読んで知識を広げていってください（法律の学習は、いきなり0から10まで学ぶのではなく、コアなところをしっかり作ってから、広げるのが効率的です）。

STEP 3 　本書の姉妹本「合格ゾーン ポケット判択一過去問肢集」で演習をする　＋　「これで到達合格ゾーン」のコーナーを参照する

ここまで学習が進むとアウトプット中心の学習へ移行できます。そこでお勧めしたいのが、「合格ゾーン ポケット判択一過去問肢集」です。こちらは、膨大な過去問集の中からAAランク・Aランクの知識に絞って演習ができる教材になっています。

そして、分からないもの、初めて見る論点があれば、本書の「これで到達合格ゾーン」の箇所を見てください。

ここには、近年の司法書士試験の重要過去問について、解説を加えています。

この部分を読んで、新しい知識の記憶を強めていきましょう。

（そして、学習が深化してきたら、「これで到達合格ゾーン」の部分のみ通読するのも効果的です。）

STEP 4　ＬＥＣの答案練習会・公開模試に参加する

本試験では、過去問に出題されたとおりの問題が出題されたり、問い方を変えて出題されたりすることがあります。

また、本試験の２〜３割以上は、過去に出題されていない部分から出されます。

こういった部分の問題演習は、予備校が実施する答練で行うのが効率的です。

ＬＥＣの答練は、

・過去問の知識をアレンジしたもの

・未出知識（かつ、その年に出題が予想されるもの）

を出題していて、実力アップにぴったりです。

どういった模試・答練が実施されているかは、是非お近くのLEC各本校に、お問い合わせください。

TOPIC　令和６年度から記述式問題の配点が変更！より要求されるのは「基礎知識の理解度」

令和６年度本試験から、午後の部の配点が、択一の点数（１０５点）：記述の点数（１４０点）へと変更されました。

「配点の多い記述式の検討のため、択一問題を速く処理すること」、これが新時代の司法書士試験の戦略です。

そのためには、基礎知識を着実に。かつ、時間をかけずに解けるようにすることが、特に重要になってきます。

本書は、図表 ➡ 説明 という構成になっています（上に図表があり、その下に文章が載っています）。

本書を使うときは、「図表がでてきたら、その下の説明を読む。その講義を読みながら、上の図表を見ていく」、こういうスタイルで見ていってください。

そして、**最終的には、「図表だけ見たら知識が思い出せる」というところを目標にしてください。**

イントロダクション

この編で何を学んで行くのかの全体像がつかめます。この内容を意識しながら学習を進めるといいでしょう。

章の初めには、「どういったことを学ぶのか」「どういった点が重要か」という説明が書かれています。この部分を読んでから、メリハリをつけて本文を読みましょう。

基本構造

本書の基本構造は「図表➡その説明」となっています。「図表を軽く見る➡本文を読む➡図表に戻る」という感じで読んでいきましょう。

第**2**編 **民法の基礎知識**

ここから民法の基礎知識を14個のテーマに分けて、見ていきます。この14個のテーマを学習した後に、第3編以降で細かく受験の論点を追いかけていきましょう。

～代理人は本人の代わりなので、ちゃんとした人で～

第1章 **代理制度**

これからやる代理という制度は、本試験で多くの出題があるところです。
まずは、①そもそも代理というのはどういう制度なのか、②代理が成立するための要件は何か、③頼まれてもいないのに代理した場合はどうなるか、こういったことを学習しましょう。

第1節 **任意代理**

図表

説明 甲は、丙に、「乙の土地が欲しいから、値段交渉をして買ってきて欲しい」と頼みました。

根本講師が説明！ 本書の使い方Web動画！

本書の使い方を、著者の根本正次ＬＥＣ専任講師が動画で解説します。登録不要、視聴無料で、いつでもアクセスできます。

本書の構成要素を、ひとつひとつ解説していき、設定の意図や留意点などを分かりやすく説明していきます。

是非、学習前に視聴していただき、本書を効率よく使ってください。

※スマートフォン等による視聴の場合、パケット通信料はお客様負担となります。

◆アクセスはこちら

◆二次元コードを読み込めない方はこちらから
https://www.lec-jp.com/shoshi/book/nemoto.html

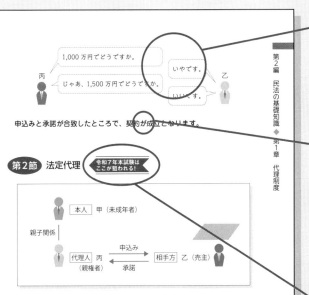

会話調のイラスト

流れや状況を会話調のイラストにすることにより、イメージしやすくなり、理解が早まります。

本文

黒太字：知識の理由となっている部分です。理由付けは理解するためだけでなく、思い出すきっかけにもなるところです。

赤太字：知識として特に重要な部分につけています。

令和７年本試験はここが狙われる！

令和７年本試験で狙われる論点をアイコンで強調表示しています。

条文

本試験では条文がそのまま出題されることがあります。覚える必要はありませんが、出てくるたびに読むようにしてください。

※上記は見本ページであり、実際の書籍とは異なります。

図に表示されている矢印の違い

!

　本書には数多くの図が掲載されていますが、掲載されている矢の形で
意味合いが異なってきます。

```
            ┌──┐ ┌────────────────┐
            │本人│ │甲（未成年者）│
            └──┘ └────────────────┘
親子関係
            ┌───┐ ┌───┐    申込み    ┌───┐ ┌───────┐
            │代理人│ │ 丙 │ ───────→  │相手方│ │乙（売主）│
            └───┘ └───┘  ←───────  └───┘ └───────┘
            （親権者）      承諾
```

覚えましょう

試験問題を解答して
いく上で、欠かせな
い重要な部分です。
読んだ後、この箇所
を隠して暗記できて
いるかを確認してい
きましょう。

覚えましょう

代理行為が成立する要件
① 本人 甲が権利能力を有すること
② 代理人 丙が代理権を有すること
③ 代理人 丙が 相手方 乙に対して顕名をすること
④ 代理人 丙と 相手方 乙との間に有効な契約が成立すること

　理行為が有効に成立するためには、①から④までの要件が必要です。
この4つをすべてクリアすると、直接甲に効果帰属します。

（1）権利能力について

Point

その単元の特に重要
な部分です。この部
分は特に理解するこ
とをこころがけて読
んでください。

Point

権利能力：権利義務の帰属主体となりうる地位
　　　　→ 「人」が持つ
　　　　→ 「人」とは、自然人・法人

　権利能力とは、私は**「権利を持てる能力、義務を負える能力」**と説明していま
す。
　そして、この**能力を持つのは、人**です。

　法律の世界で人といった場合は、**自然人と法人**を指します。

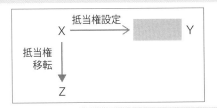

→ や ⇒	流れを示しています。権利や物がその方向で動いていると思ってください。 ※太さが異なっても意味は同じです。
→	債権、所有権、地上権などの権利を差しています。誰が権利をもっていて、どこに向かっているかを意識してみるようにしてください。

~お金を貸すときは担保が大事です~

第3章 債権者平等の原則と担保物権

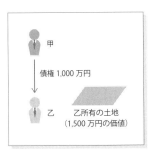

甲と乙が「1,000万円貸す」という借金契約をしました（この借金契約のことを、法律では、金銭消費貸借契約と呼びます）。

この場合、甲から乙に対し貸金債権が発生します。これは、「貸したお金を返せ」と請求できる権利です。

取引の常識
甲は、乙に金を貸す際に、乙の資産状態（資力ともいう）を確認してから貸す

──── 問題を解いて確認しよう ────

1	金銭消費貸借契約をすることによって、抵当権は当然に設定されたこととなる。〔オリジナル〕	×

──── ヒトコト解説 ────

1 借金の契約とは別に、抵当権をつけるという契約をしないと抵当権は設定されません。

根本のフキダシ
根本が考える「この部分は、こう考えるといいよ」という理解の方向性を示している部分です。

問題を解いて確認しよう
ここまでの理解を確認します。理解していればすぐに解ける肢を、主に過去問からセレクトしていますので学習の指針にしてください。また、出題年度を明記しています。
例：〔13-2-4〕→ 平成13年問題2の肢4
×肢には「ヒトコト解説」が付いてくるので、なぜ誤っているかはここで確認してください。

※上記は見本ページであり、実際の書籍とは異なります。

ix

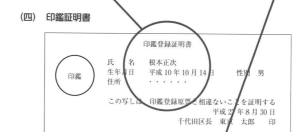

（四）　印鑑証明書

```
                    印鑑登録証明書

         氏　　名　　根本正次
 印鑑     生年月日　　平成 10 年 10 月 14 日　　　性別　男
         住所　　　・・・・・・

         この写しは、印鑑登録原票と相違ないことを証明する
                                平成 27 年 8 月 30 日
                         千代田区長　東京　太郎　　印
```

第1節　売買に関する登記

（一）　基本形の登記

順位番号	登記の目的	受付年月日	権利者その他の事項
1	所有権保存	（略）	所有者　（住所省略）　甲野一郎
2	所有権移転	（略）	原因　平成 17 年 9 月 1 日売買 所有者　（住所省略）　乙野二郎

　1番に所有権保存で甲野一郎がいて，この甲野一郎が乙野二郎に所有権を全部売り，2番に所有権移転で乙野二郎名義になっています。

　この2番の所有権移転登記を作るための申請書を見ていきましょう。

```
                    登記申請書

 登記の目的　所有権移転
 原　　　因　平成 17 年 9 月 1 日売買
 権　利　者　乙野二郎
 義　務　者　甲野一郎
 添　付　情　報　登記原因証明情報　登記識別情報
              印鑑証明書　　　　住所証明情報
              代理権限証明情報


 課　税　価　格　金 1,000 万円
 登録免許税　　金 20 万円
```

※上記は見本ページであり、実際の書籍とは異なります。

目　次

第4編　根抵当権に関する登記　　2

第8編　その他の登記　268

根本正次のリアル実況中継

司法書士

合格ゾーン
テキスト

5 不動産登記法Ⅱ

まるわかりWeb講義

著者、根本正次による、科目導入部分のまるわかりWeb講義！

科目導入部分は、根本講師と共に読んで行こう！

初学者の方は、最初に視聴することをおすすめします。

◆二次元コードを読み込んで、アンケートにお答えいただくと、ご案内のメールを送信させて頂きます。

◆「まるわかりWeb講義」は各科目の「第1編・第1章」のみとなります。2編以降にはございません。

◆一度アンケートにお答えいただくと、全ての科目の「まるわかりWeb講義」が視聴できます。

◆応募期限・動画の視聴開始日・終了日については、専用サイトにてご案内いたします。

◆本書カバー折り返し部分にもご案内がございます。

第4編 根抵当権に関する登記

抵当権の変形バージョンの根抵当権に入ります。ここは、権利のイメージをしっかり持つことが重要です。そのイメージを持った上で、常に「抵当権とは何が違うのか」を意識して見ていきましょう。

~何度も出し入れする債権には根抵当権で登記~

第1章 根抵当権設定

根抵当権という権利を学びます。ここでは、根抵当権のイメージを持つことを最優先に、特に抵当権との違いをしっかりと言えるようにしましょう。

第1節 根抵当権設定

根抵当権は、民法制定時には無かった権利で、後から条文を追加して作りました。では、なぜ後から作ったのか、その必要性から説明をしていきます。

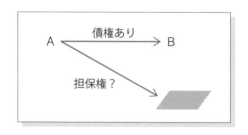

AからBに対して債権があり、Aがこの債権を担保するために担保権を設定したい場合、どんな担保権を選べばいいのでしょうか。

　債権の発生が１回であれば、抵当権で問題ないでしょう。

　でも、債権を何度も何度も生み出す場合は、抵当権だとかなり不便です。例えば中小企業と銀行の間では、

　お金を貸す→弁済する→お金を貸す→弁済する→・・・

ということが頻繁に起きます。

　これを抵当権で担保するとしたら、

　お金を貸す→抵当権を設定する→返済する→抵当権を抹消する→お金を貸す→抵当権を設定する→返済する→・・

　こんなことを繰り返していたら、**手続的にも面倒臭いし、司法書士手数料や登録免許税もばかになりません。**

　他にも、メーカーが小売店に物品を売った場合の代金債権も抵当権で担保するのは面倒です。商品を売るたびに抵当権設定、払ったら抹消という手続を繰り返す羽目になります。

　このように**ＡＢ間でいろんな債権が生まれる場合、抵当権では面倒**なのです。

　そこで、**当事者間で債権を複数発生させる場合のために、根抵当権という担保権**を作ったのです。

　根抵当権の特徴
　債権と担保権の関連性を極力排除する。
　→　附従性と随伴性が無い。

　債権が無くなったら担保権が無くなる、だからまた設定し直しになる、それが問題なのです。そこで、根抵当権においては、債権と担保権の関係を切り離すこととし、**債権に何かあったとしても、担保権には影響が出ない**としたのです。

　では、ここからは、根抵当権が生まれてから終わるまでの流れを見ていきましょう。

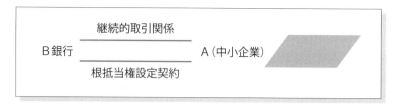

　B銀行とAという中小企業が継続的に取引している関係で、債権が何本も何本も発生しています。債権1本ごとに抵当権を設定するのも面倒なため、一括担保するために、AB間で根抵当権設定契約をしました。

　根抵当権を設定すると、極度額という枠が発生します。

　極度額というのは、担保する枠と呼ばれるもので、イメージとしては目盛付きのビーカーだと思ってください（上記の事例では、極度額の目盛の大きさを5,000万円にしたようです）。

　そのビーカーの中に債権が入ってくると、その債権は担保される可能性が生じます。

　AB間に貸金債権が生まれました。すると、手続無しで自動的にこの枠（ビーカー）に入ります。入れる手続をとって入るのではなく、債権が生まれたら、自動的に入るようになっているのです。

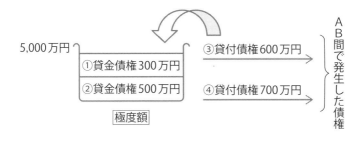

　③貸金債権④貸金債権と新たに２本生まれ、枠（ビーカー）に入っていったようです。

　その後、①②の債権が払われた後に、根抵当権の元本確定という状態になりました。

　元本確定とはどんな状態かを下の図にしています。

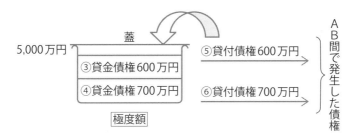

　元本確定、これは**ビーカーに蓋が閉まるというイメージ**です。そのため、その後に新たに債権として⑤⑥が生まれたとしても、もう入りません。

　ここで担保する債権が確定します。つまり、これ以上ビーカーには何も入らないので担保される可能性があるのは、③と④の債権だけになるのです。それが次の図です。

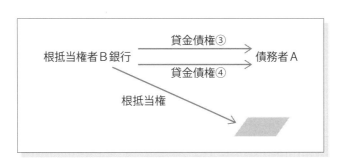

B銀行はAに対し③と④の貸金債権を持ち、これ以上は担保する枠（ビーカー）には入りません。③④を担保するために、**根抵当権を持つことになります**。

　そして、Aが弁済しなければ、B銀行は根抵当権を実行して競売にかけることになります。

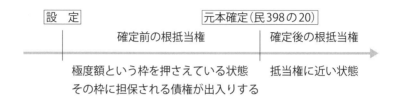

　設定のタイミングでは、この根抵当権は確定前根抵当権と呼ばれます。

　極度額という枠を押さえている状態で、その枠に担保される債権が出入りします。新たに生まれれば入り、払われたら消える、そういう関係になります。この時点では附従性、随伴性はありません。債権と担保権には全く関係性が無いことになります。

　その後、いつか元本確定という状態になります。すると確定後根抵当権と呼ばれ、**抵当権に近い状態になります**。担保する債権が決まり、その債権が消滅すると担保権も消滅します。

> 根抵当権は不特定債権を担保する。
> ＝　設定段階では何を担保するのか分かっていない。

　抵当権は特定債権担保、α専用というものでした。

　根抵当権は設定段階で、どの債権を担保するのか分かりません。

　設定するタイミングではまだどんな債権が生まれて最終的にどれが残るかは分かっていません。これが不特定債権という意味なのです。

抵当権	確定前の根抵当権
特定債権担保	不特定債権担保
① 被担保債権が移転すれば、抵当権も移転する	① 被担保債権が移転しても、根抵当権は移転しない
② 被担保債権が消滅すれば、抵当権も消滅する	② 被担保債権が消滅しても、根抵当権は消滅しない

もう１回、附従性、随伴性を説明します。

抵当権は特定債権担保、α債権専用の担保権です。よって、α債権が無くなれば、この担保権は残る意味がありません。だから、債権が無ければ担保が無くなります（附従性）。また、α債権が移動すればα専用なのですから、担保権も一緒に付いていきます。これが随伴性です。

一方、根抵当権は設定のタイミングではまだどの債権を担保するか決まっていません。だから**ビーカーに入った債権が消えたとしても、それを担保するか決まっていないのですから、担保権が消える必要はありません。**

また、**ビーカーに入った債権が、債権譲渡で飛んでいったとしても、どの債権専用とは決まっていないのですから、担保権に影響は出ません。**

ただ、元本確定後は違います。確定すれば、③貸金債権、④貸金債権を担保するというように決まります。つまり確定後は特定債権化するのです。

だから、確定後に③④が飛んでいけば、根抵当権も一緒に飛んでいきます。

また、③④が両方とも無くなれば、もう担保する必要は無くなりますから根抵当権は消えます。

確定するまでは附従性、随伴性が無く、確定すると附従性、随伴性が戻ってくるということなのです。

抵当権	確定後の根抵当権
利息・損害金は２年分まで、優先弁済権がある	極度額に至るまで、利息損害金は担保できる

確定すると、ほぼ抵当権と同じになるのですが、１点だけ違いがあります。それは利息です。**抵当権の利息は２年分しか取れませんでしたが、根抵当権の利息**

は何年分でも取れます。

先ほどの蓋が閉まったビーカーをもう1回見てください。

極度額5,000万円（枠）のビーカーの蓋が閉まっています。中身が1,300万円しか入っていません。

この場合、利息は5,000万円の枠、ビーカーを満たすまでは、2年分とかいう制限は無く何年分でも担保します。ここが抵当権に近いけれど抵当権とは違うところです。

では、以上を踏まえて、根抵当権の登記簿及び申請書を見ていきましょう。

順位番号	登記の目的	受付年月日	権利者その他の事項
1	根抵当権設定	（略）	原因　　　令和5年10月1日設定 極度額　　金3,000万円 債権の範囲　銀行取引　手形債権 　　　　　　小切手債権 確定期日　令和8年9月30日 債務者　　（住所省略）甲野一郎 根抵当権者　（住所省略） 　　　　　　株式会社豊崎銀行 　　　　　　（取扱店　梅田支店）

登記簿を見ながら、次の図を見てください。

> **この根抵当権が担保するもの**
> 株式会社豊崎銀行と甲野一郎が取引する債権のうち、
> 「銀行取引」「手形債権」「小切手債権」を金3,000万円の範囲
> で担保する。

是非、根抵当権者、極度額、債権の範囲、債務者の4つは覚えてください。これが**根抵当権の担保する債権を決定する基準**となります。

根抵当権者と債務者、これが取引をする人です。

この根抵当権者と債務者が取引をした債権を担保するのですが、2人の間で発生した債権は「なんでもかんでも全部入れる」ということはできません。**2人で**

発生した債権のうち、「こういう内容の債権を入れよう」ということを決める必要があります。この「こういったものを入れますよ」という部分が債権の範囲と呼ばれるものです。

そして極度額、枠の大きさを決めます。

ちなみに、登記簿に確定期日という言葉がありませんでしたか。これは、蓋を閉める予定日で、初めから蓋を「令和8年9月30日に閉めます」と決めておけるのです。これを定めるかどうかは任意です。

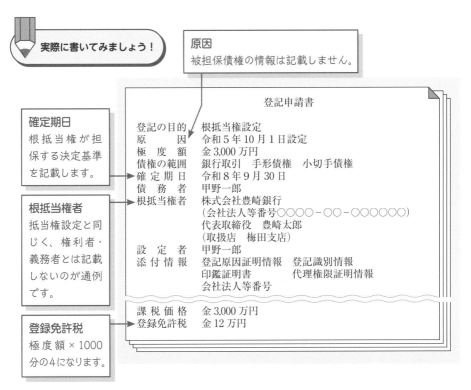

実際に書いてみましょう！

原因
被担保権の情報は記載しません。

確定期日
根抵当権が担保する決定基準を記載します。

根抵当権者
抵当権設定と同じく、権利者・義務者とは記載しないのが通例です。

登録免許税
極度額×1000分の4になります。

登記申請書

登記の目的　根抵当権設定
原　　　因　令和5年10月1日設定
極　度　額　金3,000万円
債権の範囲　銀行取引　手形債権　小切手債権
確定期日　令和8年9月30日
債　務　者　甲野一郎
根抵当権者　株式会社豊崎銀行
　　　　　　（会社法人等番号○○○○－○○－○○○○○○）
　　　　　　代表取締役　豊崎太郎
　　　　　　（取扱店　梅田支店）
設　定　者　甲野一郎
添付情報　登記原因証明情報　　登記識別情報
　　　　　　印鑑証明書　　　　　代理権限証明情報
　　　　　　会社法人等番号

課税価格　金3,000万円
登録免許税　金12万円

原因ですが抵当権と比べてみてください。

抵当権は「年月日金銭消費貸借年月日設定」と書きました。「年月日金銭消費貸借」これはなぜ書いたのでしょう。α債権を担保するのだから、**α債権を特定するために書いたのです。**

一方、根抵当権は確定するまでは、どの債権を担保するのか決まっていません。

だから、**どの債権かを書く必要はありません。**

　他に抵当権なら、債権額、利息、損害金と書いていきますが、根抵当権はまだどの債権を担保するのか決まっていませんから、**債権の内容を書く必要はありません**。

　根抵当権の場合、**申請書に記載するのは担保する債権の基準**です。極度額、債権の範囲、債務者、根抵当権者を書いていきます。今回は確定期日も決めているので、確定期日も書くことになります。

　添付情報は抵当権設定と同じです。公式通り当てはめていけばできるので、無理に覚えなくて大丈夫です。

　最後に登録免許税ですが、**課税標準は極度額**になっています。
　最終的にどれだけ融資するかはまだ決まっていませんが、最大で極度額の枠分まで優先弁済権を取れるのです。
　得られるメリットは極度額の枠分までの優先弁済権です。だから極度額を基準に1000分の4を乗じた金額が登録免許税になります。
　ちなみに、税率が1000分の4というところは抵当権と同じです。抵当権と同じというか、担保権はすべて税率を共通にしています。具体的には、設定時は1000分の4、移転は基本1000分の2で、相続・合併による移転は1000分の1になっています。

　ここでは、債権の範囲を少し細かく見ていきます。

Point

債権の範囲のパターン

① 　お互いの取引で発生する債権

② 　取引以外で発生する債権

③ 　根抵当権者、債務者以外のところで生まれた債権

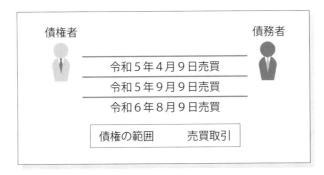

　ある債権者と債務者が売買契約を繰り返します。

　売買契約を繰り返せば、代金債権が数多く発生するので、これを一括担保したい場合は、債権の範囲に「売買取引」と書きます。これで代金を担保することが分かります。

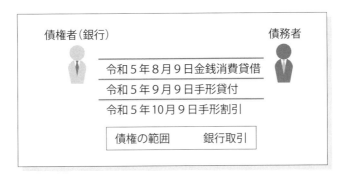

　銀行と中小企業の間では、反復継続して行われるいろんな取引があります。

　お金を貸したり手形関係のことをやったり、いろんな債権が発生します。この場合、債権の範囲として「銀行取引」と書いておけば事細かに書く必要がなくなります。どういった取引をしているのかは、金融関係者なら分かるからです。

　以上が、取引で発生する債権を担保する場合の表現です。

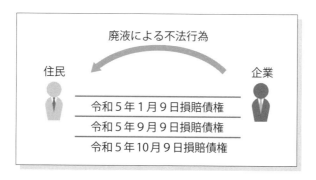

取引でなくても債権が継続的に発生する場合があります。例えば不法行為です。

上の図は、ある企業が廃液による不法行為で、住民たちを痛い目にあわせ続けた結果、住民たちは廃液による損害賠償債権を何本も持っているという状態を表しています。

住民と企業は「もう廃液を流すことはやめること。今後、こういうことが無いように担保権を付けさせてもらう」と示談をしたようです。

ここで採用した担保権は抵当権ではなく根抵当権です。今後廃液を出した時に、極度額の枠に入れられるようにするためです。

抵当権では、現にある債権しか担保できませんが、根抵当権とすることによって将来発生した損害も担保することが可能になるのです。

この事例で担保するのは、この2人の間の「取引」で生まれる債権ではありません。**取引で生まれる債権ではないのですが、債権の範囲として登記ができる**のです。

債権の範囲
甲工場の廃液による損害賠償債権

債権の範囲
債務者の不法行為による損害賠償債権

債権の範囲の書き方ですが、上はOKですが、下はダメです。不法行為の内容を「工場の廃液」というように特定することが必要です。

LEC東京リーガルマインド　令和7年版 根本正次のリアル実況中継
司法書士 合格ゾーンテキスト 5 不動産登記法Ⅱ

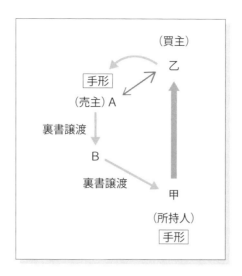

　Aが乙に物を売り、乙はAに代金債務を負っています。企業では、今すぐ払えないといった場合に手形を渡すことがあります。「今払えないから手形でいいかな」と乙が頼み、相手方Aがそれに承諾すれば、乙はAに手形を渡します。

　もし売掛金の値段が100万円で、100万円の手形をもらえばAは乙に対して100万円の手形債権を持つことになります。約束の日までAがそれを持っていれば乙に100万円請求できるのです。

　ただ、そこまで待てないという状況の場合、Aはこの手形を売ることができます。

　そして、Aから手形を買ったBが乙に対し手形債権100万円を持つことになります。このBが手形の約束日まで我慢できなければ、これを更に甲に売ることができます。

　今、甲が乙に対し手形債権を持っているという状態になっています。

　これは債権の範囲に「手形債権、小切手債権」と書いておけば担保されます。この手形債権は、**甲乙間で発生させた債権ではありませんが、担保できる**のです。

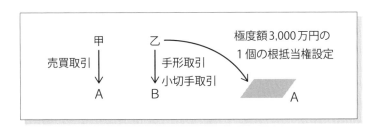

　甲とAが継続的に売買取引をして多数の債権が発生しているので、これを一括担保したい状態です。

　そして、甲の知り合いの乙はBと継続的に手形取引等をしているので一括担保したい状態でした。

　ではこれらをまとめて、1つの根抵当権で担保できるのでしょうか。

　もし、**抵当権を設定しようとする場合はできません**。この場合、**債権が無ければ担保無しという附従性に反するため**です。

　ですが、**根抵当権には附従性が無いため、上記のような設定が許されます**。では、どのような申請書になるか見ていきましょう。

```
　　　　　　　　　　　　登記申請書

登記の目的　　根抵当権設定
原　　　因　　年月日設定
極　度　額　　金3,000万円
債権の範囲　　根抵当権者甲につき　　売買取引
　　　　　　　根抵当権者乙につき　　手形債権、小切手債権
債　務　者　　根抵当権者甲につき　　A
　　　　　　　根抵当権者乙につき　　B
根抵当権者　　甲
　　　　　　　乙
設　定　者　　A
添付情報　　　登記原因証明情報
　　　　　　　登記識別情報
　　　　　　　印鑑証明書
　　　　　　　代理権限証明情報

課税価格　　　金3,000万円
登録免許税　　金12万円
```

ポイントは、債権の範囲と債務者の書き分けです。根抵当権者が複数いる場合は根抵当権者を基準に書き分けていくのです。

次のポイントは、根抵当権者の持分です。

本来、物権を2人で持っていれば持分があるはずですが、ここでは持分の記載が無いのです。

	持分を記載するか
元本確定前の根抵当権を共有している場合	記載しない
元本確定後の根抵当権を共有している場合	記載しない

甲が持っている債権額が100万円、乙が持っている債権額が100万円だったら、それぞれの持分は甲持分2分の1、乙持分2分の1となりそうです。

そのあと、甲の債権額が1,000万円になり、乙の債権額が500万円になったら、甲持分3分の2、乙持分3分の1になりますね。

甲・乙は継続的に取引をしているので、債権額ってコロコロ変わりますよね。すると、持分もコロコロ変わってしまいます。

もし持分を登記することにしたら、頻繁に登記申請が必要になってしまいます。これでは面倒なので、**根抵当権については確定前であろうが、確定後であろうが持分の記載はしないことにした**のです。

具体例	可否
「確定期日　令和6年8月19日」	○

続いて登記事項の確定期日について学習しましょう。

確定期日は「取引終了の予定日」という位置付けで、あらかじめ決めていても、決めなくても構いません。

例えば、上記のように決めていた場合、元本はいつ確定するのでしょう。

8月19日と書いた場合、確定するのは8月19日の午前0時です。**19日になった瞬間に確定する**と思ってください。

具体例	可否
設定契約の日から5年を超える日を設定契約で定められていたため、申請書に5年内の日を記載すること	×

　期間は最長5年と決まっています。5年を超えるものは書き直すことができません（共有物不分割特約の年数も5年で書き直すことができませんでした）。

━━━━━ 問題を解いて確認しよう ━━━━━

1	根抵当権設定契約書に確定期日として設定契約の日より5年を超える日が記載されている場合でも、申請書に5年以内の日を記載して根抵当権設定登記を申請することができる。〔13-27-ア〕	×
2	複数の債権者の債権を担保する1個の抵当権を設定することができるし、複数の債権者の債権を担保する1個の根抵当権を設定することができる。〔8-15-イ改題〕	×
3	根抵当権者が数人ある根抵当権の設定の登記を申請するときは、当該根抵当権者ごとの持分を申請情報の内容として提供しなければならない。〔18-23-エ改題〕	×

━━━━━ ヒトコト解説 ━━━━━

1　確定期日は5年までで、これを超えると確定期日は無効です。

2　抵当権では許されません。

3　根抵当権では持分を記載しません。

☐ 「平成30年6月6日リース取引等契約」を当該根抵当権の債権の範囲として登記の申請をすることができる。〔3-24、31-21-オ〕

★「年月日〇〇契約」という形式のものは一律、債権の範囲として認められると考えていいでしょう。

☐ 根抵当権者から債務者に対する金銭債権が電子記録債権である場合、電子記録債権は、債権の範囲として認められる。〔27記述式〕

★電子記録債権とは、電子上の手形、小切手債権と考えましょう（ペーパーレス化促進のために作られた制度です）。

☐ 「株式会社ABC銀行との間の債権譲渡取引に係る債権を、包括的に債権の範囲に含めること」を債権の範囲とすることはできない。〔27記述式〕

★根抵当権では、債務者への債権の一切合切を担保することを禁止しています（包括根抵当権の禁止）。本事例も包括的に債権を担保しようとしているので認められません。

第2節 共同根抵当権設定

共同根抵当権には2タイプあります。まず、下の図を見てください。

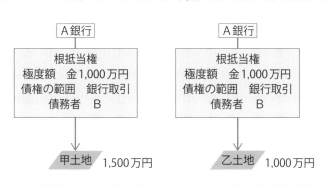

（ケース1）A銀行は甲土地・乙土地に内容の同じ根抵当権を設定した。

A銀行	A銀行
根抵当権 極度額　金1,000万円 債権の範囲　銀行取引 債務者　B	根抵当権 極度額　金1,000万円 債権の範囲　銀行取引 債務者　B

甲土地 1,500万円　　乙土地 1,000万円

単に根抵当権を1つ設定し、もう1つ同じ内容の根抵当権を設定しています。この場合は、**それぞれについて極度額が生まれます。**

甲土地に設定すれば1,000万円の極度額の枠が1つ、乙土地に設定すれば1,000万円の極度額の枠が1つ生まれます。このように**設定すればするほど枠の数が増えていくことから、累積式共同根抵当権と呼ばれます**（設定するほど枠の数が累積するというニュアンスです）。

ただ、累積式共同根抵当権というのは、名前が共同根抵当権というだけであって、他に設定した共同根抵当権とは連動性は全くありません。例えば、甲土地、乙土地には負担割付という概念や、次順位の代位という問題は何も起きません。

この累積式共同根抵当権、名前には共同という文字がついていますが、**共同でもなんでもない無関係な状態**だと思ってください。

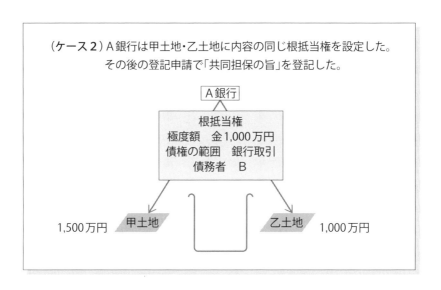

（ケース2）A銀行は甲土地・乙土地に内容の同じ根抵当権を設定した。
その後の登記申請で「共同担保の旨」を登記した。

A銀行

根抵当権
極度額　金1,000万円
債権の範囲　銀行取引
債務者　B

1,500万円　甲土地　　　乙土地　1,000万円

先ほどの根抵当権と違って「共同担保の旨」を登記しています。

その特殊な登記をすると、**根抵当権は合体します。**合体して極度額1,000万円分の**1つの枠を、2つの不動産で担保する関係**になります。

具体的には、1つの枠の重さが2つの土地に乗っかっていますので負担が分散します。甲土地1,500万円：乙土地1,000万円なので、極度額1,000万円分の枠が、甲土地600万円、乙土地400万円と割り付けられます。これがいわゆる負

担割付です。

また、負担割付だけでなく、片方が異時配当された場合、その不動産の後順位担保権者は、もう片方の不動産の（根）抵当権者に代位して担保権の行使ができます。民法392条2項による代位です。

このように、**1つの枠（極度額分）を2つの不動産で担保しようとしている共同根抵当権を純粋共同根抵当権と呼びます。**

本試験の問題で共同根抵当権といった場合、まず、この純粋共同根抵当権を指しています。もし累積式を出題する場合は「累積式共同根抵当権については……」というように問題文に明記します。

最終的には次の図表でまとめてください。

	純粋共同根抵当権	累積式共同根抵当権
要件	①同一債権の担保のために数個の不動産上に根抵当権を設定すること ②設定と**同時に共同担保の旨の登記**をすること（民398の16）	①同一債権の担保のために数個の不動産上に根抵当権を設定すること ②共同担保の旨の登記をしていないこと
根抵当権者 債権の範囲 債務者 極度額の変更	すべての不動産につき画一的に変更 →　すべての不動産に登記をしなければ効力を生じない（民398の17Ⅰ）	不動産ごとに各別になし得る
確定	すべての不動産につき画一的に確定（民398の17Ⅱ）	不動産ごとに各別に確定する
極度額減額請求 消滅請求	1つの不動産について請求すればすべてについて効力が生じる →　すべての不動産について登記をしなければ第三者に対抗できない	不動産ごとに各別に請求することを要する
負担割付 次順位者の代位	あり	なし

☞**Point**

・登記上の利害関係人の承諾を得ても、純粋な共同根抵当権を累積式共同根抵当権に変更する登記の申請をすることはできない。

・累積式共同根抵当権を純粋な共同根抵当権に変更することはできない。

累積式共同根抵当権と純粋共同根抵当権との間では変更ができません。例えば純粋から累積式への変更を認めた場合、甲土地にかかってくる負担が変わってしまいます（前ページの事例では、純粋だった場合は600万円しか負担がかかりませんが、累積式だった場合は甲土地、乙土地、それぞれが1,000万円の枠で負担します）。

　これでは、**それぞれの土地の後順位担保権者は多大な迷惑を受けてしまいます**。

　累積式から純粋、純粋から累積式へ変えることはあまりにも影響が大きいので、後から変える変更を認めません。

 Point

> 累積式根抵当権と（純粋）共同根抵当権は異なる根抵当権であるから、累積式根抵当権を（純粋）共同根抵当権に申請により更正することは、更正前後の登記の同一性が認められないため、たとえ利害関係人の承諾があったとしても許されない。

　変更はダメでも、更正はOKという論理が多いのに、累積式と純粋の間では、変更だけでなく、更正もダメとしています。

　では、純粋共同根抵当権の設定の要件を見ていきます。

覚えましょう

純粋共同根抵当権の要件①
共同担保の旨の登記をすること（民398の16）
→　登記が効力要件になっている

　これのポイントは、登記の目的に「共同根抵当権設定」と書くことです。

　抵当権の場合は共同という文字は入れませんが、根抵当権の場合は入れるのです。むしろこれを入れないと累積式扱いになってしまいます。

　次のポイントは「登記をすること」です。登記をすることによって共同根抵当権になる、つまり、**登記が効力要件なのです**。

　登記をして初めて効力が生じるということで、仮登記ができるかどうかわかる

と思います。**登記が効力要件の場合、仮登記はダメ**ですよね。

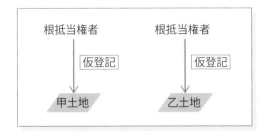

　しかし、場合によっては、仮登記せざるを得ない状況もあります。

　実は共同根抵当権の設定登記は、ある物件で登記した際の登記簿がないと、他の登記所では登記できないことになっています（後に説明する前登記証明書という添付情報です）。

　つまり、**共同根抵当権設定は、管轄が違うと登記するまで時間が掛かってしまうため、とりあえず仮登記を入れて、順位番号をとることを認めています。**

　この場合は、まず、**累積式で仮登記を入れる**のです。

　純粋共同根抵当権は民法398条の16という条文があって、登記を効力要件としています。一方、**累積式については、これに該当する条文がありません。**

　だから累積式共同根抵当権は仮登記ができるのです。

　仮登記しておいて書類が揃ったところで本登記をします。その**本登記のタイミングで共同根抵当権設定と入れてしまう**のです。それが次の図です。

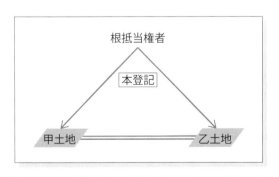

　この事例は、結果として累積式から純粋に変更しています。もともと累積式だったものは純粋に変更できないと説明しましたが、これは、その例外になっています。

問題を解いて確認しよう

1	同一の登記所の管轄に属する甲土地及び乙土地を目的として共同根抵当権設定登記がされている場合、登記上の利害関係人の承諾を得れば、甲土地の根抵当権と乙土地の根抵当権とを共同担保の関係にない根抵当権に変更する登記を申請することができる。〔15-26-エ〕	×
2	甲、乙両不動産について根抵当権設定の登記がされているが共同担保である旨の登記がない場合には、登記上利害の関係を有する第三者の承諾を得ても、共同担保である旨の更正の登記の申請は、することができない。〔2-22-5（13-27-イ）〕	○
3	甲・乙不動産について、同一の債権を担保するために共同根抵当権設定契約を締結し、根抵当権設定の仮登記をした場合、これらの仮登記を本登記するときに共同根抵当権設定の本登記とする登記を申請することはできない。〔11-22-イ（15-26-ウ、21-26-ウ）〕	×

×肢のヒトコト解説

1 純粋共同根抵当権から、累積式共同根抵当権に変更することはできません。

3 累積式から純粋共同根抵当権に変更できる数少ない例外です。

覚えましょう

純粋共同根抵当権の要件②
債権要素が同一であること

共同抵当権における「同一債権担保」の判断

抵当権者	被担保債権の名称・発生年月日	債権額	利息	損害金	債務者
○	○	×	×	×	×

　申請書と既存登記簿で、どこまで一致が必要だったでしょうか。抵当権では、上の図表のとおり、申請書と既存登記簿で完全一致は必要ではなく、抵当権者と被担保債権の名称が一致すれば、他がずれていても追加設定ができました。

共同根抵当権における「同一債権担保」の判断

根抵当権者	極度額	債権の範囲	債務者	確定期日	優先の定め
○	○	○	○	×	×

　一方、根抵当権においては、この条件がもっと厳しいのです。**被担保債権の決定基準が、申請書と登記簿と一致していなければいけません。**

　そのため、債務者の住所が変わっているのに、登記簿の債務者の住所を変えないまま、追加設定の申請を出しても

　　申請書：新しい住所

　　登記簿：古い住所

と一致しないことになるため、登記申請は受理されなくなります。

 覚えましょう

　純粋共同根抵当権の要件③
　既設定の根抵当権が元本確定前であること

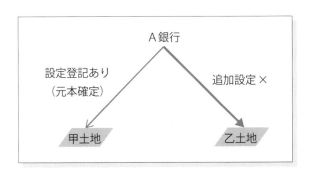

　A銀行が甲土地に根抵当権の設定を受けたあと、その根抵当権の元本が確定しました。この状態で、A銀行が乙土地に追加設定を受けられるでしょうか。

　結論からいえば**できません。**

　甲土地の根抵当権は元本が確定して蓋が閉まっていますので、どの債権を担保するか決まっている状態になっています。

　A債権B債権というように担保する債権が決まった状況なので、乙土地に根抵当権として追加設定することはできません。根抵当権は不特定債権を担保するも

のであり、何を担保するか決まっていない時に設定するものです。担保する債権が決まっている状態では、根抵当権の追加設定はできません。

　根抵当権の追加設定ができないのなら、**抵当権で追加設定ができるのではないかと思うところですが、これもできません。**

　甲土地が根抵当権、乙土地が抵当権だと**配当に無理が生じる**のです。例えば、根抵当権は利息を極度額に至るまで取ることができますが、抵当権は２年分しか取れません。このように片や抵当権、片や根抵当権では利息の取り方が違ってくるので、抵当権で追加設定することも認めていません。

問題を解いて確認しよう

1　共同根抵当権の設定登記がされている甲・乙不動産のうち、甲不動産についてのみ極度額の増額登記がされている場合、変更後の極度額による丙不動産に対する追加共同根抵当権の設定登記を申請することはできない。〔11-22-ア〕　　　　　　　　　　　　　　　○

2　同一の登記所の管轄に属する甲土地及び乙土地を目的として共同根抵当権設定登記を申請する場合、各根抵当権の被担保債権の範囲、債務者及び極度額は同一でなければならないが、確定期日は異なる日とすることができる。〔15-26-オ〕　　　　　　　　　　　　　　　　○

3　根抵当権の債務者が住所を変更した場合、抵当権の場合とは異なり、債務者の住所の変更登記をしなければ、当該根抵当権に別の不動産を追加設定する登記を申請することはできない。〔12-16-オ（18-23-ア）〕　○

4　甲地について設定の登記がされた根抵当権の元本が確定した後に、乙地について同一の債権を被担保債権とする根抵当権の設定の契約をしたときは、乙地について甲地と共同根抵当権とする根抵当権の設定の登記を申請することができる。〔17-19-イ〕　　　　　　　　　　　　　×

×肢のヒトコト解説

4　根抵当権の元本が確定している状態では、追加設定の登記はできません。

２周目はここまで押さえよう

（２周目はここまで押さえよう、のコーナーは「あとあと学ぶことが前提知識として必要」「少々細かいので、後から入れた方が効率的」という知識を入れています。この科目のテキストをすべて通読して、専門用語等が頭に残り始めてきてからお読みください。）

登記簿 債務者　　埼玉県大宮市・・・ A	追加設定の申請書 債務者　　埼玉県さいたま市・・・ A

→　変更登記不要

登記簿と追加設定の申請書で、債務者の部分が異なっていれば、追加設定はできません。そのため、上記のような事例では、追加設定できず、
１件目　　債務者の変更登記
２件目　　追加設定登記
となるはずです。

ただ、行政区画の変更の場合は別です。埼玉にお住いの方なら、
「昔の大宮市、今のさいたま市のことだよね」とわかります。

そのため、行政区画の変更であれば、変更登記なしで追加設定が認められているのです（名変登記の部分と結論は同じです）。

✓ 1　根抵当権の債務者の住所について地番変更を伴わない行政　　｜　×
　　区画の変更がされた場合において、共同根抵当とする根抵
　　当権の設定の登記を申請するときは、その前提として、債
　　務者の住所の変更の登記を申請しなければならない。
　　　　　　　　　　　　　　　　〔26-23-ウ改題（30-24-エ）〕

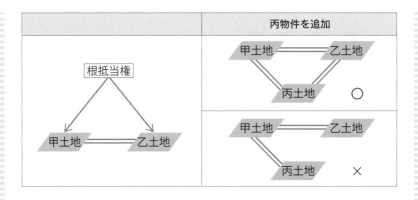

3つ目以降の追加設定には注意点があります。

例えば、甲と乙に純粋共同根抵当権を設定しているとします（二重線は純粋共同化で合体している状態を指しています）。

この状況で、丙物件を追加するときに
○　甲乙丙をすべて純粋共同化
×　甲と丙だけ純粋共同化
となっているのです（片面的共同化の禁止、と言ったりします）。

これは、配当計算が面倒になるため「物件の片方だけと純粋共同化しないで」と要求しているのです（配当計算がどう面倒になるか、は考えなくていいです）。

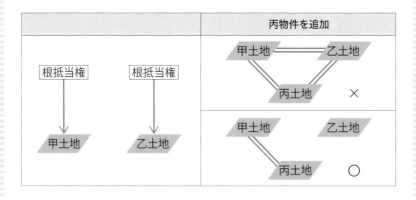

LEC東京リーガルマインド　令和7年版 根本正次のリアル実況中継
司法書士 合格ゾーンテキスト 5 不動産登記法Ⅱ

　次に、もともと累積状態の甲・乙がありました。ここで、丙を追加して、甲とだけ純粋共同化することはできます（もともと甲・乙は純粋共同根抵当権の状態ではないので、先ほどのような片面的共同化の制限は入りません）。

　むしろ、上記の状態から、甲乙丙のすべてを純粋共同化することが認められていないのです。これを認めてしまうと、
　甲乙が累積状態　→　甲乙丙が純粋共同化
となり、累積から純粋共同へと変更されることになるからです。

☑ 1　Ａ不動産とＢ不動産の根抵当権が共同担保の関係にない場合において、Ｃ不動産に根抵当権を設定し、ＡＢＣ各不動産の根抵当権を共同担保の関係にする登記の申請は、することができる。〔61-24-3（2-22-4、21-26-オ）〕　　×

2　同一の登記所の管轄に属する甲土地及び乙土地を目的としてそれぞれ根抵当権設定登記がされているが、共同担保である旨が記録されていない場合でも、本件各土地の登記記録の乙区に後順位の登記がないときは、本件各土地の追加担保として丙土地についての根抵当権設定登記を申請することができる。〔15-26-ア〕　　×

これで到達！　　合格ゾーン

☐ 共同根抵当権設定契約に基づき、根抵当権設定の仮登記がされている管轄の異なる甲不動産及び乙不動産について、本登記を申請する前に根抵当権の元本が確定した場合、一方の登記所に対する当該仮登記の本登記を申請した後に、他の登記所に対して、共同根抵当権の追加設定として当該仮登記の本登記を申請することができる（登記研究616-151）。

　★元本確定後に追加設定ができる数少ない例外です。これが本登記できないと、わざわざ累積式根抵当権ではなく、純粋共同根抵当権を選択した当事者の意思を反映することができないため、と説明されています。

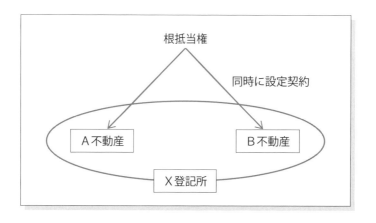

では、どんな申請書になるか、上の図の事例で説明しましょう。

A不動産、B不動産に対して同時に根抵当権を設定し、純粋共同根抵当権にしようとしています。

この場合、A不動産に根抵当権設定で1つ、B不動産に根抵当権設定で1つなので、物権変動は合わせて2つです。では申請書は2枚必要なのかというと、2つとも目的は根抵当権設定で、目的が同じなので、1枚の申請書でOKです（**目的が同じであれば一括申請ができるという論理は、担保権のすべてで使えます**）。

登記の目的	
「共同」という文字を入れてください。	

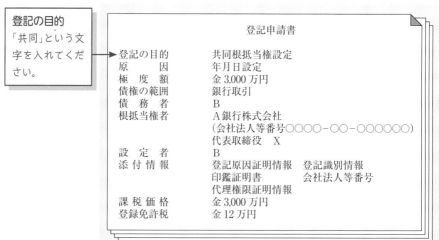

```
                          登記申請書

登記の目的        共同根抵当権設定
原   因         年月日設定
極 度 額        金 3,000 万円
債権の範囲        銀行取引
債 務 者        B
根抵当権者        A銀行株式会社
               (会社法人等番号○○○○－○○－○○○○○○○)
               代表取締役　X

設 定 者        B
添 付 情 報       登記原因証明情報   登記識別情報
               印鑑証明書        会社法人等番号
               代理権限証明情報

課 税 価 格       金 3,000 万円
登録免許税        金 12 万円
```

このときの申請書は単純な根抵当権設定と同じです。ただ、目的は共同根抵当権設定と書いてください。

「共同」と頭に付ければあとは通常の根抵当権設定と全く同じです。

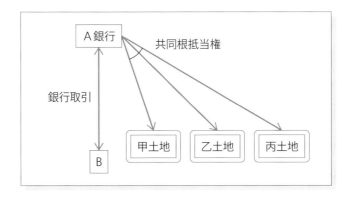

A銀行とBの間で継続的に取引をしていて、まず甲土地に根抵当権を設定し、後日に乙土地に根抵当権を設定し、更に後日、丙土地に根抵当権を設定しています。そして、それぞれ管轄が違っている状況です。

この場合、どの時点で共同根抵当権になるのでしょうか。

共同根抵当権は登記をすることによって効力が生じます。つまり契約の時点では共同根抵当権になっていません。

甲土地で設定の登記申請をした時点でも、まだ根抵当権は1つだから共同根抵当権になっていません。

乙土地で設定の登記申請をして初めて2つの根抵当権になるので、この時点で共同根抵当権になります。ただ、**甲土地と乙土地だけの共同化**です（もし、ここで競売になった場合は、極度額は甲土地と乙土地だけで負担割付をします）。

このあと、丙土地に設定の登記申請をすれば、これで晴れて**甲土地、乙土地、丙土地が共同化して**3つの不動産で負担割付できる状態になります。

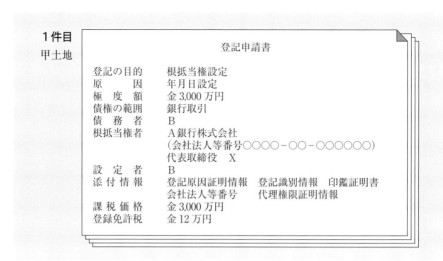

1件目
甲土地

登記申請書

登記の目的	根抵当権設定
原　　因	年月日設定
極 度 額	金 3,000 万円
債権の範囲	銀行取引
債 務 者	B
根抵当権者	A銀行株式会社
	（会社法人等番号○○○○ – ○○ – ○○○○○○）
	代表取締役　X
設 定 者	B
添 付 情 報	登記原因証明情報　登記識別情報　印鑑証明書
	会社法人等番号　　代理権限証明情報
課 税 価 格	金 3,000 万円
登録免許税	金 12 万円

　1件目の申請書の目的は根抵当権設定です。このタイミングでは、まだ共同化していないので、「共同」という文字は入れてはいけません。

　あとは普通の設定登記の申請書通りですので、特別意識しなくて結構です。

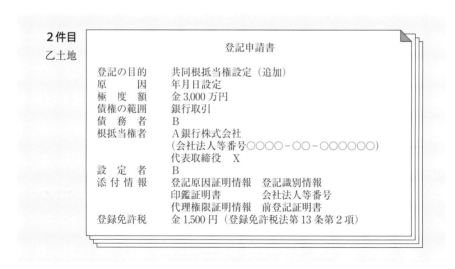

2件目
乙土地

登記申請書

登記の目的	共同根抵当権設定（追加）
原　　因	年月日設定
極 度 額	金 3,000 万円
債権の範囲	銀行取引
債 務 者	B
根抵当権者	A銀行株式会社
	（会社法人等番号○○○○ – ○○ – ○○○○○○）
	代表取締役　X
設 定 者	B
添 付 情 報	登記原因証明情報　登記識別情報
	印鑑証明書　　　　会社法人等番号
	代理権限証明情報　前登記証明書
登録免許税	金 1,500 円（登録免許税法第 13 条第 2 項）

　2件目の申請書では目的に**「共同」という文字が必要**になります。これを入れ忘れると累積式になってしまいます。

もう1つのポイントは（追加）という文字を入れることです。追加設定のときは、この（追加）という文字が必須になります。

添付情報に新しいもの、前登記証明書というものが記載されています。これは、甲土地の登記簿のことです。

<table>
<tr><td colspan="2" align="center">申請書</td></tr>
<tr><td>極度額</td><td>金3,000万円</td></tr>
<tr><td>債権の範囲</td><td>銀行取引</td></tr>
<tr><td>債務者</td><td>B</td></tr>
<tr><td>根抵当権者</td><td>A銀行株式会社</td></tr>
</table>

<table>
<tr><td colspan="3" align="center">甲土地の登記事項証明書</td></tr>
<tr><td rowspan="4">根抵当権
設定</td><td>極度額</td><td>金3,000万円</td></tr>
<tr><td>債権の範囲</td><td>銀行取引</td></tr>
<tr><td>債務者</td><td>B</td></tr>
<tr><td>根抵当権者</td><td>A銀行株式会社</td></tr>
</table>

極度額、債権の範囲、債務者、根抵当権者、これらが申請書と一致していることを見せるために、甲土地の登記所で登記簿を取って添付するのです（これがあるから、甲土地の登記が終わらないと、乙土地では追加設定の登記ができないことになります）。

登録免許税ですが、既に極度額の1000分の4を払っているので、登録免許税法13条2項により1,500円となります。

3件目
丙土地

登記申請書

登記の目的　　共同根抵当権設定（追加）
原　　因　　年月日設定
極　度　額　　金3,000万円
債権の範囲　　銀行取引
債　務　者　　B
根抵当権者　　A銀行株式会社
　　　　　　　（会社法人等番号○○○○－○○－○○○○○○）
　　　　　　　代表取締役　X
設　定　者　　B
添　付　情　報　　登記原因証明情報　　登記識別情報
　　　　　　　印鑑証明書　　会社法人等番号
　　　　　　　代理権限証明情報　　前登記証明書
登録免許税　　金1,500円（登録免許税法第13条第2項）

3件目の申請書の目的は共同根抵当権設定（追加）となります。

添付情報ですが、やはり前登記証明書が必要です。その内容は**甲土地と乙土地の登記簿**です。登記簿と申請書の完全一致が要求されるので、甲土地、乙土地、全部の登記簿を付けて、極度額、債権の範囲、債務者、根抵当権者と申請書は一致していることを立証することになります。

	前登記証明書	登記証明書
必要or任意	必要	任意
添付情報欄に記載するか	○	×

　この前登記証明書というのは根抵当権の場合で、**添付しないと却下される書類**です。そして添付する場合は、**添付情報欄にも書きます**（不動産登記法が要求している書類なので申請書に記載します）。

　一方、登記証明書というのは抵当権の場合です。**こちらは任意**です。

　減税措置を受けるために添付する書類なので、税金が高くてもいいよ、早く登記を入れたいよ、という人は付けずに申請しても構いません。また、添付情報欄に記載することも要求されません（登録免許税法が要求している書類なので、添付しなくても構いません）。

> ### 問題を解いて確認しよう
>
> 1　A登記所の管轄に属する甲物件及びB登記所の管轄に属する乙物件に共同担保権が設定された後に、C登記所の管轄に属する丙物件を追加設定する場合において、当該共同担保権が、抵当権であるときは前の登記に関する登記事項証明書を添付する必要はないが、確定前の根抵当権であるときは前の登記に関する登記事項証明書を添付する必要がある。〔16-18-イ（18-23-オ）〕　　○

民法第398条の17（共同根抵当の変更等）
　前条の登記がされている根抵当権の担保すべき債権の範囲、債務者若しくは極度額の変更又はその譲渡若しくは一部譲渡は、その根抵当権が設定されているすべての不動産について登記をしなければ、その効力を生じない。

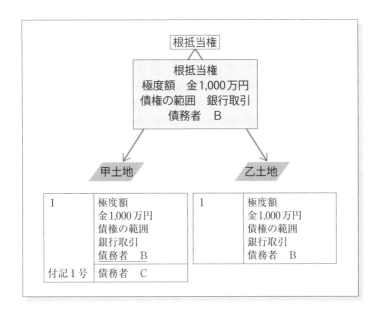

　根抵当権が甲土地と乙土地に設定され、はじめは登記簿の極度額、債権の範囲、債務者、根抵当権者が一致していました。

　ここで債務者をBからCとする変更をしています。そして、甲土地だけに債務者がBからCに変わったという変更登記を入れています。

　結論からいうと、**これでは変更の効力が生じません。**

　被担保債権の決定基準である、極度額、債権の範囲、債務者、根抵当権者、これらは**設定時に登記簿と同じというだけでなく、設定後も同じであってほしい**ことから、**変更するときは全ての不動産で登記しろ、そうしないと効力を認めない**ぞとしたのです。

問題を解いて確認しよう

1	甲、乙2個の不動産に同一の債権の担保として設定された旨の登記がされている元本の確定前の共同根抵当権の登記がある場合、全部の譲渡による移転の登記は、甲、乙不動産の双方に登記をしなければ登記の目的である権利の変動の効力が生じない。〔8-12-イ〕	○

第2章 根抵当権移転

確定前の根抵当権だけで許される移転がメインです。ここは、それぞれの移転の要件を覚えること、特に、誰の承諾（同意）が要るかは即答できるようにしましょう。

根抵当権の移転は元本確定前と確定後で、できる場面が違います。

> **Point**
>
> **元本確定前**
> ① 根抵当権者に相続又は合併が発生したとき（民896条、会社748条等）
> ② 根抵当権を全部譲渡したとき（民398条の12Ⅰ）
> ③ 根抵当権を分割譲渡したとき（民398条の12Ⅱ）
> ④ 根抵当権を一部譲渡したとき（民398条の13）
> ⑤ 根抵当権の準共有者の権利を譲渡したとき（民398条の14Ⅱ）
> ⑥ 根抵当権の準共有者の権利を放棄したとき（民264条・民255条）
>
> **元本確定後**
> ① 根抵当権者に相続又は合併などが発生したとき（民896条、会社748条等）
> ② 債権譲渡、代位弁済などの事由により根抵当権の被担保債権につき特定承継が生じたとき

元本確定後は随伴性が戻ってきますので、債権を取得することによって担保も一緒に付いて移転します。

一方、**確定前は随伴性が無い**ので、債権を売ったり、代位弁済があっても、根抵当権が移ったりはしません。

今回のメインテーマは確定前の譲渡等による移転です（②～⑥）。①について

は章を変えて説明をしていきます。

これから行う、根抵当権の全部譲渡というのは「**枠を譲渡する**」ことです。

根抵当権者A

極度額という枠の中に債権がいくつか入っています。根抵当権者が、根抵当権をBに全部譲渡するときのイメージが次の図です。

旧根抵当権者A　　　　　　　　　　　　　新根抵当権者B

　全部譲渡とは、債権を全部落とし、空っぽになっている枠だけを譲渡することをいいます。
　そのため、もともとの債権は全部落とされているから、その債権は担保されず、枠をもらった人の債権が担保されるようになります。
　具体的な図で説明しましょう。

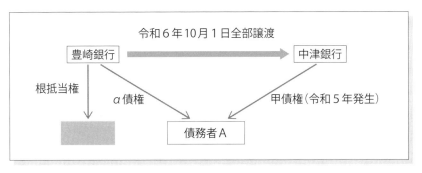

豊崎銀行が債務者Aに対しα債権を持っていました。これを担保するために豊崎銀行は根抵当権を持っています。

　豊崎銀行がこの根抵当権を中津銀行に全部譲渡することになりました。

　全部譲渡することによって、今まで担保されていたα債権は落とされ、根抵当権の極度額の枠だけが中津銀行に移ります。そして、中津銀行が甲債権を発生させれば、この甲債権が極度額の枠で担保されることになるのです。

　では、登記簿はどのようになるか見ていきましょう。

順位番号	登記の目的	受付年月日	権利者その他の事項		
1	根抵当権設定	（略）	原因 極度額 債権の範囲 債務者 根抵当権者	令和5年9月1日設定 金3,000万円 銀行取引　手形債権　小切手債権 （住所省略）　A （住所省略） 株式会社豊崎銀行	
付記1号	1番根抵当権 移転	（略）	原因 根抵当権者	令和6年10月1日譲渡 （住所省略） 株式会社中津銀行	

　全部譲渡することによって、この根抵当権は完全に中津銀行へ移るため、なすべき登記は1番根抵当権移転です。中津銀行がこの極度額の枠を取得したよということが付記登記で公示されるのです。

　この付記1号の欄ですが、よく見ると債権の範囲や債務者、極度額が書かれていません。**移転登記は、前の権利内容をそのまま引き継ぐからです。**そのため、根抵当権を譲り受けてから債権の範囲を変えたり、極度額を変えたり、債務者を変えたりすることもあります。

　そして、付記登記でされていることを確認してください。所有権の移転は1番2番というように主登記でされ、**所有権以外の権利移転は1番を維持したまま付記登記で行われます。**

　この全部譲渡するには、いくつかの要件をクリアする必要があります。

覚えましょう

全部譲渡の要件
①根抵当権者と譲受人間の合意があること
②設定者の承諾があること
　→　原因日付に影響を与える
③確定前であること
④共同根抵当権の場合、すべての不動産について登記をすること

①の合意は根抵当権をもらう人とあげる人の合意です。

②の設定者の承諾は民法の条文に規定があります。だから、この承諾は登記を通すための承諾ではなく、効力を生じさせるための承諾です。つまり、**日付に影響を与える**ことになります。

この全部譲渡をすることによって、**被担保債権が「総とっかえ」されます**（今まで極度額の枠に入っていた債権は、全部振り落とされ、新しい中津銀行の債権に入れ替わることになります）。

もしかしたら、豊崎銀行はあまり債権を発生させないのに、中津銀行はガンガン債権を発生させるということもあります。設定者にかかる重みが増えることがあり得ます。

そこで、**これを勝手にやらせてはいけないということ**から、設定者のOKを取らないとできないよとしたのです。

③の確定前であることは全部譲渡の効果が、被担保債権の総とっかえだってところからきています。もし**元本が確定していれば、蓋が閉まっていますから、もう取り替えようがない**のです。

そこで、元本確定前のみの行為として条文が作られています。

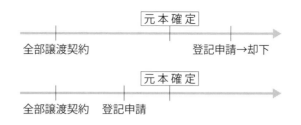

元本確定前に契約をしていても、確定後にその登記をすることはできません。元本確定前にやらなきゃいけないことは、契約だけでなく「登記まで」なのです。

確定前に契約をしていれば、登記は後でもいいのではと思いたくなるところです。でもこれを認めると虚偽の申立てが出るでしょう。

元本も確定しているけど全部譲渡をしたい。そこで**契約書の日付をちょろまかして、確定前に契約をしていたのだから登記させてよと嘘を言ってくる輩が出てくる**のです。

これを防ぐために、たとえ確定前に契約をしていても、登記までを確定前にしなければ申請は通さないとしたのです。

ではどんな申請書になるかを見ていきましょう。

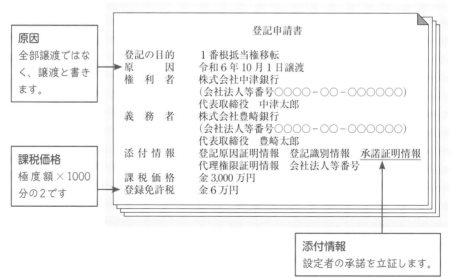

目的は何番根抵当権移転と書き、何番という文字が要ります。

原因は全部譲渡と書く必要はありません。単に「譲渡」と書けば結構です。

権利者はもらう人で、義務者はあげる人です。

添付情報に設定者の承諾書が要ることに注意をしてください。そして、この承諾の日によっては原因日付が狂ってきますから要注意です。もし契約後の承諾であれば、原因日付は承諾の日になりますからね。

登録免許税、担保権の移転は1000分の2です。相続合併関係は1000分の1ですが、それ以外は基本的に1000分の2です。

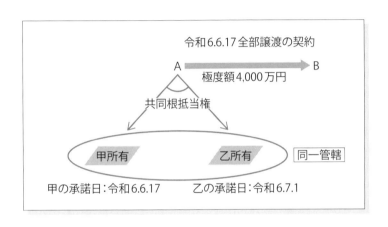

もともと同一管轄で共同根抵当権が設定されている状態です。「根抵当権者A」という登記が、甲所有の土地と乙所有の土地にそれぞれされています。

この状態で、AがBに対して根抵当権の全部譲渡をしました。

根抵当権の全部譲渡は設定者の承諾が必要ですが、この承諾については、各土地の所有者が違っていて、承諾日がそれぞれ異なってしまいました。

結局、**甲所有の土地では令和6年6月17日に全部譲渡の効力が生じますが、乙所有の土地では7月1日に効力が生じます。**

本事例では根抵当権者がAからBへと変わった登記をどこでやるべきでしょう。これは甲所有の土地、乙所有の土地の2つで登記されているので、それぞれの不動産で登記をすることになります。

では申請書は何枚必要でしょう。

これは**1枚でいい**のです。

一括申請の要件に、日付の同一があります。ただ、共同担保の場合は、管轄と目的が同一であれば一括申請ができます。このルールは設定に限りません。**移転、変更、抹消、どんな登記でも管轄と目的が同じなら1枚で申請していいの**です。

　とにかく、共同抵当権と共同根抵当権の設定、移転、変更、抹消は、まず1枚の申請書で申請できると思ってください。

これで到達！　合格ゾーン

　□　根抵当権の設定者がA株式会社、債務者がその代表取締役Bである場合に、根抵当権の元本の確定前に根抵当権者XがYに対して全部譲渡をする場合には、A会社の取締役会議事録その他利益相反の承認に関する情報を提供することを要する（登研664−181参照）。〔20-21-イ〕

　　★XがYに対して全部譲渡することにより、Xの債権は担保から外れ、Yの債権（債務者が代表取締役B）をA株式会社の不動産で担保することになるため、利益相反と扱われます。

民法第398条の13（根抵当権の一部譲渡）
　元本の確定前においては、根抵当権者は、根抵当権設定者の承諾を得て、その根抵当権の一部譲渡（譲渡人が譲受人と根抵当権を共有するため、これを分割しないで譲り渡すことをいう。以下この節において同じ。）をすることができる。

　全部譲渡をすると、根抵当権を全部渡すことになります。一部譲渡をすると、根抵当権の一部を渡すことになり、その結果、根抵当権を共有します。**全部譲渡**

の譲渡後は単有、一部譲渡の譲渡後は共有になります。

　具体的な図で説明しましょう。

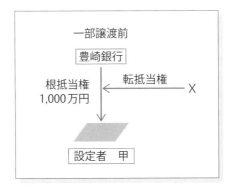

　豊崎銀行がある不動産に根抵当権を持っていて、それに転抵当が付いている状態です。この豊崎銀行が中津銀行に根抵当権の一部譲渡をしました。

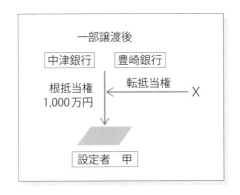

　一部譲渡をすることによって、この根抵当権は豊崎銀行単有から豊崎銀行と中津銀行の共有になります。全部譲渡だったら極度額の枠支配権は全部移るけど、一部譲渡はこの枠支配権を共有することになります。

　ちなみに**転抵当権は、一部譲渡後も残ります。**

　抵当権が付いている物件が譲渡されれば、抵当権は付いてきます。同じように転抵当が付いている根抵当権を譲渡しても、転抵当が付いてきます。全部譲渡した場合も、一部譲渡した場合も、転抵当権は付いてきます。

　では、この一部譲渡の要件を見ていきましょう。ぜひ先ほどの全部譲渡と見比

べてください。

一部譲渡の要件
①根抵当権者と譲受人間の合意があること
②設定者の承諾があること
③確定前であること
④共同根抵当権の場合、すべての不動産について登記をすること

全部譲渡と要件は同じです。

では、次にどんな申請書になるかを見ていきましょう（下の図は、根抵当権の極度額を1,000万円としたものです）。

登記申請書

登記の目的	○番根抵当権一部移転
原　　因	年月日一部譲渡
権　利　者	株式会社中津銀行
	（会社法人等番号○○○○－○○－○○○○○○○）
	代表取締役　中津太郎
義　務　者	株式会社豊崎銀行
	（会社法人等番号○○○○－○○－○○○○○○○）
	代表取締役　豊崎太郎
添　付　情　報	登記原因証明情報　登記識別情報　承諾証明情報
	代理権限証明情報　会社法人等番号
課　税　価　格	金500万円
登録免許税	金1万円

違ってくるのは目的と原因くらいで、あとは先ほどの全部譲渡とほとんど書いていることは変わりません。

登録免許税について、次の図を見てください。申請書とは異なり、極度額を3,000万円として説明します。

3,000万円の極度額

もともと豊崎銀行が3,000万円の極度額を1人占めしていました。これを一部譲渡によって、豊崎銀行と中津銀行の2人で使うことになりました。

一部譲渡
根抵当権の極度額の枠を2分の1もらった。

上記のように考えて、登録免許税は元の極度額3,000万円の2分の1である1,500万円を課税標準として計算します。

3,000万円の極度額

豊崎銀行が一部譲渡をしているのですが、帝都銀行と中津銀行の2人に一部譲渡したのです。

一部譲渡
根抵当権の極度額の枠を3分の2もらった。

このように考え、登録免許税は3,000万円×3分の2、それをした状態で1000分の2を掛けることになります。

登録免許税法の条文は読みづらいので、ぜひこのイメージで押し切ってください。

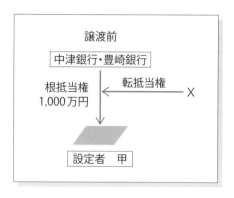

　豊崎銀行と中津銀行で共有している根抵当権があり、中津銀行が、自分の権利
を梅新銀行に譲渡しています。

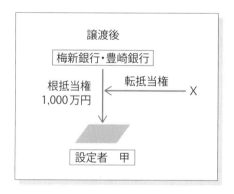

　根抵当権の共有者が、梅新銀行へと変わります。

　この要件が次のページに載っています。全部譲渡の要件と見比べてください。

覚えましょう

共有者の権利譲渡の要件
①共有根抵当権者の１人と譲受人間の合意があること
②設定者の承諾があること
③確定前であること
④他の共有者の同意があること
⑤共同根抵当権の場合、すべての不動産について登記をすること

　１つ要件が増えています（④です）。**自分の権利を譲渡するときには、他の共有者**（本事例では豊崎銀行）**のOKが要る**のです。

　例えば極度額が3,000万円の根抵当権を共有していて、確定時の債権額がそれをオーバーしたという場合には、２人は案分比例で配当を受けることになっています。

　つまり、**豊崎銀行にとってみれば、誰が共有者で、どれだけ債権を生み出すかは、重大な関心事**なのです。

中津銀行は、あまり
債権を出さないから
大丈夫だろう。

豊崎銀行

　中津銀行だったら大丈夫だろうと思っていたのに、梅新銀行に変えられると、上記の期待を害します。

　そこで、権利を譲渡するとしても、他の共有者の同意を取っておきなさいとしたのです。

　では同意が取れた場合の申請書を見ましょう。

```
                          登記申請書

登記の目的    ○番根抵当権共有者株式会社中津銀行の権利移転
原  因      年月日譲渡
権  利  者    株式会社梅新銀行
            （会社法人等番号○○○○－○○－○○○○○○）
            代表取締役　梅新太郎
義  務  者    株式会社中津銀行
            （会社法人等番号○○○○－○○－○○○○○○）
            代表取締役　中津太郎
添 付 情 報    登記原因証明情報　登記識別情報
            承諾証明情報　　　同意証明情報
            代理権限証明情報　会社法人等番号
課 税 価 格    金 500 万円
登録免許税    金 1 万円
```

目的を見てください。本当は持分移転と書きたいところなのですが、根抵当権には持分という概念が無いので、権利移転という言葉を使っています。

添付情報に**承諾書と同意書**があります。

具体的には、設定者の承諾書と、他の共有者の同意書のことを指します（初めのうちはどちらが承諾で、どちらが同意かということは、突き詰めないでください。申請書を書く回数が増えていけば自然と承諾書と同意書を使い分けることができるようになります）。

1,000万円の極度額

登録免許税は、「極度額の半分を譲渡した」と考えて、極度額 1,000 万円の 2 分の 1 、そこに 1000 分の 2 を掛けることになります。

　AとBが根抵当権を共有している状態です。ここでAが権利を売ろうとしても、全部譲渡しかできません。一部譲渡や分割譲渡をすることはできないのです。**Aが権利を売る場合は、それを細分化してはいけない**と考えてください（全部譲渡しかできないので、申請書の原因が「譲渡」になっています）。

　ただ、ここで注意してほしいのは、ABが揃って根抵当権全体を処分したいという場合には、一部譲渡でも全部譲渡でも何でもできることです。
Aの権利を売ろうとする場合と、AB揃って根抵当権全体を処分する場合とでは結論が全く違うのです。

――――――――――　問題を解いて確認しよう　――――――――――

1　甲、乙が根抵当権を共有する場合において、甲がその共有に係る根抵　　○
　　当権を丙に分割譲渡する登記の申請は、することができない。
　　　　　　　　　　　　　　　　　　　　　〔61-24-4（6-13-ア、23-20-ウ）〕

2　甲が乙に一部譲渡した根抵当権をさらに甲・乙が丙に対して一部譲渡す　　○
　　る登記の申請は、することができる。〔61-24-2〕

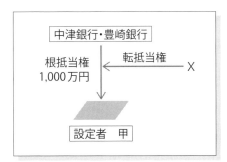

豊崎銀行と中津銀行が根抵当権を持っていて、ここで中津銀行が権利を放棄したようです。

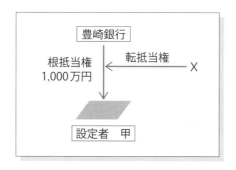

　これにより、根抵当権者が豊崎銀行だけになります。

 覚えましょう ●●●

共有者の権利放棄の要件
他の共有者に対して放棄する意思表示をすること

　先ほどの譲渡と比べて、やけにすっきりしていませんか。
　まずは、設定者の承諾は要りません。根抵当権者が豊崎銀行と中津銀行から豊崎銀行だけになる、設定者の負担は増えるでしょうか。これは**負担が増えるどころか、絶対に減る方向にいきます**よね。だから、**設定者の承諾は不要**なのです。
　他の共有者の同意、つまり**豊崎銀行の同意も要るわけない**ですよね。放棄によって、**今の共有者が単独の根抵当権者になるので、不利になることがないから**です。

民法第398条の12
　2　根抵当権者は、その根抵当権を二個の根抵当権に分割して、その一方を前項の規定により譲り渡すことができる。この場合において、その根抵当権を目的とする権利は、譲り渡した根抵当権について消滅する。
　3　前項の規定による譲渡をするには、その根抵当権を目的とする権利を有する者の承諾を得なければならない。

「**根抵当権を2つに切って、片方をあげる**」これが分割譲渡です。分割譲渡後は、それぞれ単有の根抵当権を持つことになります。

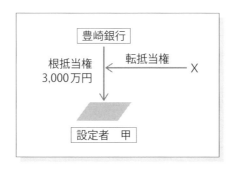

豊崎銀行が根抵当権3,000万円を持っていて、転抵当を付けていたとします。これを中津銀行に分割譲渡しました。

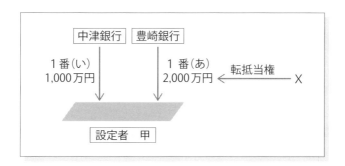

1番で持っていた豊崎銀行の根抵当権とは別に、中津銀行用に1番（い）というのができます。この2つは、**それぞれ別個独立の根抵当権**になります。

一部譲渡といった場合は、1つの根抵当権を豊崎銀行と中津銀行で共有することになりますが、分割譲渡をした場合は、それぞれ別個の根抵当権を1人ずつ持つことになるのです。まさに名前の通り、カットしてあげるってイメージです。

そして、転抵当権の矢印の先を細かく見てください。転抵当権があげた分消えているのです。法律関係の簡明化というところから、分割譲渡で譲渡した部分については、**転抵当権は消える**としています（イメージとしては、分割譲渡ってい

うのは根抵当権を2個に分割して、1個を原始取得させると思ってください）。

　転抵当権者は、これまでの処分では全く不利益が無かったのですが、ここでは不利益を受けています。そのため、**転抵当権者の承諾がなければ分割譲渡はできない**ことにしています。

 覚えましょう

分割譲渡の要件
①根抵当権者（全員）とその譲受人が合意すること
②2個の根抵当権に分割し、そのうちの1個の根抵当権を譲渡する契約であること
③設定者の承諾があること
④確定前であること
⑤分割譲渡される根抵当権について権利を有する者の承諾があること
⑥共同根抵当権の場合、すべての不動産について登記をすること

　②を飛ばして、それ以外を全部譲渡と比べてください。⑤番が新たに加わっていますね。これが転抵当権者の承諾です。

　また、要件の②ですが、「2個分割、1個譲渡」を絶対に要求しています。
そのため、
・譲渡しない
・3個以上に分割する
ことはできません（ちなみに、3個に分割したければ、分割譲渡を2回することになります）。

問題を解いて確認しよう

1	根抵当権者を変更することなく2個の根抵当権に分割し、一方の根抵当権の債務者を変更する登記を申請することはできない。〔10-21-イ〕	○
2	A名義の根抵当権をA名義の根抵当権、B名義の根抵当権及びC名義の根抵当権の3個に分割しようとする場合、当該登記を1個の申請ですることはできない。〔10-21-ア〕	○

では登記簿はどのようになるか見ていきましょう。まず、次の登記簿が分割譲渡前の登記簿です。

順位番号	登記の目的	受付年月日	権利者その他の事項
1	根抵当権設定	令和4年10月3日第4800号	原因　　　　　令和4年10月1日設定 極度額　　　　金3,000万円 債権の範囲　　年月日手形割引契約 債務者　　　　（住所省略）　甲野一郎 根抵当権者　　（住所省略） 　　　　　　　株式会社豊崎銀行
付記1号	1番根抵当権転抵当	（略）	（登記事項一部省略） 転抵当権者　　（住所省略）　X

これが分割譲渡をすると、登記簿は下記のように変化します。

順位番号	登記の目的	受付年月日	権利者その他の事項
1（あ）	根抵当権設定	令和4年10月3日第4800号	原因　　　　　令和4年10月1日設定 <u>極度額</u>　　　　<u>金3,000万円</u> 債権の範囲　　年月日手形割引契約 債務者　　　　（住所省略）　甲野一郎 根抵当権者　　（住所省略） 　　　　　　　株式会社豊崎銀行
付記1号	1番根抵当権転抵当	（略）	（登記事項一部省略） 転抵当権者　　（住所省略）　X
付記2号	1番（あ）根抵当権変更	余白	極度額　　　　金2,000万円 分割譲渡により令和6年10月17日付記
1（い）	1番根抵当権分割譲渡	（略）	原因　　令和6年10月16日分割譲渡 （根抵当権の表示） 令和4年10月3日受付第4800号 原因　　　　　令和4年10月1日設定 極度額　　　　金1,000万円 債権の範囲　　年月日手形割引契約 債務者　　　　（住所省略）　甲野一郎 根抵当権者　　（住所省略） 　　　　　　　株式会社中津銀行

Point

分割譲渡の登記のポイント
①　1番（い）が作られる。
②　主登記で入る。
③　権利内容が、1番（あ）とほぼ同じ。
④　1番（あ）の極度額が職権で変更登記がされる。

　まず、今までの1番のところには1番（あ）と振られます。今までの1番根抵当権はこれから1番（あ）と呼ばれます。

　そしてそれとは別に、1番（い）というのができます。この1番（い）の欄が中津銀行の根抵当権の部分になります。

　1番で入っているところに注目してください。つまり、主登記で入っているのです（担保権の移転は、1番を維持したまま付記登記で入るのが原則です）。

　理由がいくつかあります。
- 1番にくっ付けて付記で入れてしまうと、**1番が消えたときに一緒に消されてしまう。**
- **別個独立ということを考えれば**1番にくっ付ける形ではなく、独立番号をあげるべき。
- **権利の発生の登記は、主登記になりやすい。**

こういったことから、所有権以外の権利移転なのですが、分割譲渡は主登記で登記されることになっているのです。

　1番（い）の内容を見てください。年月日分割譲渡と書いて更に、（根抵当権の表示）と書いています。これは1番（あ）の内容を引き継ぐので、**1番（あ）の内容を受付番号から全部書いていくのです。**

　1番（あ）を見ればわかることじゃないかと思うところですが、**1番（あ）が将来的に消えて無くなった場合でも、1番（い）の欄だけで権利内容がわかるようにしたいのです。そこで1番（あ）の内容を書き移す**ことにしたのです。

　ただ、すべて書き移すわけではありません。極度額の部分は気を付けてくださ

い。極度額は1,000万円分だけをもらっているので、そこは3,000万円とは書きません。

そして、これに関連してですが、1番（あ）に下線が引かれていることに注目してください。1番（あ）はもともとの極度額が3,000万円ですが、それをぶった切って1,000万円をあげて、2,000万円に減額されるので、その内容が付記2号で入っています。

この付記2号の申請は要りません。分割譲渡の手続をとれば、**登記官が職権で勝手にやってくれます**。

では、この登記簿を作るための申請書を見ていきましょう。

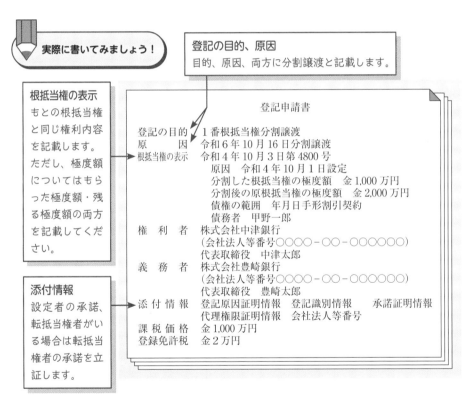

実際に書いてみましょう！

登記の目的、原因
目的、原因、両方に分割譲渡と記載します。

根抵当権の表示
もとの根抵当権と同じ権利内容を記載します。
ただし、極度額についてはもらった極度額・残る極度額の両方を記載してください。

添付情報
設定者の承諾、転抵当権者がいる場合は転抵当権者の承諾を立証します。

登記申請書

登記の目的　1番根抵当権分割譲渡
原　　因　　令和6年10月16日分割譲渡
根抵当権の表示　令和4年10月3日第4800号
　　　　　　原因　令和4年10月1日設定
　　　　　　分割した根抵当権の極度額　金1,000万円
　　　　　　分割後の原根抵当権の極度額　金2,000万円
　　　　　　債権の範囲　年月日手形割引契約
　　　　　　債務者　甲野一郎
権　利　者　株式会社中津銀行
　　　　　　（会社法人等番号○○○○－○○－○○○○○○）
　　　　　　代表取締役　中津太郎
義　務　者　株式会社豊崎銀行
　　　　　　（会社法人等番号○○○○－○○－○○○○○○）
　　　　　　代表取締役　豊崎太郎
添付情報　　登記原因証明情報　登記識別情報　　承諾証明情報
　　　　　　代理権限証明情報　会社法人等番号
課税価格　　金1,000万円
登録免許税　金2万円

目的は何番根抵当権分割譲渡と書きます。**移転とは書きません**。

登記官は申請書の目的を見て主登記か付記登記かを準備します。もし、ここで根抵当権移転と書いてしまうと、付記登記を準備してしまうため、ここは根抵当権移転と書くのではなく、全く別の目的にすべきなのです。

原因は年月日分割譲渡として、このあと（根抵当権の表示）と書いて、1番（あ）の内容をずらっと書いていきます。

　ただ、極度額のところは注意してください。極度額は自分が**もらう金額だけでなく、元々の1番（あ）の極度額がいくらになるか**、そこまで書く必要があります。この譲渡後の極度額は登記官が職権で登記するので、その指針とするために書くことになっています。

　添付情報ですが、承諾書が2人分要ります。設定者と転抵当権者の分です。
　登録免許税は単純で、譲渡した極度額×1000分の2となります。

> #### ✊Point
> 甲乙の準共有根抵当権を分割譲渡だけで、甲単有・乙単有の根抵当権にはできない。

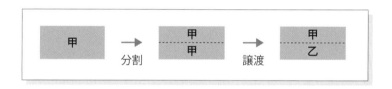

　甲が乙に分割譲渡をすると、根抵当権を2個に分割して1個を譲渡することになります。

　上記の図でいうと、甲・甲の根抵当権に分けます。そのあと、分けたものの1個を乙に原始取得させているのです。

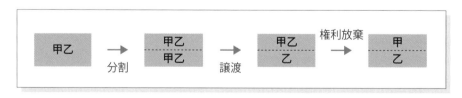

　これは甲乙共有の根抵当権を、最終的に甲単有、乙単有にしたいという場合です。

　分割譲渡は2個に分割、1個譲渡です。まず分割した状態、上と下どうなっていますか。甲乙・甲乙ですね。この状態で下を乙にあげると、どうなるでしょう

か。

上が甲乙、下は乙になります。上が甲乙のままになっています。そのため甲単有にしたければ、このあと上を乙に権利放棄をしてもらうことになります。このように共有の根抵当権の分割譲渡は**1発ではできない**。やりたければ、**分割譲渡プラス放棄が必要**になります。

今度は権利放棄を先にして、分割譲渡をしています。これでも、甲単有・乙単有の根抵当権を作ることができます。

繰り返しになりますが、共有の根抵当権を1発の分割譲渡だけで単有にはできないことを覚えておいてください。

問題を解いて確認しよう

1	A及びBが準共有する元本の確定前の根抵当権について、一の申請情報により分割譲渡を原因として直ちにA及びBそれぞれ単有の根抵当権とする旨の登記を申請することができる。〔21-26-イ〕	×

ヒトコト解説

1 分割譲渡の登記申請だけでは、A単有の根抵当権、B単有の根抵当権を作ることはできません。

	全部譲渡	分割譲渡	一部譲渡	共有者の 権利譲渡	共有者の 権利放棄
登記の目的	○番根抵当権 移転	○番根抵当権 分割譲渡	○番根抵当権 一部移転	○番根抵当権 共有者Xの権利移転	
原因	年月日 譲渡	年月日 分割譲渡	年月日 一部譲渡	年月日 譲渡	年月日 放棄
設定者の 承諾書 （効力要件）	○	○	○	○	×
他の共有者の 同意書 （効力要件）				○	×
利害関係人の 承諾書 （効力要件）	×	○	×	×	×
登記の実行	付記登記	主登記	付記登記	付記登記	付記登記

　目的に移転と書かないのは分割譲渡だけです。これだけ、主登記で実行されるからです。

　設定者の同意は基本的に要るけど、権利放棄だけ要りません。

　他の共有者の同意が要るのは、共有者の権利移転だけです。

　利害関係人の承諾書は転抵当権者の承諾と思って結構です。転抵当権者の承諾が要るのは、分割譲渡だけです（この場合だけ転抵当権が消えますからね）。

　登記の実行は基本的には付記登記なのですが、分割譲渡だけは別個独立にできるので、主登記となります。

問題を解いて確認しよう

1	根抵当権の全部譲渡契約の後に根抵当権設定者の承諾があった場合、根抵当権の全部譲渡の登記を申請するときは、当該登記の原因日付は全部譲渡契約がされた日である。〔オリジナル〕	×
2	元本確定前の根抵当権を目的として転抵当権の登記がされている場合において、当該根抵当権の分割譲渡の登記を申請するときは、当該転抵当権者の承諾を証する情報を提供することを要する。〔オリジナル〕	○

3 元本の確定前に、根抵当権の共有者の権利についての譲渡による移転 ○
の登記を申請する場合には、申請書に、根抵当権設定者の承諾及び他
の共有者の同意を証する書面を添付しなければならない。
〔6-13-エ（20-21-オ）〕

4 根抵当権の共有者の権利を第三者へ全部譲渡する場合において、その ×
旨の根抵当権の共有者の権利移転の登記を申請するときは、当該根抵
当権を目的とする転抵当権者の承諾を証する情報を提供しなければな
らない。〔26-23-イ改題〕

5 根抵当権の共有者の1人がその権利を放棄し、他の共有者にその権利が ×
移転した場合、当該権利の移転登記の申請書には、根抵当権設定者の承
諾書を添付しなければならない。〔10-21-オ（20-14-イ、26-23-エ）〕

------------------------------ ×肢のヒトコト解説 ------------------------------

1 この承諾は契約の効力が生じるための承諾なので、原因日付をずらします。

4 全部譲渡をしたときは、転抵当権はくっ付いて動きます。そのため、転抵当
権者には不利益は生じません。

5 放棄の場合には、設定者の承諾は不要です。

第3章 根抵当権変更

確定前の根抵当権しかできない変更の出題が多いところです。要件を覚えることと、申請人（特に権利者、義務者が逆転するところ）を押さえることが重要です。

	変更内容	確定前	確定後
①	債権の範囲の変更（民398の4Ⅰ）	○	×
②	債務者の変更（民398の4Ⅰ）	○	×
③	免責的債務引受契約・併存的債務引受契約による債務者の変更（民398の7Ⅱ）	×	○
④	確定期日の変更（民398の6）	○	×
⑤	優先の定めの設定・変更（民398の14Ⅰ但書）	○	×
⑥	極度額の変更（民398の5）	○	○
⑦	極度額減額請求による極度額の変更（民398の21Ⅰ）	×	○

①から⑦のような変更を学習していきます。

確定前にできるか、確定後にできるかということが頻繁に問われます。

③を見てください。根抵当権においては、**債権と担保権には連動性が無いため**、確定前に債権に何かがあっても担保権に変動は生じません。免責的債務引受をして、その債務の債務者が変わったとしても担保権に影響は生じません（むしろ担保から外れます）。一方、確定後に債務引受契約をすれば、債務者の変更が生じます。

それ以外のところで、確定前だけできるものには、ほとんど同じルールが適用されます。

債権の範囲の変更・債務者の変更・確定期日の変更
確定前に変更契約＋登記申請をする必要がある。

　確定前に、契約だけでは足りません。確定前に契約をしていても、登記申請時に確定していると、もう登記はできません。

Point

共通項

・申請人　→　権利者：根抵当権者、義務者：設定者

・利害関係人　→　極度額の変更のみ

　基本的には「権利者：根抵当権者、義務者：設定者」になり、債務者は関与しません。

　また、利害関係人は極度額が変わるときにだけ登場します。抵当権と異なり、**根抵当権では「極度額が変わるとき以外は文句を言うな」**という態度になっているのです。

- - - - - - - - - - - - - 問題を解いて確認しよう - - - - - - - - - - - - -

| 1 | 被担保債権について第三者による免責的債務引受けがあった場合において、当該担保権が、抵当権であるときは「年月日免責的債務引受」を登記原因として債務者の変更の登記を申請することができ、確定前の根低当権であるときは「年月日変更」を登記原因として債務者の変更の登記を申請することができる。〔16-18-エ〕 | × |

┌─────── ヒトコト解説 ───────┐

1　根抵当権の場合、確定前に債務引受があっても担保権に影響を与えません。

```
根抵当権者    ㈱甲
極度額       金1,000万円        令和6.6.5
債権の範囲    売買取引 ──────→  金銭消費貸借取引
債務者       A                変更
```

```
甲A間で発生している債権
債権a    令和4.6.1   ㈱甲とAの売買取引による債権
債権b    令和5.6.4   ㈱甲とAの売買取引による債権
債権c    令和5.6.4   ㈱甲とAの金銭消費貸借取引による債権
債権d    令和6.6.6   ㈱甲とAの金銭消費貸借取引による債権
```

上記のように、根抵当権の債権の範囲を変更しました。

今まで担保している債権は債権aと債権bでした。

それが債権の範囲の変更によって、債権aと債権bは担保から外れて、債権c と債権dだけを担保することになります。

根抵当権者が変わった場合、担保する債権は総とっかえになりました。実は根抵当権者に限らず、**被担保債権の決定基準が変われば、担保する債権は総とっかえになる**のです。

このような債権の範囲の変更はどうやってするのか、要件を覚えましょう。

覚えましょう

債権の範囲の変更の要件
①確定前の根抵当権であること
②根抵当権者「全員」と設定者との間で契約をすること
③共同根抵当権の場合、すべての不動産について債権の範囲の変更の 「登記」がなされたこと

①ですが、**債権を総とっかえするのですから、確定後ではもう遅い**のです。確定前しかできません。

②のポイントは、設定者が関与していることです。これは**決定基準が変わる場合、設定者の意思を絶対に入れる**のです。

　例えば、根抵当権者が変わるときは、契約は根抵当権者と譲受人で行いますが、どこかで設定者の意思が入っていませんでしたか？

　設定者が承諾することが要件になっていました。契約か、承諾か、何らかの形で設定者の意思が入るようにしているのです。

　では登記簿がどうなるか見ていきましょう。

順位番号	登記の目的	受付年月日	権利者その他の事項
1	根抵当権設定	（略）	原因　　　令和4年9月1日設定 極度額　　金1億円 <u>債権の範囲</u> <u>根抵当権者　株式会社豊崎銀行につき</u> <u>　銀行取引　手形債権　小切手債権</u> <u>根抵当権者　株式会社中津銀行につき</u> <u>　当座貸越取引</u> 債務者　　（住所省略）　甲野一郎 根抵当権者　（住所省略） 　　　　　　株式会社豊崎銀行 　　　　　　（住所省略） 　　　　　　株式会社中津銀行
付記1号	1番根抵当権変更	（略）	原因　令和6年10月15日変更 債権の範囲 根抵当権者株式会社豊崎銀行につき 　銀行取引　手形債権　小切手債権 根抵当権者株式会社中津銀行につき 　手形貸付取引

　豊崎銀行の債権の範囲は変わっておらず、中津銀行の債権の範囲だけ変わりました。

　ただその場合でも、債権の範囲は全部書き直しで登記します。

　決定基準を変えた場合は、全部消して、全部書き直します。**付記1号だけで決定基準を分かるようにしたい**のです。

実際に書いてみましょう！

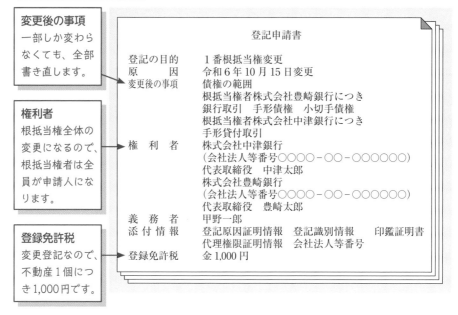

登記申請書

登記の目的	1番根抵当権変更
原　因	令和6年10月15日変更
変更後の事項	債権の範囲
	根抵当権者株式会社豊崎銀行につき
	銀行取引　手形債権　小切手債権
	根抵当権者株式会社中津銀行につき
	手形貸付取引
権　利　者	株式会社中津銀行
	（会社法人等番号○○○○－○○－○○○○○○）
	代表取締役　中津太郎
	株式会社豊崎銀行
	（会社法人等番号○○○○－○○－○○○○○○）
	代表取締役　豊崎太郎
義　務　者	甲野一郎
添　付　情　報	登記原因証明情報　登記識別情報　　印鑑証明書
	代理権限証明情報　会社法人等番号
登録免許税	金1,000円

「原因　年月日変更」とありますが、これは、変更契約という意味です。根抵当権者と設定者で変更契約をする必要があります。

変更後の事項には、債権の範囲を「変わっている部分」「変わっていない部分」を含めて、新しい債権の範囲を全部書くことになります。

だから、**権利者は変わっていない者も含めて、根抵当権者全員となります**（**根抵当権全体の変更**と考えましょう）。義務者は設定者です。

添付情報はルール通りです。

登録免許税は1,000円です。変更登記は優先弁済権が増えない限りは、基本1,000円でしたね。

以上が申請書の基本形ですが、場合によっては申請構造が逆転することがあります。例えば、次のような変更です。

変更の態様	申請人	
証書貸付取引・当座貸越取引 → 証書貸付取引	権利者	設定者
	義務者	根抵当権者

　2つあるものから1つ無くなる場合、**担保する分量が明らかに減ります**。その
ため、負担が軽くなる設定者が権利者になります。

　この例と誤解されやすいのが次の例です。

変更の態様	申請人	
証書貸付取引・当座貸越取引 → 手形債権	権利者	根抵当権者
	義務者	設定者

　一見すると、2つから1つに減っているので、設定者に有利なように見えます。
ただ、これから行う手形債権の取引量のほうが、今まで行っていた2つの取引量
より多くなる可能性もあります。

　そのため**設定者が有利になるとは断言できないので、申請人は逆転しません**。
単に「2つ→1つ」で見るのではなく、「**2つ→その中の1つに限定しているか
どうか**」で見るようにしてください。

変更の態様	申請人	
銀行取引 → 手形貸付取引	権利者	設定者
	義務者	根抵当権者

　銀行取引というのは、相当な範囲の取引が入っています。銀行取引から手形貸
付にするということは、銀行取引の一部に絞ることになります。そのため、**明ら
かに取引量が減少する**ので、申請人は逆転します。

　申請人が逆転する2つの事例は覚えるようにしてください。

1 根抵当権者A及び設定者Bが債権の範囲を「銀行取引」から「手形貸付取引」とする変更契約を締結し、当該債権の範囲の変更による根抵当権変更の登記を申請する場合は、Aを登記権利者、Bを登記義務者として当該登記を申請しなければならない。〔オリジナル〕 ×

2 Aが所有する不動産にB銀行株式会社を根抵当権者とする根抵当権の設定の登記がされていた場合において、当該根抵当権がC銀行株式会社に全部譲渡され、同時に、AとC銀行株式会社との間で、債権の範囲を「銀行取引」から「手形貸付取引」に変更する契約がされたときは、当該根抵当権の変更の登記の申請においては、Aが権利者、C銀行株式会社が義務者となる。〔23-20-イ〕 ○

3 A及びBが準共有する確定前の根抵当権について、Aのみについて債権の範囲を変更した場合には、Aと根抵当権設定者との共同申請により、根抵当権変更の登記を申請することができる。〔16-20-ウ〕 ×

×肢のヒトコト解説

1 縮減が明らかな変更になるので、権利者は設定者のBになります。

3 根抵当権全体の変更になるので、Aだけでなく AB が設定者と共に申請することになります。

第2節 債務者の変更

　この債務者の変更というのは、払う人を変えることではなく、誰の債務を枠に入れるかという基準を変えることをいいます。

```
根抵当権者　㈱甲
極度額　　　金1,000万円
債権の範囲　売買取引
債務者　　　A
                          令和6.6.5
              ──────────→　債務者B
                  変更
```

```
債権a　令和4.6.1　㈱甲とAの売買契約により発生した債権
債権b　令和5.6.4　㈱甲とAの売買契約により発生した債権
債権c　令和5.6.4　㈱甲とBの売買契約により発生した債権
債権d　令和6.6.6　㈱甲とBの売買契約により発生した債権
```

　上の図の根抵当権が担保する債権はどれでしょう。変更前の債務者はAなので、Aの債務を担保します。そのため、債権aと債権bとなります。

　このあと、債務者をAからBへと変更すると、被担保債権の総とっかえとなります。よって、債権aと債権bが外れて、債権cと債権dが入ることになります。

　これが債務者変更の効果です。その要件は下記のとおりです。

 覚えましょう

　債務者変更の要件
　①確定前の根抵当権であること
　②根抵当権者「全員」と設定者との間で契約をすること
　③共同根抵当権の場合、すべての不動産について債務者の変更の
　　「登記」がなされたこと

　債権の範囲の変更と全く同じです。同じ条文を根拠にしているので（民398条の4）、要件も同じになるのです。

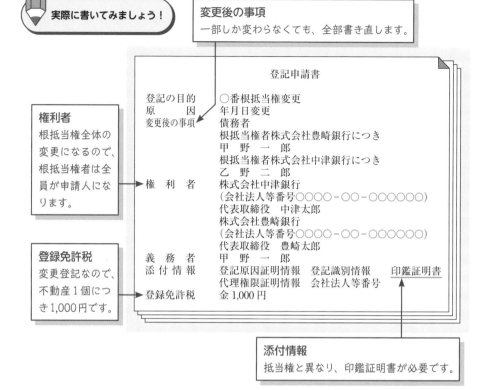

実際に書いてみましょう！

変更後の事項
一部しか変わらなくても、全部書き直します。

登記申請書

登記の目的	○番根抵当権変更
原　　因	年月日変更
変更後の事項	債務者
	根抵当権者株式会社豊崎銀行につき
	甲　野　一　郎
	根抵当権者株式会社中津銀行につき
	乙　野　二　郎
権　利　者	株式会社中津銀行
	（会社法人等番号○○○○－○○－○○○○○○）
	代表取締役　中津太郎
	株式会社豊崎銀行
	（会社法人等番号○○○○－○○－○○○○○○）
	代表取締役　豊崎太郎
義　務　者	甲　野　一　郎
添　付　情　報	登記原因証明情報　登記識別情報　印鑑証明書
	代理権限証明情報　会社法人等番号
登録免許税	金 1,000 円

権利者
根抵当権全体の変更になるので、根抵当権者は全員が申請人になります。

登録免許税
変更登記なので、不動産1個につき1,000円です。

添付情報
抵当権と異なり、印鑑証明書が必要です。

この申請書は債務者が1人だけ変わったという事例なのですが、債権の範囲と同じように、1人でも変われば全部書き直しになります。

債務者の変更でも、権利者と義務者が逆転することがあります。下記のような事例の場合です。

変更の態様	申請人	
債務者　甲乙	権利者	設定者
→　債務者　甲	義務者	根抵当権者

添付情報は、基本的にはルール通りです。

抵当権	根抵当権
債務者変更登記では、義務者の印鑑証明書は不要	債務者変更登記では、義務者の印鑑証明書は必要

抵当権の債務者の変更では印鑑証明書は付けませんでした。しかし、根抵当権では印鑑証明書を付けます。

抵当権では担保する債権は特定債権です。**債務者が変わっても担保する債権は変わりません**。

一方、根抵当権では債務者を変えることは、**担保する債権を総とっかえするという重大な変更になる**のです。そこで、根抵当権は抵当権と違って、債務者を変えるときでも、ダブルチェックとして**登記識別情報に加えて、印鑑証明書も要求することにした**のです。

この債務者変更では、利益相反に該当するかどうかは頻繁に問われます。抵当権の場合と、根抵当権の場合で結論が真逆になるので注意が必要です。

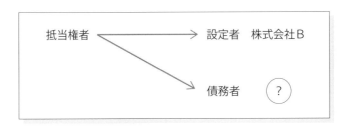

株式会社B→取締役Cに変更する場合

設定者株式会社B、債務者株式会社Bとして抵当権を設定していました。このあと、債務者を株式会社Bから取締役に変える場合、これは利益相反でしょうか。

利益相反というのは、会社がマイナスで取締役がプラスになる場合です。今回のケースは、会社にとって不利益が生じませんので、利益相反ではありません。

取締役C→株式会社Bに変更する場合

　これは取締役が得をして、会社が損をするので、利益相反となります。そのため、登記手続には承認決議をした議事録が追加で必要になります。

　では、これが根抵当権になるとどうでしょうか。

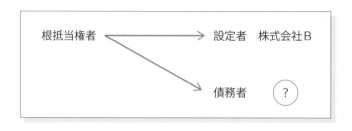

　根抵当権において債務者は何かというと、担保する債権の決定基準のことを指しています。誰の債務を担保するのかという基準です。

株式会社B→取締役Cに変更する場合

　これまでは、会社の債務を担保してきました。それが変更によって、会社の債務は全部枠から外れて、これからは取締役の債務を担保することになります。

　これからは、取締役の債務を会社の不動産で担保することになり、取締役が得をして、会社が損をするので利益相反となります。

取締役C→株式会社Bに変更する場合

会社　自分の債務を会社不動産で担保できるようになった！（借りやすくなるぞ）

取締役　自分の債務は担保されなくなる。（無担保債権として残る）

　これまで取締役の債務を担保していました。債務者を変えることによって、取締役の債務は枠から外れ、会社の債務を担保することになります。これは利益相反ではありませんね。

第3節　確定期日の変更

 覚えましょう

　確定期日の変更の要件
　①確定前の根抵当権であること
　②根抵当権者と設定者の間で変更する契約をすること
　③確定期日は、定めた日又は変更した日から5年以内の期日でなければならない

　①ですが、確定後に、確定する予定日を変えても意味がないので、変更は確定前までとなります。
　③の年数が5年なので、5年以上の年数にしている場合には、完全に無効になります。
　この変更登記をどう書くかは、今までの書き方をまねて書けば大丈夫です。次にまとめの図表を作りましたが、2つだけ気を付けてください。

	新設	延期	繰上げ	廃止
登記原因	○年○月○日 新設	○年○月○日 変更	○年○月○日 変更	○年○月○日 変更
変更後の事項	確定期日 ○年○月○日	確定期日 ○年○月○日	確定期日 ○年○月○日	確定期日 廃止
権利者	根抵当権者	根抵当権者	設定者	根抵当権者
義務者	設定者	設定者	根抵当権者	設定者

1つ目は新設する場合です。この場合、登記原因を年月日新設と書きます。

2つ目は繰上げ（前倒し）する場合の申請人です。**権利者と義務者が逆転する**のです。

蓋を閉める日を前倒しすれば、**入る債務の量は明らかに減り、設定者の負担が軽くなる**ので、権利者が設定者、義務者が根抵当権者となるのです。

問題を解いて確認しよう

1　「平成16年3月31日」を確定期日とする登記がされている確定前の根抵当権について、同年3月20日に根抵当権者と根抵当権設定者との間で確定期日を「平成18年3月31日」と変更した場合には、平成16年4月1日以降であっても、確定期日の変更の登記を申請することができる。〔16-20-イ（19-19-エ）〕　　×

2　元本の確定期日を変更する根抵当権変更の登記は、根抵当権設定者が申請人にならず、かつ、申請書に根抵当権設定者の承諾書の添付も要しない。〔9-23-ウ〕　　×

ヒトコト解説

1　確定期日が到来するまでに登記をしないと、確定期日を変更することはできません。

2　申請人になります。

第4節 優先の定め

順位番号	登記の目的	受付年月日	権利者その他の事項
1	根抵当権設定	（略）	（登記事項一部省略） 根抵当権者　（住所省略） 　　　　　　株式会社豊崎銀行
付記1号	1番根抵当権一部移転	（略）	原因　　　令和○年○月○日一部譲渡 根抵当権者　（住所省略） 　　　　　　株式会社中津銀行
付記2号	1番根抵当権優先の定	（略）	原因　　　令和○年○月○日合意 優先の定　株式会社豊崎銀行7・株式会社 　　　　　中津銀行3の割合

　付記1号まで見ると、この根抵当権は豊崎銀行と中津銀行の共有だということがわかります。この状態で、もし極度額の枠を超えて債権を発生させていた場合、配当は案分比例になります。

　例えば、極度額の枠が3,000万円で、中津銀行3,000万円、豊崎銀行3,000万円の債権を持っていれば、両者は1,500万円ずつ配当を受けることになります。

　これだと豊崎銀行としては、**中津銀行がどれだけの債権を持つかによって、自分の配当が変わることになり、不安定な状態**です。そこで、配当について、約束をすることができます。

　それが付記2号です。

　このような定めをしておけば、豊崎銀行はある程度、自分が優先して配当が取れる確約になり安心できます。これを優先の定めと呼びます。

覚えましょう

　優先の定めの要件
　①確定前の根抵当権であること
　②共有根抵当権者全員により合意がなされること

　根抵当権者全員で合意することになります。ここは今までと違い、設定者が関与していないのです。

担保する債権の決定基準は変わっておらず、配当額をどのように分け合うかが
変わっているだけなので、設定者は関与させません。

確定前という要件については、重大な論点があります。

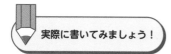

> **Point**
>
> 登記時期の制限はなく、元本確定前に優先の定めの合意がなされていれ
> ば、元本が確定した後であってもその旨の登記を申請することができる。

他の変更は、確定前に契約して、確定前に登記することまで必要なのに、なぜ
か優先の定めだけは、確定前に契約をしておけば、確定後に登記ができるのです。
これは、もともと争いが強いところなので、**理由は追いかけず無理にでも覚えて
ください**。
では、この登記簿を作る申請書を見ていきます。

実際に書いてみましょう！

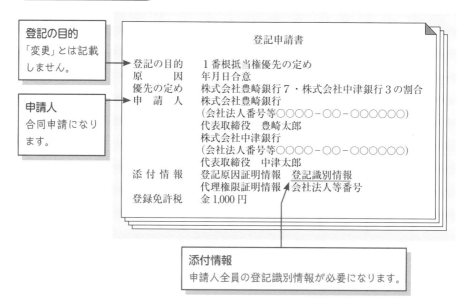

登記の目的
「変更」とは記載
しません。

申請人
合同申請になり
ます。

登記申請書

登記の目的	1番根抵当権優先の定め
原　　因	年月日合意
優先の定め	株式会社豊崎銀行7・株式会社中津銀行3の割合
申　請　人	株式会社豊崎銀行
	（会社法人番号等○○○○－○○－○○○○○○）
	代表取締役　豊崎太郎
	株式会社中津銀行
	（会社法人番号等○○○○－○○－○○○○○○）
	代表取締役　中津太郎
添 付 情 報	登記原因証明情報　登記識別情報
	代理権限証明情報　会社法人等番号
登録免許税	金 1,000 円

添付情報
申請人全員の登記識別情報が必要になります。

目的は根抵当権変更ではありません。変更といった場合は、古い情報に下線を引いて、新しい情報を書き込む登記になります。**今回は古い情報を消すという作用がどこにもありません。**そのため、単純に変更とは書けないのです。

そして、原因の後には「優先の定め」と書いて、契約書の内容を書くことになります。

申請人ですが、これは**合同申請になります。**理由は順位変更と同じで、一見すると、豊崎銀行のほうが有利に見えますが、配当時に豊崎銀行が債権を持っていなければ、中津銀行が不利になることはありません。**どちらが有利になるかは配当してみないとわからない**ため、全員を権利者、全員を義務者とする合同申請にしています。

添付情報は、登記識別情報だけ気を付けてください。全員を権利者、全員を義務者としますので、**全員分の登記識別情報が必要**になります。

優先の定めの登記の登録免許税は、不動産の数×1,000円です。

--- 問題を解いて確認しよう ---

1 根抵当権の共有者の一人が優先弁済を受ける旨の定めの登記は、根抵当権設定者が申請人にならず、かつ、申請書に根抵当権設定者の承諾書の添付も要しない。〔9-23-エ（6-13-ウ、26-23-ア）〕　　○

これで到達！　　合格ゾーン

□ 根抵当権の設定の登記と根抵当権の共有者間の優先の定めの登記は、一の申請情報によって申請することはできない（昭46.10.4民甲3230号）。

〔31-21-ア〕

★目的、申請人が異なるため、一の申請情報によって申請する要件を満たしていません。

順位番号	登記の目的	受付年月日	権利者その他の事項	
1	根抵当権設定	（略）	原因 極度額 債権の範囲 債務者 根抵当権者	令和4年9月1日設定 金3,000万円 銀行取引　手形債権　小切手債権 （住所省略）　A （住所省略） 株式会社豊崎銀行
付記1号	1番根抵当権 変更	（略）	原因 極度額	令和6年10月15日変更 金5,000万円
2	根抵当権設定	（略）	原因 極度額 債権の範囲 債務者 根抵当権者	令和5年9月20日設定 金3,000万円 銀行取引　手形債権　小切手債権 （住所省略）　A （住所省略） 株式会社中津銀行

　1番の根抵当権が極度額を増やしていることが、付記1号で公示されています。極度額の増額は、必ず付記登記で入ります。

　今回の変更によって根抵当権の枠が3,000万円から5,000万円に増えますが、この付記1号の登記で登記識別情報は通知されるでしょうか。

　「根抵当権者　住所　誰々」と記載される登記ではないので、**登記識別情報は通知されません**。

　ではこの極度額の変更の要件を見ていきましょう。

 覚えましょう

極度額変更の要件
①根抵当権者と設定者で変更契約をしたこと
②利害関係人の承諾を得ること（民398の5）
③共同根抵当権の場合、すべての不動産について登記をすること

　まず①ですが、決定基準を変えているので設定者が契約に関与します。

②ですが、民法398条の５の条文を見てください。条文に書いてあるということは、登記を通すために必要な承諾ではなく、効力を生じさせるために必要な承諾です。そのため、**契約のあとに利害関係人の承諾があれば、原因日付は承諾の日**になります。この事例では、配当が減る２番根抵当権者が利害関係人になります。

最後に、**要件の中に「確定前」「確定後」という縛りが無い**ことに気付いてください。これは他の被担保債権の決定基準の変更とは違い、確定後でもできます。

抵当権だって債権額の増額変更ができるので、根抵当権が元本確定後に抵当権化しても、変更できていいだろうということです。

```
                    登記申請書
登 記 の 目 的    １番根抵当権変更
原      因    令和6年10月15日変更
変更後の事項    極度額　金5,000万円
権  利  者    株式会社豊崎銀行
            （会社法人等番号○○○○－○○－○○○○○○）
            代表取締役　豊崎太郎
義  務  者    甲野一郎
添 付 情 報    登記原因証明情報　　登記識別情報
            印鑑証明書　　　　　承諾証明情報
            代理権限証明情報　　会社法人等番号
課 税 価 格    金2,000万円
登録免許税    金8万円
```

気を付けるのは権利者と義務者です。今回の事例では根抵当権者が権利者、設定者が義務者でやっていますが、**もし減額変更であれば、権利者、義務者は逆転します**。枠の大きさが小さくなれば、有利になるのは設定者で、不利になるのは抵当権者だからです。

添付情報ですが、増額変更の場合には、後順位の担保権者の承諾証明情報が必要です。

本来の変更登記の登録免許税は1,000円ですが、**極度額が増える場合は、増加額の1000分の4**を取ります。極度額の増額変更はまさに、優先弁済量が増える登記になるからです。

1 甲土地の乙区1番にBを根抵当権者とする根抵当権、乙区2番にCを抵当権者とする抵当権、乙区3番にDを根抵当権者とする根抵当権の設定の登記がそれぞれされており、Dを第1順位、Cを第2順位、Bを第3順位とする順位の変更の登記がされている場合において、AとBとが共同して、Bの根抵当権の極度額の増額の変更の登記を申請するときは、C及びDの承諾を証する情報を提供することを要する。 ×

〔31-25-イ〕

ヒトコト解説

1 後順位者は利害関係人ですが、CDは順位変更によって先順位になっています。

順位番号	登記の目的	受付年月日	権利者その他の事項	
1	根抵当権設定	（略）	原因 極度額 債権の範囲 確定期日 債務者 根抵当権者	令和3年9月1日設定 金1億円 銀行取引　手形債権　小切手債権 令和6年9月30日 （住所省略）　A （住所省略） 株式会社豊崎銀行
付記1号	1番根抵当権変更	（略）	原因 極度額	令和6年10月15日減額請求 金1,020万円

　乙区1番の元本が確定したのですが、確定時の枠の中身が1,000万円の債権しか入っていませんでした。これ、根抵当権者にとっては美味しい場面です。うまくいけば極度額の枠1億に至るまで利息が取れるからです。

　ただ、設定者にしてみれば、そんなに大きな枠はもう要らないと思うでしょう。

根抵当権者

他から融資を受けたいから、枠の大きさを下げてくれ。

設定者

　そこで、上記のように設定者から請求することを認めました。しかも、合意で

はなく、**設定者からの一方的な行為で変えることができる単独行為**です。これが減額請求という制度です。

 覚えましょう ・・

減額請求の要件
①元本確定後
②設定者から根抵当権者への減額請求（形成権）
───────────────────────────────────
効果
極度額の減額　①　現に存する債務の額、及び
②　以後2年間に発生すべき利息・損害金の合計額

　もう取引しないのだから、枠の大きさを下げてくれという制度なので、確定後であることが要件になります。

　効果を見てください。効果は確定時の債権額1,000万円まで枠を下げるではありません。抵当権だって2年分は利息を取れるため、それとのバランスで、利息2年分は取れる状態を確保して下げることになります。

2周目はここまで押さえよう

設定登記扱い	変更登記扱い
①極度額の増額変更登記の登録免許税は、増加した極度額の1000分の4である（登録税12条1項、同別表1、1、(5)）。 ②専有部分のみに根抵当権が設定されている場合に、根抵当権の極度額の増額変更はできない（登記研究444-106）。〔10-13-ア〕 ③所有権の移転の登記の抹消を申請する場合、当該所有権の移転の登記より前に設定された根抵当権につき所有権の移転の登記の後に極度額の増額による根抵当権の変更の登記がされている場合の当該根抵当権の登記名義人は、登記上の利害関係を有する第三者に該当する（昭39. 8. 12民甲2789号）。〔21-17-イ〕	①甲・乙両登記所の管轄に属する不動産を目的とした共同根抵当権について、極度額の増額による根抵当権変更の登記を甲登記所に申請し、その完了後に乙登記所に申請する場合においては、当該申請書に、前登記証明書の添付を要しない（登記研究391-111）。 ②共同根抵当権の設定後に、債務者及び被担保債権の範囲の変更契約をし、一部の担保物についてその変更登記が未了の場合であっても、共同担保物件すべてについて極度額の変更登記はできる（登記研究502-157）。〔11-22-ウ〕

　根抵当権の極度額を1,000万から3,000万に増額した場合、この2,000万の増額はしばしば、設定登記と同じ扱いを受けます。たとえば、登録免許税は、変更登記の1,000円ではなく、設定と同様になっています。

　一方、共同根抵当権が設定されている物件の債権の範囲が異なっている場合には、追加設定登記はできませんが、極度額変更登記をすることはできます。ここでは極度額増額は変更登記として扱われているためです。

　どういうときに設定登記扱いで、どういうときに変更登記扱いなのか、明確な基準はありません。上記の実例を1つずつ覚えるようにしてください。

✅**1** 甲・乙不動産について、共同根抵当権の設定登記後に債務
者及び被担保債権の範囲の変更契約をした場合、乙不動産
についてその変更登記が未了であっても、甲・乙不動産に
ついて、極度額の変更登記を申請することができる。　　　　○

〔11-22-ウ〕

2 Ａ所有の甲土地の所有権を目的として根抵当権の設定登記
がされた後に、甲土地の所有権を敷地権の目的とするＡ所
有の乙区分建物の表示に関する登記及び甲土地の所有権に
敷地権である旨の登記がされた場合、甲土地の根抵当権の
極度額増額の変更登記は、その増額の変更契約の日付が、
甲土地が敷地権の目的となった日より前であるか、後であ
るかを問わず、申請することができる。〔10-13-ア〕　　　×

3 所有権の移転の登記の抹消を申請する場合、当該所有権の
移転の登記より前に設定された根抵当権につき所有権の移
転の登記の後に極度額の増額による根抵当権の変更の登記
がされている場合の当該根抵当権の登記名義人は利害関係
人に該当する。〔21-17-イ改題〕　　　　　　　　　　　　　○

第6節 抵当権の処分が根抵当権でも可能か？

覚えましょう

	確定前	確定後
順位変更（民374Ⅰ）	可	可
債権譲渡による根抵当権移転	不可	可
代位弁済による根抵当権移転	不可	可
転抵当	可	可
被担保債権の質入	可	可
根抵当権の譲渡・放棄（民398の11Ⅰ）	不可※	可
順位の譲渡・放棄（〃）	不可※	可

※ 根抵当権者が、これらの処分を「受ける」ことは可

抵当権だったらできることが、根抵当権でもできるのかという論点です。

確定後は、抵当権扱いになるのですべて「可」です。そのため、議論になるのは、確定前にできるかということです。

順位変更は確定前でもできます。**順位変更は乙区の担保権ならできる制度**となっています。

債権譲渡による根抵当権の移転、代位弁済による根抵当権の移転はできません。**確定前は債権を動かしても担保に影響は出ない**からです。

転抵当、これは確定前でもできますよね。根抵当権移転のところで、確定前の根抵当権に転抵当が付いていた場合、その権利が残るのか消えるのかという話をしました。転抵当が付けられることが前提の話だったのです。

転抵当ができるということは、もう1つできることがあります。それが、被担保債権の質入れです。イメージ図を下に載せました。

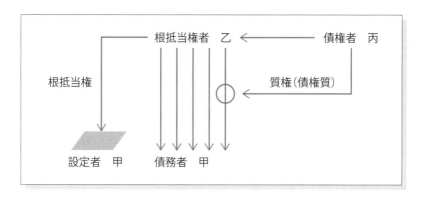

根抵当権が数多くの債務を担保している。その中の1つに質権を設定する。これが登記できるのです。

債権に何かがあっても、担保に影響を与えないのではと思うところです。ただ、**転抵当ができるといった以上、債権の質入れもできるとするしかない**のです。ここは諦めて覚えてください。

この状態でBからCに順位譲渡することはできません。

順位譲渡というのは、優先弁済権の譲渡です。**優先弁済量が決まらなければ、譲りようがありません**。

未確定の状態では、まだ枠の中にどれだけの債権が入るか決まっていません。ということは、最終的にどれだけの優先弁済量になるかということが、この時点ではわからないのです。そのため、確定前の根抵当権は順位譲渡ができないのです。

ただ、**元本が確定すれば優先弁済量が決まりますから、順位譲渡ができます。**

一方、1番のAから2番のBに対する矢印を見てください。Bからすれば、順位譲渡を「受ける」という状態です。Bが、**順位譲渡を受けること**（優先弁済権をもらう）、**これは可能**なのです。

この違いは、意識して覚えてください。確定前は順位譲渡を「**する**」ことはできないけれど、根抵当権者がこれらの処分を「**受ける**」ことはできるということです。

問題を解いて確認しよう

1	元本確定後の根抵当権について債権譲渡を原因として、根抵当権移転を目的とする登記の申請をすることができる。〔14-20-3改題〕	○
2	先順位の抵当権が設定されている場合において、後順位の担保権が、抵当権であるときは順位の放棄を受けてその登記を申請することができるが、確定前の根抵当権であるときは順位の放棄を受けてその登記を申請することはできない。〔16-18-ア〕	×

3 被担保債権が質入れされた場合において、当該担保権が、抵当権であるときは債権質入れの登記を申請することができるが、確定前の根抵当権であるときは債権質入れの登記を申請することはできない。　×

〔16-18-オ〕

（　×肢のヒトコト解説　）

2 確定前の根抵当も、順位の放棄を受けることはできます。

3 確定前の根抵当も、被担保債権の質入れの登記ができます。

これで到達！　　　合格ゾーン

☐ 根抵当権付債権の質入の登記申請をする場合には、申請情報に質入された債権を特定して表示する必要があるが、抵当権付債権の質入の場合には、申請情報に質入された債権を特定して表示する必要はない。〔12-16-ア〕

★抵当権の被担保債権（質権の対象となっている）は、設定登記の登記原因を見れば分かります。一方、根抵当権については、当該根抵当権によって担保されている債権は公示されていないため、どの債権が質入されたのかを明らかにするために申請情報の内容とする必要があります。

第4章 確定前の根抵当権の相続に関する登記

相続が開始したら、根抵当権の元本は確定する方向に
いきます。
ただ、その根抵当権を流用したければ、相続人たちは
確定を阻止することができます。
ここは、全体の流れと登記記録をしっかり追いかける
ことが重要です。

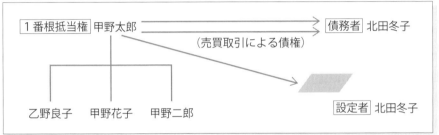

甲野太郎が工場経営をしていて、作った物品を北田冬子に売っています。数多くの代金債権が発生するので、これを一括担保するため、北田冬子の不動産に根抵当権を設定していました。

　その後、甲野太郎が死亡しました。相続人が乙野良子、甲野花子、甲野二郎の3人です。根抵当権と現在残っている債権は、この3人に引き継がれます。

　問題は、この3人が工場を続けるかなんです。

　子供たちが親の商売を引き継ぐとは限りません。となると、もし引き継ぎがなければ取引が終了し、もう新たな売買代金債権は生まれません。

　生まれないのであれば、もう蓋を開けておく必要がないので、**根抵当権者が死んだら、元本は確定する方向にいきます**。

　ただ、相続人の1人（例えば甲野二郎）が「俺、工場継ぐよ」となる場合もあります。

これから甲野二郎が取引するのですから、北田冬子と根抵当権を設定すればいいように思えます。でもそれをやってしまうと、**順位番号が３番とか４番に落ちてしまう可能性があります。**

甲野二郎としてみれば、**親父の１番根抵当権を維持したまま、これを流用したい**と思うわけです。

ただ、甲野二郎の**流用を勝手に認めるのは、設定者の意思に反します。**担保する決定基準が変わるのだから、設定者の意思がなければやってはいけないからです。そこで民法は、**根抵当権者と設定者が合意すれば、甲野二郎の債権を担保できる**としたのです。

では、この合意をした場合、どんな債権を担保するのでしょうか。

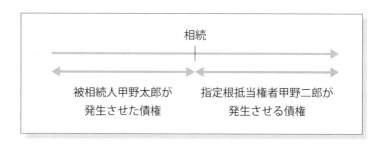

講義では、「**死ぬまでの親父（太郎）の債権、死んだあとの息子（二郎）の債権を担保する**」と説明しています。

例えば、もし太郎の生前に二郎が勝手に工場を動かして、冬子に物品を送っていた場合、この物品を売った代金債権はこれで担保できるのでしょうか。

できません。死ぬまでの親父の債権、死んだあとの息子の債権は担保できますが、親父が死ぬ前に発生した息子の債権は担保できないのです。

このように合意をすれば、１番根抵当権を流用することができます。ただ問題は、いつまで合意できるかです。

基本は元本が確定する、合意すれば確定しない。**いつまで経っても合意できるとすれば、法律関係が不安定になってしまいます。**そこで民法の条文では、相続開始後**６か月以内に合意をして登記までやれ**と規定したのです（ここも登記を基準にしています）。

では、６か月以内に合意の登記をしなかったらどうなるのでしょう。

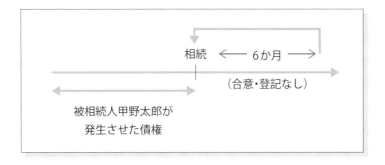

　6か月間、合意とその登記がなければ、遡及して蓋が閉まるのです。相続時にすぐバタンと閉まるのではなくて、**6か月経ったところで、相続開始時に遡ってバタンと閉まるイメージ**です。

　その場合、担保するものは死ぬまでの親父の債権だけです。

　これらのことを下の図表にまとめています。是非、覚えておいてください。

◆ 根抵当権者の死亡の処理 ◆

		原則	例外 相続開始後6か月内に「指定根抵当権者」の合意の登記をした
確定or未確定		相続時に遡及して確定	確定しない
被担保債権	①	被相続人の相続開始当時の債権	被相続人の相続開始当時の債権
	②		指定根抵当権者が相続開始後に発生させる債権

順位番号	登記の目的	受付年月日	権利者その他の事項	
1	根抵当権設定	（略）	原因 極度額 債権の範囲 債務者 根抵当権者	令和4年6月15日設定 金5,000万円 売買取引 （住所省略）　北田冬子 （住所省略）　甲野太郎
付記1号	1番根抵当権移転	（略）	原因 根抵当権者	令和6年9月6日相続 （住所省略）　甲野花子 （住所省略）　甲野二郎 （住所省略）　乙野良子
付記2号	1番根抵当権変更	（略）	原因 指定根抵当権者	令和6年11月25日合意 （住所省略）　甲野二郎

これまでの流れを登記簿でも確認しましょう。

甲野太郎が死んで、付記1号で相続人3人名義になっています。そのあと、甲野二郎が取引を続けるよとなって、付記2号で甲野二郎の名前を入れます。

ただこの甲野二郎の名前を入れるところ、肩書きに気を付けてください。

指定根抵当権者となっているのですが、これはあくまでも**取引する人が甲野二郎だという意味**です。**根抵当権者自身は甲野花子、甲野二郎、乙野良子で変わりません**。ただその中で取引をするのが、甲野二郎だけになるので、この取引する人のことを指定根抵当権者と呼ぶことにしました。

くどいようですが、甲野二郎だけが根抵当権者になるわけではないので、肩書きに騙されないようにしてください（もし甲野二郎だけが根抵当権者になるのなら、付記2号で入る登記は移転登記になるはずです）。

```
                        登記申請書
     登記の目的     １番根抵当権移転
     原　　　因     令和６年９月６日相続
     根抵当権者     （被相続人　甲野太郎）
                    甲野花子
                    甲野二郎
                    乙野良子
     添 付 情 報     登記原因証明情報
                    代理権限証明情報
     課 税 価 格     金 5,000 万円
     登録免許税     金５万円
```

　まずは付記１号の登記簿を作る申請書から見ていきましょう。ほぼこれまでやってきた知識でいけます。

　移転登記で原因が相続なので単独申請です。また登録免許税は極度額×1000分の１になります。

　また、根抵当権は持分という概念が無いので、相続の登記でも持分を書かないようにしてください。

　次に、相続人として誰を書くのかが論点となります。

推定相続人と状況	甲野花子（遺産分割で債権を相続しないと協議） 甲野二郎（特別受益者） 乙野良子 乙野三郎（相続放棄者）
申請書の表現	根抵当権者（被相続人　甲野太郎） 　　甲野花子 　　甲野二郎 　　乙野良子

　相続人が、花子、二郎、良子、三郎といて、花子は遺産分割で「親父の債権は引き継がないよ」と言っています。二郎は特別受益者なので権利は取得できません。そして三郎は相続放棄者です。

　この場合、根抵当権者として書くのは、花子、二郎、良子の３人なのです。

花子と二郎は債権を取得しませんが指定根抵当権者になれる余地があるのです。

つまり、**親父の債権は引き継がないけれど「工場は俺が引き継くよ」ということができる**のです。

　この工場を権利と考えると、特別受益者を根抵当権者の相続人として書いていいのかと思うのですが、**親の事業を続けるということは、利益の面もあれば、仕方なく嫌々引き継ぐという面もあります。**

　そこで、**特別受益者であっても相続人として書くようにしています。**

　ただ、次の書面があった場合は話が別です。

> **特別受益証明書**
> 私、甲野二郎は特別受益者です。債権は相続しませんし、指定根抵当権者にもなりません。

> **遺産分割協議書**
> 甲野花子は、債権を承継せず、また、指定根抵当権者にもならない。

　「俺は絶対に親父の商売を引き継がないからな」、そこまで言い切っているのであれば、相続人として書かなくて結構です。

問題を解いて確認しよう

1　根抵当権者Aが死亡し、共同相続が生じた場合において、共同相続人の一人Bが、遺産分割協議書に既発生の債権を相続しない旨、及び民法第398条の8第1項の合意による指定を受ける意思のない旨を明らかにしたときは、Bは、相続による根抵当権移転の登記を申請することができない。〔オリジナル〕　　　　○

2　担保権者について相続が開始し、共同相続人の中に自らの相続分を超える遺贈を受けた者がいる場合において、この者は、相続を原因とする担保権移転の登記につき、当該担保権が、抵当権であるときは登記の申請人となることはないが、確定前の根抵当権であるときは登記の申請人となることがある。〔16-18-ウ〕　　　　○

3　元本確定前の根抵当権につき、根抵当権者に相続が発生した場合、相続による根抵当権の移転登記については、相続放棄をした者は、申請人とはならない。〔10-22-ア〕　　　　○

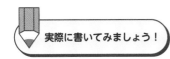

実際に書いてみましょう！

```
                        登記申請書
登 記 の 目 的    １番根抵当権変更
原      因    令和６年 11 月 25 日合意
指定根抵当権者    甲野二郎
権   利   者    甲野花子
               甲野二郎
               乙野良子
義   務   者    北田冬子
添 付 情 報    登記原因証明情報　登記識別情報
               印鑑証明書　　　　代理権限証明情報
登 録 免 許 税    金 1,000 円
```

これは、付記２号の合意の登記の部分です。これまでの知識を駆使すれば「原因」以外はわかると思います。原因は「年月日合意」となるので、ここは覚えてください。

２周目はここまで押さえよう

```
相続      合意      元本確定事由あり      合意の登記申請？
  |        |            |                    |
  ──────────────────────────────────────────────▶
```

　相続が生じた後、根抵当権での取引を続けることを合意して、登記申請をしようとしたところ、登記申請までの間に他の元本確定事由が生じて、元本が確定しました。

　ここで、合意の登記申請はできるのでしょうか。

　元本の確定を止めるために、合意の登記をする

という点からすれば、すでに確定しているので、合意の登記申請をする必要はないように思えます。

　ただ、相続から元本確定事由が発生するまでの間に取引している債権は担保したいところです。

　そのため、上記のような事情があったとしても、合意の登記申請をすることが認められています。

この事例には続きがあります。

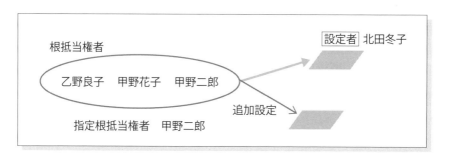

根抵当権者は、乙野良子、甲野花子、甲野二郎であり、指定根抵当権者は甲野
二郎とし、北田冬子の不動産に根抵当権を設定しています。

この設定の状態から、別の不動産に根抵当権の追加設定をしました。

この場合、どのような登記簿になるのでしょうか。

順位番号	登記の目的	受付年月日	権利者その他の事項
1	根抵当権設定	（略）	原因　　　　　令和6年12月1日設定 極度額　　　　金5,000万円 債権の範囲　　売買取引 債務者　　　　（住所省略）　北田冬子 根抵当権者　　（住所省略）　甲野二郎

確かに二郎が取引するかもしれませんが、根抵当権者は3人です。根抵当権者
を二郎だけにしているこの登記簿は、間違いです。

順位番号	登記の目的	受付年月日	権利者その他の事項		
1	根抵当権設定	（略）	原因	令和6年12月1日設定	
			極度額	金5,000万円	
			債権の範囲	売買取引	
			債務者	（住所省略）	北田冬子
			根抵当権者	（住所省略）	甲野花子
				（住所省略）	甲野二郎
				（住所省略）	乙野良子

この登記簿だと、冬子と取引する花子、二郎、良子の債権を担保すると読めてしまうので、**この登記簿もNG**です。

順位番号	登記の目的	受付年月日	権利者その他の事項		
1	根抵当権設定	（略）	原因	令和6年12月1日設定	
			極度額	金5,000万円	
			債権の範囲	売買取引	
			債務者	（住所省略）	北田冬子
			根抵当権者	（住所省略）	（甲野太郎（令和6年9月6日死亡）の相続人）
				（住所省略）	甲野花子
				（住所省略）	甲野二郎
				（住所省略）	乙野良子
			指定根抵当権者		
			（令和6年11月25日合意）		
				（住所省略）	甲野二郎
			共同担保目録（あ）第1234号		

上記のような登記簿にしなくてはいけません。

根抵当権者の部分に着目してください。**根抵当権者は3人なので、3人の名前を書きます**。担保する債権には、死ぬまでの親父の債権も担保しますよね。それを表現するために、**親父の名前と死んだ日まで書いています**。

そして、死んだあとの息子の債権を担保することも表現していて、それが指定根抵当権者という部分です。単に名前を書くだけでなく、年月日合意と**合意したことと日付を入れます**。これは6か月以内に合意していることを示しているのではないかと個人的に思っています。

では申請書を見ていきましょう。

実際に書いてみましょう！

登記申請書

登記の目的	共同根抵当権設定（追加）
原　　因	令和6年12月1日設定
極　度　額	金5,000万円
債権の範囲	売買取引
債　務　者	北田冬子
根抵当権者	（甲野太郎（令和6年9月6日死亡）の相続人）
	甲野花子
	甲野二郎
	乙野良子
指定根抵当権者	（令和6年11月25日合意）
	甲野二郎
設　定　者	北田冬子
添　付　情　報	登記原因証明情報　登記識別情報
	印鑑証明書　　　　前登記証明書
	代理権限証明情報
登録免許税	金1,500円（登録免許税法第13条第2項）

　基本的には追加設定の申請書通りです。**根抵当権者に相続があった場合は、根抵当権者の欄が分厚くなります。**登記簿と見比べて見てください。

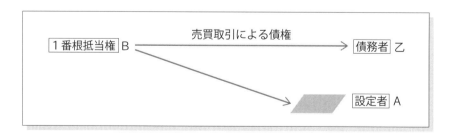

　根抵当権者がBで、債務者の乙と継続的に取引をしていて、それを1番根抵当権で一括担保していた状態で、乙が死亡しました。

◆ 債務者の死亡の処理 ◆

		原則	例外 相続開始後6か月内に「指定債務者」の合意の登記をした
確定or未確定		相続時に遡及して確定	確定しない
被担保債権	①	被相続人の相続開始当時の債務	被相続人の相続開始当時の債務
	②		指定債務者が相続開始後に発生させる債務

　流れは根抵当権者の死亡とほぼ同じです。放っておいたら基本的には蓋が閉まります。ただ、相続開始後6か月以内に合意の登記をすれば、蓋は閉まりません。

　そして、指定債務者を息子の丙とする合意の登記をした場合、死ぬまでの親父乙の債務と死んだあとの息子丙の債務を担保することになります。

順位番号	登記の目的	受付年月日	権利者その他の事項
1	根抵当権設定	（略）	原因　　　　令和4年6月15日設定 極度額　　　金3,000万円 債権の範囲　売買取引 債務者　　　（住所省略）　乙 根抵当権者　（住所省略）　B
付記1号	1番根抵当権変更	（略）	原因　　　　令和6年6月30日相続 債務者　　　（住所省略）　丙 　　　　　　（住所省略）　丁
付記2号	1番根抵当権変更	（略）	原因　　　　令和6年7月29日合意 指定債務者　（住所省略）　丙

　登記簿で流れを見ていきましょう。

　まずは債務者乙がいて、その乙が死ぬことによって、相続人の丙丁名義にします。登記事項である**債務者が変わったので変更登記**です（**移転登記ではありません**）。

　そして、付記2号で合意の登記をしています。ここは根抵当権者の死亡の場合と同じです。根抵当権者が死んだ場合との違いは付記1号の部分です。

　付記1号を作る登記の申請書と、付記2号を作る申請書を次ページに掲載します。

<相続を原因とする債務者変更登記>

```
            登記申請書

登記の目的    1番根抵当権変更
原    因    令和6年6月30日相続
変更後の事項   債務者（被相続人　乙）
           丙
           丁
権 利 者    B
義 務 者    A
添 付 情 報   登記原因証明情報
           登記識別情報
           印鑑証明書
           代理権限証明情報
登録免許税    金1,000円
```

<合意を原因とする指定債務者の登記>

```
            登記申請書

登記の目的    1番根抵当権変更
原    因    令和6年7月29日合意
指定債務者    丙
権 利 者    B
義 務 者    A
添 付 情 報   登記原因証明情報
           登記識別情報
           印鑑証明書
           代理権限証明情報
登録免許税    金1,000円
```

　この2枚の**申請書は、一括でまとめることはできません**。原因が異なるからです。

　また、**1枚目を入れないと、2枚目を入れることはできません**。1枚目の申請書で、合意する人の候補者を出し、2枚目ではその中から選んだことを示すことになるからです。

実際に書いてみましょう！

＜指定債務者の登記後、別の不動産に追加設定したときの登記＞

登記申請書

登記の目的	共同根抵当権設定（追加）
原　　　因	令和6年9月29日設定
極　度　額	金3,000万円
債権の範囲	売買取引
債　務　者	（乙（令和6年6月30日死亡）の相続人） 丙 丁
指定債務者	（令和6年7月29日合意） 丙
根抵当権者	B
設　定　者	A
添　付　情　報	登記原因証明情報　　　登記識別情報 印鑑証明書　　　　　　前登記証明書 代理権限証明情報
登録免許税	金1,500円（登録免許税法第13条第2項）

　上記は、指定債務者の合意の登記をしたあとの、追加設定の申請書です。先ほど根抵当権者の相続の場合は、根抵当権の欄が分厚くなりましたが、**債務者の相続の場合は、債務者の欄が分厚くなります**。

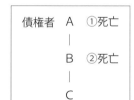

債権者　A　①死亡
　　　｜
　　　B　②死亡　　A死亡から6か月内に合意の登記を申請する必要がある
　　　｜
　　　C

　債務者につき2回の相続があった場合、1回目の相続から6か月内に合意の登記を申請しないと元本は確定します。1回目の相続のあとに2回目の相続があったとしても、**6か月の期間の延長はない**ですし、また2回目の相続から6か月内に申請するというように、**起算点がずれることもありません**（**法律関係を早く確定したいため**、と覚えましょう）。

1	相続による債務者の変更の登記と指定債務者の合意の登記とは、同一の申請情報で申請することができる。〔12-12-ア〕	×
2	元本の確定前に債務者について相続が開始した場合における民法第398条の8第2項の指定債務者の合意の登記は、あらかじめ相続による債務者の変更の登記をした後でなければ、することはできない。〔4-23-1（13-17-イ）〕	○
3	元本の確定前に根抵当権者について相続が開始した場合において、相続開始後6か月以内に民法第398条の8第1項の合意がされているときは、いつでも当該合意についての登記を申請することができる。〔17-19-オ〕	×
4	指定債務者の合意の登記がされた後に、共同根抵当権の追加設定登記を申請する場合、申請書に記載する債務者は、指定債務者である。〔12-12-ウ〕	×
5	相続を登記原因とする債務者の変更の登記及び指定債務者の合意の登記がされた根抵当権の共同担保として、他の不動産に根抵当権を追加設定する旨の登記を申請する場合において、申請情報の内容とすべき債務者の氏名は、登記された指定債務者の合意において定められた者の氏名のみである。〔22-17-ウ〕	×
6	債務者の相続及び指定債務者の合意の登記がされている根抵当権について、追加担保による根抵当権設定の登記を申請する場合、その申請書中に相続債務者を表示するには、その住所、氏名のほか、被相続人の住所、氏名、死亡年月日をも記載しなければならない。〔10-22-ウ〕	○
7	根抵当権の債務者について相続が開始した後、6か月が経過する前に、その相続人について第二の相続が開始した場合、第二の相続の開始時から6か月が経過するまでは、指定債務者の登記を申請することができる。〔13-17-ウ（令4-24-ア）〕	×

×肢のヒトコト解説

1 原因が異なるので、一括申請はできません。

3 登記まで、相続開始後6か月以内にする必要があります。

4 相続人全員を記載します。

5 相続債務者も表示する必要があります。

7 第一の相続から6か月以内に申請する必要があります。

□ 元本の確定前の根抵当権の債務者兼設定者であるAについて相続が開始し、その未成年の子Bとその親権者Cとが相続人である場合において、相続によるBへの所有権の移転の登記がされた後、Cを債務者とする民法第398条の8第2項の合意の登記を申請するときは、Bについて特別代理人の選任の審判があったことを証する情報を提供しなければならない（登研304-73）。

〔25-14-エ〕

　★この合意を認めると、親権者Cがこれから発生させる債務を、未成年者Bの不動産で担保することになるので、利益相反の規制をかけました。

□ 根抵当権の債務者兼設定者Aの相続人が配偶者B及び未成年の子Cである場合、Cの親権者であるBは、Cに代わって、根抵当権者との間でCを指定債務者とする合意をしてその登記を申請することができる。〔12-12-イ〕

　★本事例では指定債務者が未成年者Cであるため、Cが発生させる債務を担保することになります。〔25-14-エ〕と異なり、利益相反とはなりません。

第5章 確定前の根抵当権の合併等に関する登記

合併が起きても根抵当権は確定しない方向です。
ただ、設定者は単独行為で確定するようにできます。
相続と合併で結論が違うので注意しましょう。

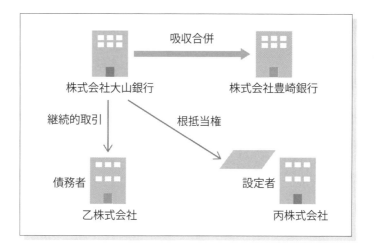

　大山銀行と乙株式会社が継続的に取引をしていて、それを根抵当権で一括担保していました。ここで大山銀行が豊崎銀行に合併で飲み込まれました。

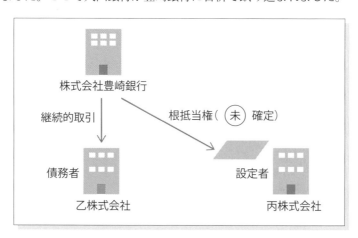

　この場合、乙株式会社と豊崎銀行は取引を続けるはずです。よほどの不採算部門でない限り、**合併で飲み込んだ会社は、前の会社の事業を引き継ぎます。**法は事業が引き継がれ、債権は発生し続けるだろうと考えて**根抵当権は確定しないことにした**のです。

　そのため合併までの大山銀行と、合併後の豊崎銀行の債権を担保することになります。

　ここで、担保する決定基準が変わっています。しかもこの合併は、豊崎銀行と大山銀行だけでやっています。**担保する債権の決定基準が変わっているのに、設定者の意思が入っていない**のです。

　そこで**設定者は、確定請求という形で意思を出せる**のです。

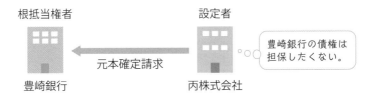

　この確定請求をした場合、蓋が閉まるのは①確定請求したとき、②合併したとき、どちらでしょうか？

　確定請求したときに蓋が閉まるとなれば、合併から確定請求までの豊崎銀行の債務を担保してしまいます。それは**設定者の意思に反します。**そのため、**①合併のときに遡及して、蓋が閉まることにして大山銀行の債権だけを担保する**ようにしているのです。

　では、根抵当権者に合併があった場合の申請書を見ていきましょう。

実際に書いてみましょう！

```
                登記申請書

登記の目的    １番根抵当権移転
原   因     令和６年６月 11 日合併
根抵当権者    (被合併会社　株式会社大山銀行)
           株式会社豊崎銀行
           (会社法人等番号 1234-56-789012)
           代表取締役       ○○○
添 付 情 報    登記原因証明情報
           会社法人等番号
           代理権限証明情報
課 税 価 格    金 3,000 万円
登録免許税    金３万円
```

　抵当権者に合併があった場合とほぼ同じ表現になります。ちなみに、登記原因
証明情報としては、合併の記載がある登記事項証明書を添付することになります
（会社法人等番号で省略も可能です）。

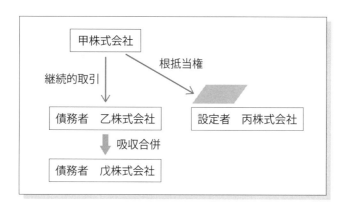

　甲株式会社と乙株式会社が継続的に取引をしていて、一括担保するために根抵
当権を設定しています。

　今度は債務者の合併です。乙株式会社が戊株式会社に飲み込まれました。この
場合、これまで乙株式会社の債務を担保していましたが、これからは戊株式会社
の債務を担保します。これを乙株式会社と戊株式会社だけでやっているわけです。

　すると設定者としてみれば「乙株式会社の債務ならいいけど、戊株式会社の債

務を担保するなんて嫌だ」となる場合もあります。

そのため、**設定者の丙株式会社は確定請求ができます。**

ただ、この確定請求、**債務者の合併なら必ずできるというわけではない**のです。

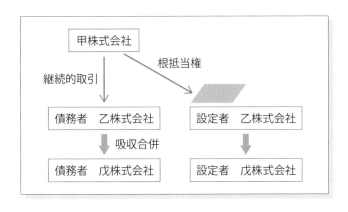

これは、債務者と設定者が同じになっています。債務者が戊株式会社に飲み込まれれば、設定者も戊株式会社に飲み込まれます。

この場合に、戊株式会社が確定請求できるでしょうか。

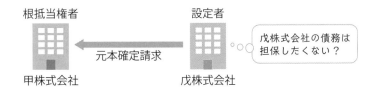

自分で自分の債務を担保したくないというのはおかしいです。

このように、**債務者の合併があっても、債務者兼設定者の場合は確定請求ができない**のです。

	根抵当権者の合併	債務者の合併
行使時期	合併効力発生後１か月内、かつ、設定者の合併覚知より２週間内（民398の9Ⅴ）	
確定時期	合併時に遡及して確定する（民398の9Ⅳ）	
請求権者	設定者	設定者 （債務者兼設定者の場合は不可）

　この確定請求はいつまで経ってもできるわけではありません。法律関係の早期安定のため、設定者が**合併を知って２週間経つと請求できなくなります**。また、設定者が知らない状態だったとしても、**合併が生じてから１か月経つことによって、確定請求はできなくなります**。

 問題を解いて確認しよう

1　根抵当権者であるＢ会社がＣ会社に吸収合併され、根抵当権設定者であるＡが当該合併に基づき元本確定請求をした場合において、当該元本確定請求をした日が合併の日から１か月を経過しておらず、根抵当権設定者が合併のあったことを知った日から２週間を経過していないときは、当該確定請求による元本確定の登記を申請することができる。　〔オリジナル〕　　　　　　　　　○

2　平成26年２月１日を効力発生日として、根抵当権者を消滅会社とする吸収合併があり、平成26年３月10日に物上保証人である根抵当権設定者が当該合併を知った場合において、根抵当権設定者が、平成26年３月20日に、根抵当権者の合併を理由として元本確定請求権を行使したときは、「平成26年２月１日」を登記原因日付として、当該請求による元本確定の登記を申請することができる。　〔オリジナル（12-12-エ）〕　　　　×

3　元本の確定前に債務者につき合併があった場合において、債務者である根抵当権設定者が合併があったことを理由として元本確定の請求をしたときは、根抵当権の担保すべき元本の確定の登記の申請をすることができない。〔9-24-イ〕　　　　　　　　　　　　○

┌─────── ✕肢のヒトコト解説 ───────┐

2 合併から1か月が経っているので、もう確定請求をすることができません。

└──────────────────────────────┘

ここでは、会社分割という制度を扱います。会社法で会社分割を学習してから、読むようにしてください。

まずは、会社分割で所有権などの権利がどのようになるかという点から見ていきます。

販売業と製造業を行っているA会社が、B会社に自社の販売業を売却することにしました。その売却は、会社分割の方式を使って行いました。

この場合、**会社分割の分割契約で定めた財産はB会社に引き継がれます。**

例えば、販売店舗で使っていた土地・建物があった場合、会社分割の分割契約で「○○土地・○○建物は、承継させる」という記載があると、その不動産所有権は相手の会社に承継されるのです。

（合併があれば、消滅会社の全財産が移りますが、会社分割では定めた財産だけが移るのです）

その時の登記簿、申請書は下記のとおりです。

順位番号	登記の目的	受付年月日	権利者その他の事項	
1	所有権保存	（略）	所有者	（本店省略）株式会社A
2	所有権移転	（略）	原　因 所有者	令和○年○月○日会社分割 （本店省略）株式会社B

```
                        登記申請書
     登記の目的   所有権移転
     原   因    令和○年○月○日会社分割
     権 利 者    （本店省略）　株式会社Ｂ
     義 務 者    （本店省略）　株式会社Ａ
     添付情報    登記原因証明情報　登記識別情報
                印鑑証明書　　　　住所証明情報
                会社法人等番号　代理権限証明情報
     課税価格    金何円
     登録免許税   20／1,000
```

　申請構造は、共同申請になります。移転登記で原因が相続・合併であれば、単独申請ですが、本事例は**原因が会社分割となるため、単独申請になりません。**そのため、添付情報として、登記識別情報・印鑑証明書が要求されます（合併と比べてください）。

　そして、登記原因証明情報は、
　分割契約書＋承継会社の登記事項証明書
　となります（吸収分割の場合）。
　会社分割があったことを立証するために、承継会社の登記事項証明書を添付し、**今回の不動産を分割契約書で定めたことを立証するために、**分割契約書を添付するのです（合併の場合は、全財産が承継されるので登記事項証明書のみ添付します）。

　上記の処理は、所有権だけでなく、抵当権等、**確定前の根抵当権（債務者）以外はすべて共通する処理になります。**

　では次に、確定前の根抵当権（債務者）と会社分割の関係を見ていきましょう。

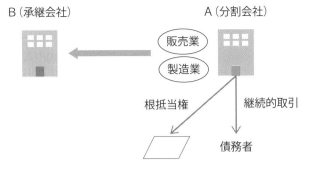

　根抵当権を持っているＡ会社が、Ｂ会社と会社分割をして、販売業を渡すことになりました。会社分割の効果が生じると下記のようになります。

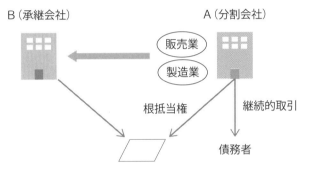

　この場合、根抵当権はＢ会社に一部移転します。しかも、**会社分割の分割契約で定めていようがいまいが、根抵当権が一部移転するのです**（この理由は相当難しいので、あきらめて飲み込んでください）。

　この根抵当権が、今回の販売業と関係がなかったとしても、根抵当権は一部移転します（承継会社側は、その後に権利放棄をすることが多いです）。
　一方、**分割契約で「根抵当権を全部移す」と決めていたとしても、まずは根抵当権が一部移転します**（その後、残りの権利を移すことになります）。

　このように、
　根抵当権を持っている会社が会社分割をすると、その根抵当権は当然一部移転し、根抵当権の債務者の立場を持っている会社が会社分割をすると、その債務者の地位も当然一部移転することになります。ただ、ここで納得できないのが設定

者です。

　設定者「勝手に取引する人を変えないで！その根抵当権者（債務者）の債権は担保したくない！」

という事態もありえるでしょう。

　この場合、**設定者は元本確定請求をすることができ、その場合、根抵当権は会社分割時にさかのぼって確定する**ようにしています（この確定請求の部分は、合併と結論がほぼ同じです）。

　では、根抵当権者が会社分割をしたときの、登記簿、申請書を見ていきましょう。

順位番号	登記の目的	受付年月日	権利者その他の事項
1	根抵当権設定	（略）	原　　因　令和○年○月○日設定 （登記事項一部省略） 根抵当権者　（本店省略）株式会社A
付記1号	1番根抵当権一部移転	（略）	原　　因　令和6年6月1日会社分割 根抵当権者　（本店省略）株式会社B

LEC東京リーガルマインド　令和7年版 根本正次のリアル実況中継
司法書士 合格ゾーンテキスト 5 不動産登記法Ⅱ

実際に書いてみましょう！

```
                    登記申請書

登 記 の 目 的　　1番根抵当権一部移転
原　　　　 因　　令和6年6月1日会社分割
権　利　 者　　株式会社B
　　　　　　　　（会社法人等番号　1234-56-789012）
　　　　　　　　代表取締役　　○○
義　務　 者　　株式会社A
　　　　　　　　（会社法人等番号　2345-56-789012）
　　　　　　　　代表取締役　　○○
添　付　情　報　　登記原因証明情報　　登記識別情報
　　　　　　　　会社法人等番号　　　代理権限証明情報
課　税　価　格　　金500万円
登録免許税　　金1万円
```

申請書の表現は、所有権の場合とほとんど変わりません。

注目すべきは、登記原因証明情報の内容です。これは、**承継会社の登記事項証明書だけとなります。**

会社分割があったことを立証するだけで構いません。

分割契約書に記載があろうがなかろうが、一部移転を起こすので、分割契約書を添付する必要がないのです。

ちなみに、一部譲渡を原因とした根抵当権一部移転では、設定者の承諾書が必要でしたが、本事例（**会社分割を原因とした根抵当権一部移転**）では、**設定者の承諾書は不要です。**

一部譲渡と異なり、**会社分割という事実だけで一部移転を起こすため**です（設定者の承諾は移転の要件ではありません）。

また、設定者の保護は、確定請求という形で行っているので、問題ありません。

問題を解いて確認しよう

1　A株式会社を吸収分割株式会社とし、B株式会社を吸収分割承継株式会社とする吸収分割があった場合において、A株式会社を債務者とする抵当権について、吸収分割契約においてB株式会社が当該抵当権の被担保債務を承継する旨を定めなかったときは、会社分割による債務者の変更の登記を申請することを要しない。〔25-25-エ〕　　　　　　　○

2　吸収分割を原因とする抵当権の移転の登記を申請する場合には、登記原因証明情報として、会社分割の記載がある吸収分割承継会社の登記事項証明書を提供すれば足りる。〔20-20-オ（25-25-ア）〕　　　　　×

3　株式会社が新設分割をした場合に、会社分割を原因とする所有権移転登記は、登記原因証明情報の一部として分割計画書を添付して、申請することができる。〔15-16-イ〕　　　　　　　　　　　　　　　　　○

4　会社分割を原因とする所有権移転登記は、新設分割株式会社の登記識別情報を記載した書面を添付しなくても、申請することができる。
　　　　　　　　　　　　　　　　　　　　　　　　　〔15-16-ア〕　　　　×

5　会社法人等番号の提供をせずに、会社の吸収分割による承継を登記原因とする所有権の移転の登記の申請をする場合には、登記原因証明情報として、分割契約書及び会社分割の記載のある吸収分割承継会社の登記事項証明書を提供しなければならない。〔21-14-ア〕　　　○

6　Aが所有する不動産にB株式会社を根抵当権者とする根抵当権の設定の登記がされていた場合において、B株式会社を吸収分割会社、C株式会社を吸収分割承継会社とする会社分割があったときは、B株式会社からC株式会社への会社分割を登記原因とする根抵当権の一部移転の登記には、Aの承諾を証する情報を提供することを要しない。
　　　　　　　　　　　　　　　　　　　〔23-20-エ（31-25-ア）〕　　　○

7　根抵当権者をA株式会社とする元本確定の登記がされた根抵当権の登記について、会社分割を登記原因とするA株式会社からB株式会社への根抵当権の移転の登記を申請する場合には、登記原因証明情報として、当該会社分割の記載のあるB株式会社の登記事項証明書を提供すれば足りる。〔28-16-ア〕　　　　　　　　　　　　　　×

8　A株式会社を吸収分割株式会社とし、B株式会社を吸収分割承継株式会社とする吸収分割があった場合において、A株式会社を根抵当権者とする元本の確定前の根抵当権について、吸収分割契約においてB株式会社を当該根抵当権の根抵当権者と定めたときは、分割契約書を提供すれば、会社分割を登記原因として、根抵当権者をB株式会社のみとする根抵当権の移転の登記を申請することができる。〔25-25-ウ〕　　　×

LEC東京リーガルマインド　令和7年版 根本正次のリアル実況中継
司法書士 合格ゾーンテキスト 5 不動産登記法Ⅱ

┌─────────────┤ ✕肢のヒトコト解説 ├─────────────┐

2, 7　確定前根抵当権以外では、分割契約書も必要です。

4　　共同申請のため、登記識別情報は必要です。

8　　いったんは一部移転がおきるので、根抵当権一部移転登記を申請します。

└───────────────────────────────────┘

第6章 元本確定

ここが根抵当権のヤマ場です。
どういうときに元本が確定するのか、確定登記が要るのか、丸暗記では対応できないところですので、時間をとってしっかり理解するように心がけましょう。

Point

◆ 元本確定前後の比較 ◆

	確定 前	確定 後	cf. 抵当権
附従性	×	○	○
随伴性	×	○	○
被担保債権	不特定債権	特定債権	特定債権

　根抵当権の確定前は、附従性と随伴性が無いし、担保するのは不特定債権で、何を担保するかは決まっていない状態です。

　一方、確定すると、附従性と随伴性が戻ってきて、担保するのは特定債権で、何を担保するかは決まっている状態になります。

　そして、抵当権はもともと附従性と随伴性があり、担保する債権は特定債権です。

　ここからは、何が起きると元本が確定するのかを見ていきます。
　まず共通的な論点を説明しましょう。

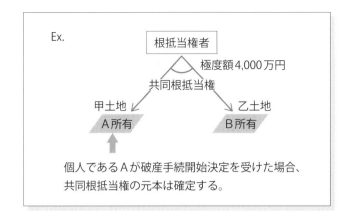

個人であるＡが破産手続開始決定を受けた場合、
共同根抵当権の元本は確定する。

　　共同根抵当権を設定している複数の不動産のうち**1つの不動産**で確定事由が生
じました。この場合、元本が**確定します**。

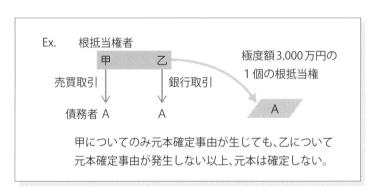

甲についてのみ元本確定事由が生じても、乙について
元本確定事由が発生しない以上、元本は確定しない。

　　根抵当権者が2人で、2人のうち**1人**に確定事由が生じました。この場合、元
本は**確定しません**。

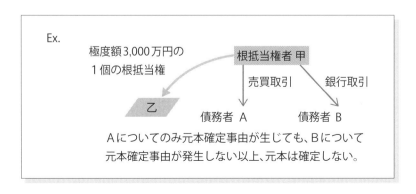

Aについてのみ元本確定事由が生じても、Bについて
元本確定事由が発生しない以上、元本は確定しない。

債務者が2人いて、2人のうち**1人**に確定事由が生じました。これも元本は**確定しません**。

1つに確定事由が発生した場合　→　確定する。
1人に確定事由が発生した場合　→　確定しない。

細かい例外はありますが、まずは上記のように理解してください。

問題を解いて確認しよう

1　債務者A、BのうちAについて相続が開始し、民法第398の8条第2　　　　○
　項の指定債務者の合意の登記をしないうちに6か月が経過した場合に
　あっては、当該根抵当権の元本は確定しないから、その後において債
　権の範囲の変更の登記の申請をすることができる。
　　　　　　　　　　　　　　　　　　〔4-23-4（12-13-1、13-17-エ）〕

では、本題の元本確定の説明に入ります。

順位番号	登記の目的	受付年月日	権利者その他の事項	
1	根抵当権設定	（略）	原因 極度額 債権の範囲 債務者 確定期日 根抵当権者	令和4年6月15日設定 金5,000万円 銀行取引 （住所省略）　乙野次郎 令和6年7月5日 （本店省略） 株式会社豊崎銀行
付記1号	1番根抵当権元本確定	（略）	原因	令和6年7月5日確定

　元本が確定すると、付記1号で1番根抵当権元本確定と登記がされます。
　ただ、この事例ならこの付記1号の登記、なくても元本確定がわかります。確定期日が7月5日なのだから7月5日になったら確定するのは当たり前ですし、見てわかりますよね。

この場合、**わざわざ付記1号の登記を入れなくていい**のです。

	元本確定登記の要否
原則	必要
例外 登記記録から、確定事由があったことを読み取れる	不要

　基本的には元本確定登記はする必要があります。でも登記簿から確定事由が読み取れるのであれば、わざわざ確定登記をしなくてもいいとしているのです。

　何があったら確定するかだけでなく、確定登記をわざわざ入れる必要があるかも理解するようにしましょう。

　では、それを確定事由ごとに確認していきましょう。

第4編　根抵当権に関する登記　◆　第6章　元本確定

覚えましょう

確定事由	確定時期	元本確定登記は必要か
① 元本確定期日の到来	確定期日（その日の午前零時）	不要
② 根抵当権者又は債務者の相続開始後６か月以内に合意の登記をしなかった場合	相続開始の時	
③ 根抵当権者又は債務者の合併又は会社分割の後に設定者が確定請求した場合	合併又は会社分割の時	必要
④ 設定時から３年経過後に設定者が確定請求した場合（確定期日の定めなし）	請求の根抵当権者への到達から２週間経過した時	必要
⑤ 根抵当権者が確定請求した場合（確定期日の定めなし）	請求の時	
⑥ 根抵当権者が抵当不動産について競売、担保不動産収益執行の申立てをした場合（手続の開始があった場合）	申立てをした時	不要
⑦ 根抵当権者が抵当不動産について物上代位による差押えの申立てをした場合（差押えがあった場合）		必要
⑧ 根抵当権者が抵当不動産に対して滞納処分による差押えをした場合	差押えがなされた時	不要
⑨ 第三者の申立てにより抵当不動産の競売手続の開始又は滞納処分による差押えがあったことを根抵当権者が知った時から２週間経過した場合	根抵当権者がその事実を知った時から２週間経過した時	必要
⑩ 債務者が破産手続開始の決定を受けた場合	破産手続開始の決定がされた時	必要
⑪ 設定者が破産手続開始の決定を受けた場合		設定者が 法人：必要 自然人：不要

＜根抵当権者又は債務者の相続開始後6か月以内に合意の登記をしなかった場合＞

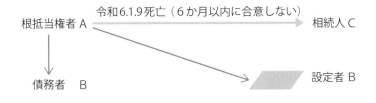

順位番号	登記の目的	受付年月日	権利者その他の事項
1	根抵当権設定	（略）	原因　　　　令和4年○○月○○日設定 極度額　　　金5,000万円 債権の範囲　銀行取引 債務者　　　（住所省略）　　B 根抵当権者　（住所省略）　　A
付記1号	根抵当権移転	（略）	原因　　　　令和6年1月9日相続 根抵当権者　（住所省略）　　C

　根抵当権者Aが死亡して、相続による移転登記まで入っています。Aが死んで6か月以内に合意の登記をしなければ、根抵当権の元本は確定しますよね（相続時に遡って蓋が閉まるということでした）。

　今の登記簿は、相続の登記までが入っている状態です。相続が生じてから6か月以内に合意の登記をしないことは元本確定事由です。

　では「6か月以内に合意の登記をしない」ということが、この登記簿で読み取れますか。

　相続の生じた日が分かり、その下に、合意の登記が入っていないことも分かるため、元本確定事由が登記簿から読み取れます。そのため、**わざわざ元本確定登記を入れる必要はありません**。

（縦書き右側）第4編　根抵当権に関する登記　◆　第6章　元本確定

＜根抵当権者又は債務者の合併後、設定者が確定請求をした＞

順位番号	登記の目的	受付年月日	権利者その他の事項
1	根抵当権設定	（略）	原因　　　　令和4年○○月○○日設定 極度額　　　金5,000万円 債権の範囲　銀行取引 債務者　　　（住所省略）　B 根抵当権者　（住所省略）　A株式会社
付記1号	根抵当権移転	（略）	原因　　　　令和6年1月9日合併 根抵当権者　（住所省略）　C株式会社

　これは根抵当権者A株式会社がC株式会社に合併で飲み込まれたという話です。合併で飲み込まれた場合、設定者が確定請求できます。この確定請求があると、合併時に遡って元本が確定するということでした。

　では、登記簿から確定請求したと読み取れるでしょうか。
　確定請求して元本が確定したということは、登記簿から読み取れません。だから、確定請求をした場合は、**別個に元本確定登記を入れる必要**があります。

＜確定期日がない場合の確定請求＞

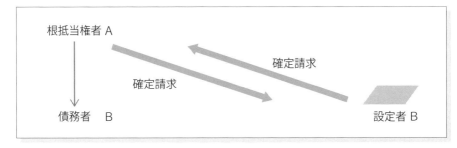

順位番号	登記の目的	受付年月日	権利者その他の事項
1	根抵当権設定	（略）	原因　　　　令和○○年○○月○○日設定 極度額　　　金5,000万円 債権の範囲　銀行取引 債務者　　　（住所省略）　　B 根抵当権者　（住所省略）　　A

　取引を終わりにしたい場合は、単独行為で確定請求ができます。これは根抵当権者からでもできますし、設定者からでも可能です。

　ただ、**確定期日がないときに限ります。**もともと、**確定期日という約束をしている場合には、それを一方的意思表示で破ることはできません。**

　この場合、元本は確定しますが、登記簿を見ても確定請求したなんてことは読み取れません。だから**別個に元本確定登記を入れる必要があります。**

覚えましょう

請求権者	設定者（民398条の19Ⅰ）	根抵当権者（民398条の19Ⅱ）
確定期日がないこと	必要（民398条の19Ⅲ）	
設定から3年経過していること	必要	不要
確定時期	請求から2週間経過後	請求時

　確定請求ができる人は、設定者だけでなく根抵当権者もできます。

　根抵当権者がする場合は、いつでも請求できるし、なおかつ請求したときに元本は確定します。

一方、設定者がする場合は、縛りが強いです。

　まず、設定時すぐには確定請求できません。設定契約した瞬間に確定請求なんてされたら根抵当権者は「せっかく設定したのにもったいない！」と思うでしょう。そのため、**設定から３年は我慢しなさい**としています。

　また、設定から３年経って請求しても、すぐには蓋を閉めません。これはすぐに蓋を閉めるとなった場合、

こういったこともあるでしょう。

　そういった場合に備えて、法は「**２週間待ってあげます。２週間待つから、債権を集めなさい**」としたのです。

　ちなみに、根抵当権者が請求する場合は、**自分で決めてやるのですから「３年待たずにやっていい」**し、「**請求したら２週間待たずにすぐに確定する**」という処理で構いません。

> **２週間の簡単な計算方法**
> 　＋15　をすればよい
> EX）１月15日に確定請求　→　（原因）１月30日確定
> 　　　２月　１日に確定請求　→　（原因）２月16日確定

　設定者が請求した場合は、２週間経過時に確定します。試験ではその２週間の計算が要求されます。

　結論から言うと、**２週間といった場合は、請求日に15を足してください**。

　２週間であれば14を足すのではないかと思うところですが、**民法の期間計算は、必ず０時からスタートすると決まっている**のです。０時から計って24時で１日とカウントするのです。

　3時に請求した場合、翌日の3時で1日ではないですよ。3時に請求した場合は、**その3時に請求した日は入れず、次の日の0時からカウントする**のです（初日不算入といいます）。

　だから翌日の0時からプラス14をすることになります。

　こんなのを毎回考えると面倒臭いので、請求日にプラス15で処理するようにしましょう。請求した日が分かったら、その日に15を足して、それを原因日付にしてください。

＜根抵当権者が抵当不動産について競売、担保不動産収益執行の申立てをした場合＞

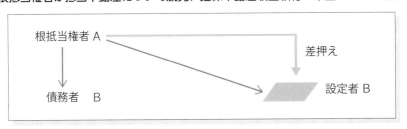

　根抵当権者Aが自分の抵当不動産に差押えをかけました。つまり、強制競売を申し立てたのです。

　この強制競売を申し立てた後に、通常通り商売をするということは普通ありません。**この競売を仕掛けるということは、Aの取引終了の意思表示を相手に伝えている**のです。

　取引を終了させているのなら、枠の蓋を閉めていいだろうということで、元本確定事由としています（1号確定と呼ぶことが多いです）。

権利部【甲区】(所有権に関する登記)			
順位番号	登記の目的	受付番号他	権利者その他の事項
5	所有権移転	(略)	原因　令和○年○月○日売買 所有者　(住所省略)　B
6	差押	(略)	原因　令和○年○月○日 甲地方裁判所 担保不動産競売開始決定 債権者　(住所省略)　A

権利部【乙区】(所有権以外の権利に関する登記)			
順位番号	登記の目的	受付番号他	権利者その他の事項
1	根抵当権設定	(略)	(登記事項一部省略) 根抵当権者　(住所省略)　A

　Aが差押えをしているのが分かりますし、このAが根抵当権者ということも分かります。「根抵当権者が差し押さえれば、元本確定になる」それが登記簿に現れているかは、登記簿を見れば分かります。よって乙区1番付記1号で、別個に**元本確定登記をする必要は無い**となるのです。

　これについては、いくつか論点があります。

状況	いったん競売手続等の開始があったときに、例えば競売申立ての取下げ等により競売申立の登記等が抹消された場合
論点	元本は確定の効力はどうなるか？
結論	元本確定の効力は消滅しない。

　差押えがあったことによって、元本が確定したのであれば、差押えを取り下げたら、元本確定前の状態に戻るのでしょうか。

　競売を仕掛ければ、2人の関係が断絶された状態になっています。では、そのあとに競売を取り下げたら、それで関係が元に戻るのでしょうか。

　これは戻らないですよね。**1度競売を仕掛けて、関係が断絶したものは、それを取り下げても元には戻らない**でしょう。そのため元本は確定前に戻らないのです。

状況	根抵当権の一部譲渡を受けた者がした抵当不動産についての競売の申立て
論点	確定事由にあたるか
結論	民法第398条の20Ⅰ①に定める根抵当権の確定事由に該当する。

　Aが根抵当権を持っていて、これをBに一部譲渡しました。ここでBが抵当不動産を差し押さえた場合に、元本が確定するかどうかです。

　「１つに生じた事由は確定する。１人に生じた事由は確定しない」という原則からいけば、確定しないはずなのですが、ここは例外的に元本は確定します。理由付けは結構難しいので、**例外だと割り切って覚えてください。**

＜第三者の申立てにより抵当不動産の競売手続の開始又は滞納処分による
**　差押えがあったことを根抵当権者が知った時から２週間経過した場合＞**

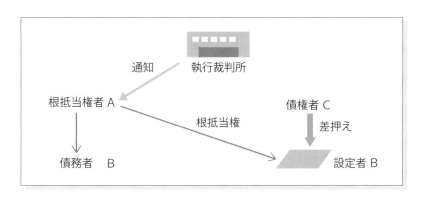

　これは３号確定と呼ばれるものです。

　根抵当権者はAですが、差し押さえているのがAではなく、別の債権者Cが差押えをしているのです。この場合、裁判所からAに「あなたが担保を付けている物件に競売がかかっていますよ」という連絡がいきます。そして、Aが競売手続を知ってから２週間経つと元本が確定します。

　ではなぜ元本が確定するのでしょうか。これは、**Aに配当させるため**です。

　Aに配当するためには、債権を確定して金額を決める必要があるので、元本確定事由としたのです。

　では、それはいつ確定するのでしょうか。

空

極度額

根抵当権者

ここで競売かかったの！？
枠の中空っぽなのに。

この状態で配当になるのは、根抵当権者としては勿体ないのですね。

そういった場合に備えて、法は「**2週間待ってあげます。2週間待つから、手形債権や小切手債権を集めなさい**」としたのです。

このような理由から、根抵当権者が第三者による差押えがあったことを知って**2週間経つと元本は確定する**としたのです。

権利部【甲区】(所有権に関する登記)			
順位番号	登記の目的	受付番号他	権利者その他の事項
5	所有権移転	(略)	原因　令和○年○月○日売買 所有者　(住所省略)　B
6	差押	(略)	原因　令和○年○月○日 甲地方裁判所 担保不動産競売開始決定 債権者　(住所省略)　C

権利部【乙区】(所有権以外の権利に関する登記)			
順位番号	登記の目的	受付番号他	権利者その他の事項
1	根抵当権設定	(略)	(登記事項一部省略) 根抵当権者　(住所省略)　A

誰が差押えをしているかというと、根抵当権者ではない債権者Cです。では「知って2週間経った」という確定事由が、この登記簿から読み取れるかどうかです。

Cがいつ競売を仕掛けたのかは分かります。ですが、**それをAがいつ知ったのかまでは登記簿上では分かりません**。いつ知ったのか分からない以上、いつから2週間かも分かりません。よって、**元本が確定したかどうかは分からないので、別個に元本確定登記が必要となります**。

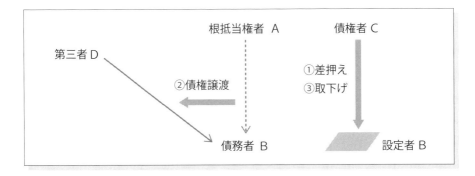

先ほどと同じように差押えの取下げがあった場合の話です。

根抵当権者ではない債権者が差押えをかけました。その結果、Ａの根抵当権は差押えを知ってから２週間経ったので元本が確定しました。

そこで、Ａは自分の持っていた債権をＤに売ったのです。確定しているということは、附従性と随伴性が戻ってきていますので、債権を売れば根抵当権も一緒に付いていきます（というか、根抵当権付だから債権を買っているのですよ）。

そのあと、差押えをした債権者が、この差押えを取り下げました。競売を仕掛けることによって、相手に対する十分な脅しになり、「危ないな、そろそろ払おう」と弁済してくれて、差押えを取り下げるということは結構多いのですよ。

この場合、Ａの根抵当権の元本は確定したままなのでしょうか。

Point

確定事由	差押えの効力が消滅した場合
根抵当権者自身による差押え （民398の20 Ⅰ①）	確定前に戻らない。
第三者による差押え （民398の20 Ⅰ③）	確定前に戻る。 （但し、元本が確定したものとして根抵当権又はこれを目的とする権利を取得した者が存在する場合を除く。） （民398の20 Ⅱ）

配当させるために元本を確定させたという趣旨から考えてみましょう。

もし、競売をしないのであれば、配当はしません。**配当をしないのであれば、元本を確定させる必要も無いので、差押えの取下げがあった場合は確定前に戻るのを原則にしています**（１号確定と比較してください）。

ただ確定前に戻ってしまったら、それはそれでかわいそうな人がいます。それは債権を買ったＤです。もし確定前に戻ってしまえば、随伴性が初めから無かったことになるので、債権を買っても担保は付いてこなかったことになるのですよ。

　民法でよくある理屈です。**原則を貫くと人に迷惑をかけるのであれば、例外というパターン**です。この３号確定はまさに例外のパターンにあたり、確定前に戻れば債権を買った人に迷惑がかかるので、元本は確定することになります。
　「取下げがあれば確定前に戻る。でも、確定を前提にして何か権利を取得している人がいれば確定前には戻らない」このように覚えてください。

＜債務者が破産手続開始の決定を受けた場合＞

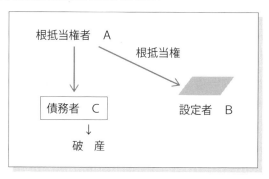

順位番号	登記の目的	受付番号他	権利者その他の事項
5	所有権移転	（略）	原因　　令和○年○月○日売買 所有者　（住所省略）　Ｂ

　この破産と根抵当権との関係は、物上保証を想定して条文が作ってあります。
　上の図は、債務者のＣが破産をした場合です。この**破産により、ＡはＣと取引をもうしなくなるので、元本は確定させる**ことにしています。

＜設定者が破産手続開始の決定を受けた場合＞

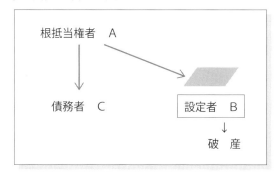

順位番号	登記の目的	受付番号他	権利者その他の事項
5	所有権移転	（略）	原因　　令和○年○月○日売買 所有者　（住所省略）　Ｂ
6	破産手続開始	（略）	（略）

　こちらは設定者のＢが破産をした場合です。

　この場合は、設定者の財産全てについて配当手続に入ります。これにより根抵当権の元本は確定し、根抵当権者Ａには配当に入ってもらいます。

　この確定事由は**２週間待って確定ではありません**。破産をした場合というのは、俗に１割配当と呼ばれるほど配当金が少ないのです。にもかかわらず、**２週間も待ってＡの債権額を増やせば、他の債権者との不平等が生じます**。だから、これは先ほどの３号確定と違って２週間待ちません。

　この確定が登記簿から読み取れるかという論点に移ります。

　設定者の登記簿を見てください。実は**破産をすると、それが登記簿に載ります**。これは、Ｂは所有者だけど破産して、この不動産の処分権が無いことを公示するために、破産の登記が入ります。

　一方、この前の債務者が破産した場合の登記簿を見てください。これはもちろん**破産登記は入りません。破産したのは所有者ではない**からです。

　破産したことが登記簿から読み取れるかどうかは、設定者の破産の場合は読み取れるけど、債務者の破産の場合は読み取れないとなります。

よって、**設定者の破産の場合は、別個の元本確定登記は不要ですが、債務者の破産の場合は、別個の元本確定登記が必要**となります。

　ただ設定者の破産については例外があります。この設定者が法人（会社）の場合です。

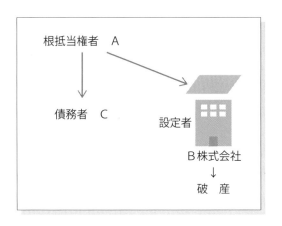

順位番号	登記の目的	受付番号他	権利者その他の事項
5	所有権移転	（略）	原因　　令和○年○月○日売買 所有者　（本店省略）　B株式会社

会社が破産した場合、不動産登記簿には破産した旨が載りません。

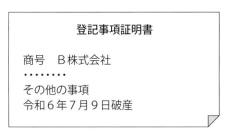

　上の書面を見てください。これは会社の登記簿です。会社登記簿には破産が載るのです。

　会社と取引する人は、**不動産登記簿より先に、まず会社の登記簿を見ます。**この会社登記簿を見れば破産と載っているので、これで会社の破産の事実を知るこ

とから、不動産登記簿には破産と入れないことにしているのです。

その結果、**不動産登記簿を見ても、会社が破産したかどうかは分かりません。**
だからこの場合は、**別個に元本確定登記が必要**となります。

問題を解いて確認しよう

1 根抵当権の債務者が死亡して6か月を経過した後にする債務者の相続による根抵当権変更の登記申請の前提として元本確定の登記をしなければならない。〔11-23-オ〕　×

2 根抵当権設定者である法人が破産手続開始の決定を受けた場合には、当該根抵当権の元本は法律上当然に確定するが、代位弁済を原因として当該根抵当権の移転の登記を申請するときは、当該申請の前提として元本の確定の登記を申請することを要する。〔19-19-ウ〕　○

3 根抵当権の元本の確定すべき期日が定まっていない場合において、根抵当権者が元本の確定を請求したときは、その請求の時から2週間を経過しなければ、元本の確定の登記を申請することができない。
〔17-19-エ〕　×

4 元本の確定すべき期日が定まっていない場合において、根抵当権設定者が根抵当権設定の時から4年を経過した後に元本確定の請求をし、その請求の時から2週間を経過したときは、根抵当権の担保すべき元本の確定の登記の申請をすることができない。〔9-24-エ〕　×

5 甲土地がA及びBの共有である場合において、根抵当権者からの元本の確定請求の通知が、Aには平成24年5月28日に到達し、Bには同月31日に到達した。この場合、根抵当権の元本は平成24年5月28日で確定する。〔24-21-1改題〕　×

6 根抵当権について共同担保である旨の登記がされている場合において、その目的不動産の1つである他の不動産についてのみ、元本の確定事由が生じたときは、根抵当権の担保すべき元本の確定の登記の申請をすることができない。〔9-24-ウ（13-27-オ）〕　×

7 根抵当権者を異にする複数の根抵当権が設定されている不動産について、一つの根抵当権の実行による差押えの登記がされている場合に、他の根抵当権につきその被担保債権を全部譲渡したことによる根抵当権移転の登記申請は、その申請の前提として元本確定の登記をしなければならない。〔11-23-ウ〕　○

> 8 根抵当権が共有に係る場合には、共有者の1人のみについて確定の事由が生じても、元本の確定の登記を申請することができない。 〔61-20-4〕 ○
>
> 9 根抵当権の一部譲渡を受けた者を債権者とする差押えの登記がされている場合は、根抵当権の元本の確定の登記がされていなくても、債権譲渡を原因とする第三者への根抵当権の移転の登記を申請することができる。〔21-26-ア〕 ○

×肢のヒトコト解説

1 債務者が死亡して6か月たったことは登記記録からわかるので、別途、元本確定登記をする必要はありません。

3 根抵当権者からの確定請求の場合は、根抵当権者の保護の必要はないので2週間待つ必要はありません。

4 設定から3年たっていますし、効力発生まで2週間の期間があるので問題なく登記申請が可能です。

5 全員に届いた日に効力が生じるので、原因日付は5月31日です。

6 1つの不動産に確定事由が生じた場合は、すべての不動産において元本が確定します。

では、確定事由はここまでにして、元本確定登記の登記簿と、申請書を見ていきましょう。

権利部（乙区）			
順位番号	登記の目的	受付年月日	権利者その他の事項
1	根抵当権設定	（略）	原因　令和4年6月15日設定 極度額　金5,000万円 債権の範囲　銀行取引 債務者　（住所省略）　乙野次郎 根抵当権者　（住所省略） 株式会社　豊崎銀行
付記1号	1番根抵当権元本確定	（略）	原因　令和6年9月21日確定

上記は、1番根抵当権が元本確定した場合の登記簿です。これは、1番にくっ

付ける形で付記で登記されます。

　確定した日付は載っているのですが、**確定した理由・確定したときの債権額が登記されていません**。債権額がいくらであっても極度額までは担保される可能性があるので、債権額は登記しないのです。

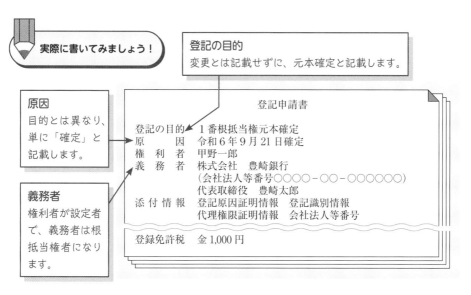

　目的と原因が若干違うことに気付いてください。目的には「**1番根抵当権元本確定**」と書くのに、原因の方には「**年月日確定**」としか書きません。

　この登記は共同申請で行うのが原則で、**権利者は設定者**になります。元本が確定すれば、これ以上債権が枠に入らなくなります。つまり、**これ以上もう負担が増えないので設定者が有利で、これ以上もう担保されないので根抵当権者が不利**ということになります。

　登録免許税は付記登記で実行されているところから、1,000円です。

　実は、この申請構造には例外があり、元本確定は単独申請ができる場合があるのです。元本確定の事由次第では単独申請できます。

　①**3号確定**　②**破産**　③**根抵当権者からの確定請求**、これらの理由で確定した場合については、**根抵当権者からの単独申請ができます**。

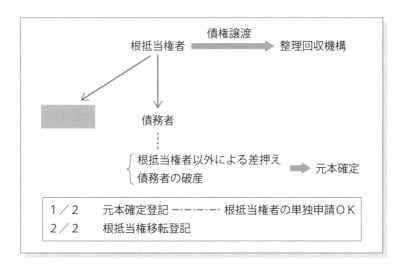

例えば、①債務者に根抵当権者以外の債権者が差押えを仕掛けたとか、②債務者が破産して、元本が確定しているとします。

こういった確定事由の場合、債務者にはほぼ財産がありません。そのため配当をもらって全額回収するのはまず無理でしょう。

そこで、このような場合には、根抵当権者は債権自体を取り立てるプロに売ってしまうことが通常です。債権を売ることによって、根抵当権の移転も生じます。

結局、なすべき登記は、1件目が元本確定で、2件目が根抵当権の移転登記になるのです。

この場合は、1件目が単独申請で可能なのです。**共同申請としても、設定者が応じるわけがない**のです。「元本が確定したあとはプロに債権を売ります。これからの取立ては厳しいぞ。じゃあ確定登記しようか」と言われても、相手は登記申請に行かないでしょう。

設定者が非協力になる可能性が十分高いので、この元本確定登記は、根抵当権者が単独で勝手にやっていいよとしたのです。

ちなみに、この場合は2件目があることが必須条件です。**2件目の移転登記を一緒にやらない限りは、単独申請はさせません。**

これは2件目があることによって、仮に差押えの取下げがあっても、元本は確定前に戻りません。**取下げがあっても確定前に戻らない、この状態になっている**

のなら、**1件目は勝手にやっていいよとしている**のです（元に戻らないなら、1人で勝手にやっていいよという感じです）。

もう1つ、単独申請ができる場合があります。

次の図を見てください。

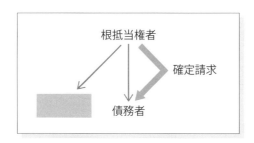

③根抵当権者からの確定請求があった場合です。

この場合、根抵当権者は確定請求したあと、やっぱり債権を売ります。先ほどと同じように、**設定者がこの元本確定に応じるとは思えない**ので、この場合も単独申請を認めています。

問題を解いて確認しよう

1	根抵当権者の元本確定請求に基づいて、元本確定の登記を共同して申請する場合、根抵当権者が登記権利者、根抵当権設定者が登記義務者となる。〔オリジナル〕	×
2	被相続人Aが死亡し、Aに配偶者であるBと嫡出子であるCがある場合、Aを根抵当権者とする根抵当権設定登記がされているときに、Aの死亡後6か月を経過していても、Bは単独で、根抵当権の元本の確定の登記の申請をすることはできない。〔7-15-オ〕	○
3	根抵当権設定者が破産手続開始の決定を受けた場合において、その根抵当権の取得の登記の申請と併せて申請するときは、根抵当権の登記名義人は、根抵当権設定者について破産手続開始の決定があったことを証する情報を提供して、単独で、根抵当権の元本の確定の登記を申請することができる。〔18-20-エ〕	○

×肢のヒトコト解説

1 根抵当権者は不利になるので、義務者側で申請します。

```
                        登記申請書

登記の目的    2番根抵当権元本確定
原    因    令和6年7月1日確定
権 利 者    B
義 務 者    (申請人)A
添 付 情 報    登記原因証明情報
             代理権限証明情報
登録免許税    金1,000円
```

　単独申請で元本確定登記を申請する場合の手続を見ていきます。上記は、根抵当権者A、設定者Bの設定状態で、根抵当権者が単独申請している場合の申請書です。

　単独申請であるため、登記識別情報を提供する必要はありません。また、単独申請であるため、登記原因証明情報が限定されます。次の図表を見てください。

単独申請できる元本確定事由	登記原因証明情報
①根抵当権者が確定請求をした場合（民398の19Ⅱ）	根抵当権者が確定請求をしたことを証する情報　（ex. 配達証明付内容証明）
②根抵当権者が抵当不動産に対する競売手続の開始又は滞納処分による差押えがあったことを知った時から2週間を経過したとき（民398の20Ⅰ③）	催告又は通知を受けたことを証する情報　（ex.債権届出催告書）
③債務者又は設定者が破産手続開始の決定を受けたとき（民398の20Ⅰ④）	債務者又は設定者について破産手続開始の決定があったことを証する情報

　上記のように単独申請できる場合に応じて、登記原因証明情報が限定されています。

破産した場合の単独申請の場合、具体的には「破産手続開始の決定の裁判書の謄本」だけでなく、「破産手続を開始する旨の記載のある官報公告」でも認められています。

　ちなみに、前ページの図表は単独申請をする場合の書類であり、元本確定登記を共同申請する場合は、上記のしばりはかかりません。

☑1	根抵当権者による元本の確定請求があったことを原因とする元本の確定の登記は、当該根抵当権者が単独で申請することができ、この場合は、登記識別情報を提供しなければならない場合に該当しない。〔19-19-ア〕	○
2	甲土地について設定された根抵当権の債務者であるAが破産したため、当該根抵当権の登記名義人であるBが単独で当該根抵当権の元本確定の登記を申請する場合には、Aについて破産手続開始の決定があったことを証する情報を提供しなければならない。〔26-15-イ〕	○
3	元本確定前の根抵当権について根抵当権者が元本確定の請求をした場合において、元本確定の登記を根抵当権設定者と共同して申請するときは、元本の確定の請求が配達証明付き内容証明郵便により行われたことを証する情報を提供しなければならない。〔令3-22-エ〕	×

第7章 根抵当権抹消

ここでは、弁済をメインに見ていきます。
全部を払った場合と、一部を払った場合でなすべき登記が異なります。また、担保権者の1人に払った場合も、誰に払ったかでなすべき登記が異なりますので注意が必要です。

ここでは、確定した根抵当権が消滅する場面を見ていきます。

	なすべき登記
確定時の債権を全額弁済	抹消登記
確定時の債権の一部弁済	なし

極度額の枠の中に債権があった場合、弁済によって消滅するのは「枠」「債権」のどちらでしょうか。

弁済によって消滅するのは、中身の債権です。

そして、**債権の全部を弁済すれば、根抵当権は消えます。確定すれば附従性が**戻ってきていますので、**「債権なければ、担保なし」の状態になるから**です。

では、一部を弁済した場合はどうでしょうか。

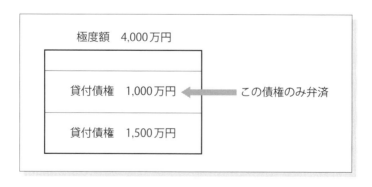

極度額は4,000万円で、枠の中には2,500万円入っています。2,500万円全部

払えば、債権がなくなるので根抵当権は消滅します。

では1,000万円だけ払った場合はどうなるのでしょうか。

これは、債権が残るから担保も残ります。ただ、債権の金額は減ります（債権の総額は2,500万円から1,500万円へと減ります）が登記申請は不要です。

そもそも**根抵当権の債権額は登記していない**ため、債権額が減っても登記事項の変化がないからです。

もともと根抵当権者がA1人でしたが、そこから一部移転があり、AB共有になりました。この状態で、Aだけに、またはBだけに弁済したら、どんな登記になるのでしょうか。

1	根抵当権	1,000万円	A
付記1号	一部移転	400万円	B

この状態で**Bだけに払った場合は、付記1号の抹消登記**ができます。これによって極度額1,000万円をAが1人占めすることになります。

一方、Aだけに払った場合はどうでしょう。もし1番のAの部分の抹消登記をしてしまうと、1番が消えることになり、付記1号も無くなってしまいます。そこで、この場合は、付記2号で1番根抵当権の変更ということをするのです。正確には「**1番根抵当権者をBとする変更登記**」を入れるのです。この変更登記を入れて、Aの名前だけに下線を入れる登記をするのです。

では、この話が抵当権だったらどうなるのでしょう。

1	抵当権	1,000万円　A
付記1号	一部移転	400万円　B

　1番でA、付記1号でBに一部移転した状態で、Aだけに払った場合、1番を全部消してしまえば、付記1号のBも消されてしまうので、付記2号で、**Aの名前を消すという変更登記**となります（根抵当権とここは同じです）。

　一方、Bだけに払った場合、付記1号の抹消でいいのではないかと思いますよね。では付記1号をすべて隠して見てください。

　そうすると、Aが債権1,000万円持っているという公示になってしまいます。

　この場合は付記2号で、**Bがいなくなった、残りの債権額は600万円に落ちたという変更登記**を入れて登記簿に表すことになります。

		弁済を受けた債権者	登記の目的
抵当権	A	原抵当権者	○番抵当権変更
	B	後発的準共有者	
根抵当権	A	原根抵当権者	○番根抵当権の根抵当権者をBとする変更
	B	後発的準共有者	○番付記○号根抵当権一部移転抹消

　あれやこれや言いましたが、結局は**片方だけに払った場合に、抹消登記になるのか、変更登記になるのか**を覚えましょう（抹消登記は1か所しかありませんのでそこを覚えましょう）。

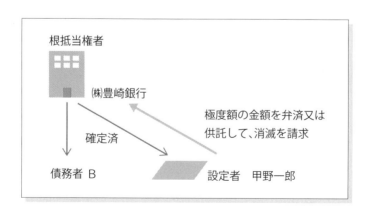

　根抵当権の元本が確定している状態で、極度額が800万円で実際の債権額が1,000万円だとします。つまり枠を超えている状態とします。

　債務者と設定者で「800万円の約束のはずだ。だから俺は800万円しか払いたくない」と言えるのはどっちでしょう。

　債務者ではないですよね。だって**債務者はまさに取引した張本人です。**

　これは設定者です。**設定者は「極度額800万円で約束したはずだ。800万円払うから、根抵当権は消しなさい」という単独行為ができる**のです。これが根抵当権の消滅請求「極度額分払うから根抵当権を消しなさい」という制度です。

 覚えましょう

消滅請求の要件
①根抵当権の担保すべき元本が確定していること
②現存債務が極度額を超えていること
③極度額に相当する金額を払い渡し、又は供託すること
④根抵当権者に請求すること

　①③④を意識してください。ちなみに②の要件は当たり前なのです。極度額800万円で、確定したときの債権が500万円とします。極度額分800万円払うから消してくれというのは変ですよね。

 実際に書いてみましょう！

登記申請書

登記の目的　○番根抵当権抹消
原　　因　　年月日消滅請求
権　利　者　甲野一郎
義　務　者　株式会社豊崎銀行
　　　　　　（会社法人等番号○○○○－○○－○○○○○○）
　　　　　　代表取締役　豊崎太郎
添付情報　　登記原因証明情報　登記識別情報
　　　　　　代理権限証明情報　会社法人等番号

登録免許税　金1,000円

この消滅請求の申請書が載っています。原因を「年月日消滅請求」と書くこと以外は、通常の抹消登記と同じです。

不登法のメイン論点の最後が、これから学習する仮登記です。

どういう場合に仮登記ができるのか、その仮登記を申請するときの申請人は誰か、そして本登記をするときの申請人と利害関係人が出題の中心です。

～権利さえあれば、たいがい仮登記できます～

第1章 仮登記の意義

これから、不動産登記の最大の山場、仮登記に入ります。
ここは、今までと比べてイメージが持ちづらい、理屈がきついところです。
1回で理解しようと頑張りすぎず、何度も読んでイメージ・理解を徐々に高めるようにしましょう。

これはすべての権利でできる登記の形式です。

「今は登記できないけど、とりあえず、仮の登記をさせておいて」 というものです。具体例で説明します。

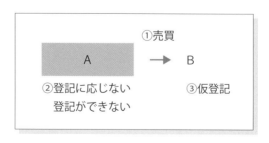

AがBに対して不動産を売りましたが、Aは登記に応じません。

Bは訴えて、判決登記を狙うことになるでしょう。ただ訴訟の間に、Aが誰か

に売り、登記されてしまえばおしまいです。

登記するまでに時間がかかるので、その間に、二重譲渡されるのが怖いのです。
このときBは、とりあえず3番の順位だけもらっておく、仮登記というのができ
ます。

この仮登記をした場合の登記簿を、次に載せました。

2	所有権移転	所有者	A
3	所有権移転仮登記	権利者	B
	余白	余白	

3番で登記がされ、下に余白があります。

「余白がある、完璧ではない登記」なので、**この段階では、対抗力はありませ
ん**が、Bは3番の順位を取得することができます。

2	所有権移転	所有者	A
3	所有権移転仮登記	権利者	B
	余白	余白	
4	所有権移転	所有者	C

このあとAが、Cに売ってしまい登記までしています。でもBは安心です。

2	所有権移転	所有者	A
3	所有権移転仮登記	権利者	B
	所有権移転	所有者	B
4	所有権移転	所有者	C
5	4番所有権抹消	余白	

　更にこのあと、BがAに対し訴訟を起こして勝ちました。勝ったことで余白の部分を埋める登記をします。それを本登記といいます。**本登記をすることによって対抗力が手に入ります。**

　そして、この対抗力は3番の時点に遡って取得できるのです。

　そのため、結果的にAを基点とした二重譲渡で、先に対抗力を手にしたのは、3番のBとなるので、Bの勝ちとなります。

　仮登記をしておくことによって、先に3番の順位を手に入れるので、誰かが登記をしても安心できるのです。

　ちなみに、4番の登記の運命はどうなるかというと、職権抹消です。3番で本登記をしたら、4番は邪魔なので消えてもらいます。

▶ **Point**

登記するまでに時間がかかる
- → 　二重譲渡が怖い。
- → 　とりあえず仮登記して順位をキープしておく。
- → 　本登記をする。
- → 　邪魔な登記は職権で抹消される。

　これが仮登記の一般的な流れです。

1号仮登記	権利変動は生じているが、登記申請に必要な手続上の条件を具備していないとき ●登記識別情報を提供できないとき ●第三者の許可、同意または承諾を証する書面を添付できないとき
2号仮登記	物権変動はまだ生じていないが、将来において権利変動を生じさせる請求権が発生している場合

仮登記には、1号仮登記と2号仮登記の2タイプがあります。

この**2つの違いは、物権変動が生じているかどうか**という点です。

「物権変動は生じている。けど手続上の不備があって登記ができない。だから、とりあえず仮でいいから登記を入れてくれ」こんなのが1号仮登記です。

一方、2号仮登記というのは、物権変動すら生じていません。「物権変動すら生じていないけど、とりあえず仮で登記だけ入れさせてくれ」これが2号仮登記です。

もう一度、図表を見てください。1号仮登記に手続の不備とありますが、どんな不備があった場合にできるのでしょうか。

これは、**登記識別情報が出せない、承諾関係情報が必要だけど出せない**という場合です。印鑑証明書が出せない場合は仮登記はできません。

印鑑証明書がない場合はどうすればいいのでしょうか。これは**市役所に行けば、すぐに印鑑証明書が取れるため、仮登記を認める必要がない**のです。あくまでも時間がかかるから仮登記を認めるのであって、住所証明情報や印鑑証明書など、**素早くすぐに手に入る情報がないことを理由に仮登記を認めません。**

承諾証明情報の中でも、農地法の許可については場合分けが必要です。

許可あり ───→ 許可書あり

許可あり ───→ 許可書なし ⇒ 1号仮登記 ○

許可なし ⇒ 2号仮登記 ○

「許可は出ているが、許可書を失くしてしまって申請できない」これは物権変動が生じているので、1号仮登記が可能です。

一方、そもそも許可が無い場合は、物権変動が生じていないので、これはできるとしても2号仮登記です。

許可があるか無いかという場合と、許可書を添付できるかどうかという場合を分けるようにしてください。

ちなみに、許可があって許可書もあるのなら、これは普通に登記してください。仮登記なんてする必要は無いですからね。

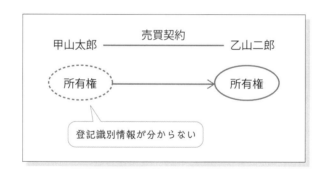

売買契約を締結し、所有権が移転しています。ただ、登記をしようと思ったら、義務者が登記識別情報を失くしてしまっているようです。

こういった事情で仮登記をした場合（1号仮登記）の登記簿を見ましょう。

順位番号	登記の目的	受付年月日	権利者その他の事項
1	所有権保存	（略）	所有者　（住所省略）　甲山太郎
2	所有権移転仮登記	（略）	原因　　令和6年6月1日売買 権利者　（住所省略）　乙山二郎
	余白	余白	余白

２番の乙山二郎の肩書きを見てください。所有者ではなく、権利者となっています。

では、この２番の登記を作る申請書を見ましょう。

登記申請書

登記の目的 　所有権移転仮登記
原　　因　　令和６年６月１日売買
権　利　者　　乙山二郎
義　務　者　　甲山太郎
添付情報　　登記原因証明情報　印鑑証明書
　　　　　　代理権限証明情報

課税価格 　金1,000万円
登録免許税 　金10万円

目的は「所有権移転仮登記」と書きます。

１号仮登記の目的
→　「通常の目的＋仮登記」

　本試験では、目的を見て１号か２号かを判断できるようにする必要があります。

抵当権設定仮登記とか、所有権移転仮登記というように、これまで勉強した目的プラス仮登記と書けば、１号仮登記のことを意味します。

原因は「年月日売買」です。物権変動が生じているので、その原因を書けば結構です。

権利者と義務者は想像通りだと思います。名義を取得するのか、負担を受けるのかで分ければいいでしょう。

添付情報ですが、通常の所有権移転登記は５点セットですが、ここは５点セットになっていません。

まず、**登記識別情報は不要**です。もともと登記識別情報が無いから仮登記をし

ているのに、**登記識別情報を持ってこいというのは、それは無理**があります。また、住所証明情報も不要です。**乙山二郎が固定資産税をとられるわけではないの**で、この時点では住所証明情報は添付しなくて構いません。

　そして、仮にこの物件が農地の場合であっても、**農地法の許可書は要りません。**

　課税価格と登録免許税を見てください。仮登記は本登記の半分払うのが基本です。仮登記で通常時の半分払って、本登記のときに残り半分を払います。

　とは言っても、すべての仮登記がこのようになるわけではありません。

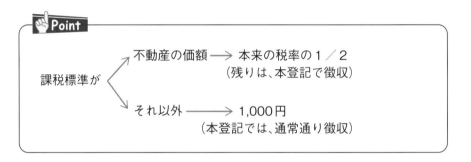

　例えば、抵当権設定の登録免許税はどうでしたか。債権額×1000分の4ですよね。そのため抵当権設定の仮登記を入れる場合は1,000円になります。

　他にも根抵当権移転の登録免許税はどうでしたか。極度額×1000分の2ですよね。そのため、その登記を仮登記で入れる場合は1,000円になります。

　では2号仮登記の事例を見ましょう。

　上の図では、売買契約をしています。その契約には所有権移転時期の特約「代金を払ったら所有権が移転する」を付けています。

代金を払うのはしばらくあとなので、登記するまでに時間がかかりますが、それまでの間に、相手が裏切らないという保証はどこにもありません。

そこで買主が売主に「悪いけど、とりあえず仮登記だけ入れさせてくれないか」と頼んだところ、売主が承諾したようなので仮登記を申請することになったようです。

この事例では、まだ**物権変動は無いけど仮登記をする**ということで、2号仮登記をすることになります。

登記簿は権利を公示するものです。

乙山二郎が何も権利を持っていなければ、登記簿に載せようがないのです。そこで「**乙山二郎は、今は所有権を持っていない。でも条件をクリアすれば所有権を持つことになる。だから乙山二郎は、条件付所有権を持っている**のだ」という屁理屈をつけるのです。

この場合、どんな申請書になるかを見ていきましょう。

登記申請書
目的　条件付所有権移転仮登記
原因　年月日売買
　　　（条件　売買代金完済）

目的は「条件付所有権移転仮登記」と書きます。**この条件付という言葉があったら2号と思ってください。**

原因は「年月日売買」で、そこには条件の内容も書くのです。売買代金完済というように条件の内容も書いていきます。

権利者と義務者の書き方は、これまでと同じです。添付情報も同じで、登録免許税も同じです。2号仮登記だったら少し安くなるのではないかと思うところですが、そういうことはありません。

売買契約
（所有権移転時期　令和11年9月7日）
甲山太郎 ——————————————————————— 乙山二郎

所有権　　　　　　　　　　　　　　　　始期付所有権

では、もう1つの事例に移りましょう。

　売買契約をして、特約で所有権移転時期を令和11年9月7日としたのです。登記できるまでに時間がかかります。それまでの間に裏切られたら困るので、仮登記をしようとしているのです。今回も所有権移転の**物権変動は生じていないから2号仮登記になります**。

　問題は、買主がどんな権利を持っていると考えるかです。

　ここは条件付所有権として、令和11年9月7日になったら所有権移転と言いたくなるところですが、それは無理です。**「令和11年9月7日が来ること」は条件じゃないですよね。これは期限です**。そのため、今回持っている権利は**始期付所有権と呼びます**。

　期限の「期」、始まる期限という「始」を入れて、「始期」という文字になっています。

登記申請書
目的　始期付所有権移転仮登記
原因　年月日売買
　（始期　令和11年9月7日）

　目的に、始期付所有権移転仮登記と書いています。**始期付とあったら、これは2号のサイン**だと思ってください。目的、原因以外は今までの申請書と同じなのです。

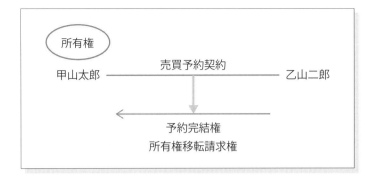

売買の契約まで行っていません。将来買う約束、売買の予約をしている状態です。

本契約までの間に売られたら、困るなぁ。

こういった不安がある場合は、仮登記をすることが可能です。

問題は、この場合に、買主はどんな権利を持っていると考えるかです。今回は売買契約をしていないので、条件付であれ、始期付であれ、所有権というのは全く持っていません。

そこで登記先例はこう考えました。

予約契約を、本契約にすれば所有権が移転する。
→予約契約によって、将来的には所有権をよこせと言える。
→予約契約によって、所有権移転請求権を持つ。

買主は、「**所有権をよこせ」という請求権を持っている**と屁理屈をつけ、それを仮登記することを認めているのです。

順位番号	登記の目的	受付年月日	権利者その他の事項
1	所有権保存	（略）	所有者　（住所省略）　甲山太郎
2	所有権移転請求権仮登記	（略）	原因　　令和6年6月1日売買予約 権利者　（住所省略）　乙山二郎
	余白	余白	余白

　目的は「所有権移転請求権仮登記」、原因は「年月日売買予約」と書きます。
この**請求権という文字があったら、2号のサイン**だと思ってください。

```
　　　　　　　　　　　登記申請書

登記の目的　所有権移転請求権仮登記
原　　　因　令和6年6月1日売買予約
権　利　者　乙山二郎
義　務　者　甲山太郎
添 付 情 報　登記原因証明情報　印鑑証明書
　　　　　　代理権限証明情報

課 税 価 格　金1,000万円
登録免許税　金10万円
```

　申請書の書き方は同じです。目的と原因が違うだけです。

問題を解いて確認しよう

1 所有権移転の登記をしようとしたが、登記義務者が登記識別情報を提供できない場合、不動産登記法第105条第1号の仮登記ができる。　〔13-21-1改題〕 ○

2 農地について売買契約を締結したが、農地法の許可書を紛失してしまった場合、不動産登記法第105条第1号の仮登記ができる。　〔13-21-2改題〕 ○

3 農地について売買契約を締結したが、まだ農地法の許可を得ていない場合は、不動産登記法第105条第2号の仮登記ができる。　〔13-21-3改題〕 ○

4 所有権移転の請求権を保全する場合や停止条件が付された抵当権設定契約を締結した場合などに、不動産登記法第105条第2号の仮登記をすることができる。〔13-21-4改題〕　　○

これで到達！　　合格ゾーン

☐ 普通抵当権の信託の仮登記の登録免許税は、債権金額に1,000分の1を乗じた額である（登録税別表1.1.⑿ホ⑵）。〔20-19-オ〕

　★本来、債権額が課税標準の登記は、仮登記では1,000円しか課税しないのが原則ですが、上記はこの例外になります。主にセキュリティトラストという高額な抵当権のために使用されるため、税率を変えたと思われます。

 覚えましょう

仮登記の申請構造
├─ 共同申請（原則）
│
└─ 仮登記権利者の単独申請の場合（特例）
　　　├─ 仮登記義務者からの承諾があるとき
　　　└─ 仮登記を命ずる処分の決定があるとき

　ここで紹介するのは、仮登記の申請構造です。

　仮登記の申請構造は本来共同申請ですが、**単独申請を広く認めています。**

　仮登記という**対抗力がない登記を共同申請してまでしたくない**ことから、単独申請ができるケースを2つ認めているのです。

```
              承諾書

          仮登記していいです。
              義務者  A  印
```

　1つ目は、**義務者から承諾書をもらったケース**です。「仮登記ごときで登記所
まで行きたくない。承諾書渡すから、あなた1人でやってきてくれ」というイメ
ージです。

```
              決定

        AはBに対して、仮登記
          手続をせよ。
```

　2つ目は、揉めたケースです。相手が登記に応じない場合って、仮登記でも共
同申請には応じません。承諾書を出してくれと言っても応じるわけがありません。
その場合は、裁判をするしかありません。ただ、**仮登記の場合は、この裁判が緩
い**のです。

　裁判には、判決というタイプと、決定というタイプがあります。手続は厳しい
けど既判力があるのか、手続は緩いけど既判力が無いのかという違いです。
　いわゆる意思擬制をする場合は判決が必要なのですが、**対抗力の無い仮登記で
あれば、判決まで取らなくていい**、決定でいいとしているのです。

◆ 仮登記申請で提供する情報 ◆

登記原因証明情報		○
登記識別情報		×
印鑑証明書		○
住所証明情報		×
承諾証明情報	①登記上の利害関係人の承諾証明情報（必要的承諾型）	×
	②登記原因についての第三者の承諾証明情報	×
	③登記上の利害関係人の承諾証明情報（任意的承諾型）	任意

仮登記だと省略できる情報、できない情報をまとめました。仮登記を登記するとき**省略できるものは、登記識別情報、住所証明情報**、あと**承諾書**です。

ただ承諾書でも気を付けてほしいのが、任意的承諾書は原則通り任意という点です。

申請書の具体例を見ていきましょう。

```
                    登記申請書

登記の目的　　1番抵当権抹消仮登記
原　　因　　　年月日弁済
権　利　者　　設定者
義　務　者　　抵当権者
添 付 情 報　　登記原因証明情報　　登記識別情報
　　　　　　　登記上の利害関係人の承諾証明情報
　　　　　　　代理権限証明情報
登録免許税　　金 1,000 円
```

抵当権抹消の仮登記の申請書です。

本来の添付情報があって、二重線が引いてあるのに気付くでしょうか。登記識別情報、承諾書が要らなくなるので、添付情報として必要になるのは、登記原因証明情報と代理権限証明情報だけとなります。

```
                         登記申請書

   登記の目的      １番抵当権変更仮登記（付記）
   原   因        年月日変更
   変更後の事項    債権額　金1,000万円
   権 利 者        抵当権者
   義 務 者        設定者
   添 付 情 報      登記原因証明情報　~~登記識別情報~~　印鑑証明書
                   登記上の利害関係人の承諾証明情報
                   代理権限証明情報
   登録免許税      金1,000円
```

　債権額増額変更の申請書です。この申請は、任意的承諾の登記なので承諾書があれば付記登記、なくても主登記で登記が可能です。

　上記申請書は承諾書があったケースです。登記識別情報は不要ですが、承諾書を付けています。**承諾書を付ければ、この仮登記は付記で入り、そして本登記も付記で入ります。**

　次の申請書を見てください。

```
                         登記申請書

   登記の目的      １番抵当権変更仮登記
   原   因        年月日変更
   変更後の事項    債権額　金1,000万円
   権 利 者        抵当権者
   義 務 者        設定者
   添 付 情 報      登記原因証明情報　~~登記識別情報~~　印鑑証明書
                   ~~登記上の利害関係人の承諾証明情報~~
                   代理権限証明情報
   登録免許税      金1,000円
```

　これは承諾書がもらえなかったケースです。それでも**登記はできるのですが、問題は主登記で入る**のです。そして本登記をするときも、主登記で入ります。あとから承諾書がもらえたからといって、本登記の際に付記登記に変えることはできません。

任意的承諾の場合、主登記になるか、付記登記になるかは仮登記の段階で決まる。

問題を解いて確認しよう

1	仮登記所有権に対してする抵当権設定の仮登記の申請をする際には、登記原因証明情報の提供を要する。〔オリジナル〕	○
2	仮登記所有権移転の仮登記の登記を申請する際、登記原因証明情報を添付することを要する。〔オリジナル〕	○
3	所有権移転の仮登記の申請をする場合には、申請書に仮登記義務者の登記識別情報を記載した書面を添付することを要しない。〔オリジナル〕	○
4	根抵当権の一部譲渡の仮登記を申請する場合には、目的不動産の所有権の登記名義人の承諾書を添付しなければならない。〔オリジナル〕	×
5	仮登記を申請する場合には、仮登記原因につき第三者の許可、同意等を要するときでも、申請書にこれを証する書面を添付することを要しない。〔オリジナル〕	○

------ ×肢のヒトコト解説 ------

4 本来、根抵当権の一部譲渡では設定者の承諾書が必要ですが、これは登記原因の承諾証明情報です。そのため、仮登記で申請するときは不要となります。

 覚えましょう

仮登記ができない登記（目安）
①単独申請の登記
②登記が効力要件の登記
③請求権なのに予約契約になっていない登記

　仮登記というのは、すべての権利が登記できるという建前ですが、場合によっては仮登記ができない権利があるのです。**できるものを押さえるというより、で**

きないものを押さえて、それ以外はできると考えるのが効率的です。

前ページの枠内の３つが、仮登記ができない場合の目安です。

そして、**ここは「なんでそうなるの？」という理屈を追っかけると大変なことになります**。単純暗記作業と割り切って覚えていってください。

	具体例	可否
①	下記以外の所有権保存	×
②	仮登記所有権の承継取得者が仮登記を命じる処分の決定書の正本を添付してする所有権保存仮登記	○

所有権保存の登記は単独申請で行います。こういった**単独申請の登記は、まず仮登記が認められていません。**

ただ、例外があります。「揉めたケースで、裁判所から決定をもらった」という場合です。これだったら信用性があるので、仮登記していいとしています。

	具体例	可否
③	共同根抵当権設定仮登記	×
④	順位変更の仮登記	×

上記の登記は**登記することが効力の要件**になっています。こういった登記は仮登記を認めません。

	具体例	可否
⑤	相続を原因とする所有権移転仮登記＜１号仮登記＞	×
⑥	相続を原因とする所有権移転請求権仮登記＜２号仮登記＞	×

相続は単独申請の場合なので仮登記は認められません。

	具体例	可否
⑦	遺贈による所有権移転仮登記＜１号仮登記＞	○
⑧	遺贈（予約）による所有権移転請求権仮登記＜２号仮登記＞	×

遺贈は原則として単独申請ではなく共同申請なので、仮登記ができます。

ただ、遺贈でも２号仮登記はできません。２号仮登記ということは物権変動が生じていません。つまり遺言者が、まだ死んでいないのです。

遺言者が死んでいない状態では**受遺者は、「もらえるかも」という期待しか持**

っていないため、仮登記を認めません。

	具体例	可否
⑨	譲渡担保を原因とする所有権移転請求権仮登記＜２号仮登記＞	×
⑩	譲渡担保予約を原因とする所有権移転請求権仮登記＜２号仮登記＞	○

請求権というのは、予約契約から生まれるのです。予約契約だったら請求権ありなのでＯＫですが、**予約契約でなければ請求権はまず生まれないので**ＮＧになります。

仮登記ができるかできないかについては他にも事例があります。まずは図表に載せてあるものをしっかり覚えてください。

また、仮登記ができない理由にも、私が指摘した目安以外にもさまざまなものがあります（例えば、遺贈の２号仮登記ができない事例）。

学習初期段階ですべてやると大混乱するので、まずはここに載っているものを覚えるようにしましょう。

問題を解いて確認しよう

1	所有権の登記のない不動産について仮登記を命ずる処分の決定書の正本を添付して所有権の保存の仮登記を申請することができる。〔60-23-1（19-23-ア）〕	○
2	共同根抵当権設定の仮登記はすることができない。〔59-28-2（24-22-ウ）〕	○
3	抵当権の順位の変更の仮登記の申請は、することができない。〔3-31-2（19-23-オ）〕	○
4	相続を原因とする所有権移転の仮登記の申請はすることができない。〔62-16-1（7-19-ア）〕	○
5	公正証書遺言を登記原因証明情報とし、遺贈予約を原因とする所有権移転請求権仮登記を申請することができる。〔14-12-イ〕	×

------ ×肢のヒトコト解説 ------

5 遺贈を理由とした２号仮登記なので、これは認められません。

2周目はここまで押さえよう

仮登記できる	仮登記できない
①「真正な登記名義の回復」による所有権移転仮登記	②「真正な登記名義の回復」による所有権移転請求権仮登記
③離婚を条件とした贈与を原因とする条件付所有権移転仮登記	④離婚前の「財産分与予約」を原因とする所有権移転請求権仮登記
⑤「会社分割」を原因とする所有権移転仮登記	⑥「会社分割の予約」を原因とする所有権移転請求権仮登記 ⑦「会社分割の登記」を停止条件とする条件付所有権移転仮登記
⑧根抵当権の極度額変更の仮登記	⑨根抵当権の債権の範囲・債務者・確定期日の変更仮登記 ⑩根抵当権の元本確定の仮登記
⑪「年月日贈与（始期　何某の死亡）」とする始期付所有権移転仮登記	⑫遺贈（予約）による所有権移転請求権仮登記

①②について

　②は予約契約にしていないのに、目的を「請求権」にしているため認められません（ただ、そもそも「真正な登記名義の回復予約」というのがあるかは分かりませんが…）。

③④について

　④は財産分与という身分上の行為の予約という点が公序良俗に反すると言われています。一方、③のように贈与という財産行為であれば、問題ないそうです。

⑤⑥について

　会社分割については、1号は〇、2号は×と形式的に割り切って覚えてください。

⑧⑨⑩について

　根抵当権の変更は、利害関係人が出る登記にのみ仮登記を認める傾向があります。そのため、元本確定登記は利害関係人が出ない登記なので仮登記ができないことになります。

⑪⑫について

　実質は同じでも、遺贈という単独行為と異なり、贈与契約という契約では結論が異なります。一方的な法律行為より、当事者が合意に至っている法律行為は、より保護に値するものとして仮登記を認めたものと考えられます。

✓ **1**	所有権の移転の仮登記は、真正な登記名義の回復を登記原因として申請することができる。〔22-12-オ（19-23-イ）〕	○
2	協議離婚の届出前に、財産分与予約を原因とする所有権移転請求権仮登記を申請することができる。〔14-12-ウ（27-24-イ、令2-23-イ）〕	×
3	株式会社の新設分割による新設分割会社から新設分割設立会社への不動産の所有権移転登記において、会社分割の登記がされることを停止条件とする条件付所有権移転仮登記は、申請することができる。〔15-16-ウ〕	×
4	会社分割の予約を原因とする所有権移転請求権仮登記を申請することができる。〔14-12-ア〕	×
5	株式会社の新設分割による新設分割会社から新設分割設立会社への不動産の所有権移転登記において、登記原因を会社分割とし、その日付を会社分割の登記の日とする所有権移転仮登記は、申請することができる。〔15-16-エ〕	○
6	根抵当権の極度額増額の予約契約が締結された場合、極度額増額による根抵当権の変更請求権保全の仮登記を申請することはできない。〔19-23-エ改題〕	×

7 土地の所有権を目的とする不動産登記法第105条第1号による根抵当権の設定の仮登記がされている場合において、当該根抵当権の担保すべき元本が根抵当権者の請求により確定したときは、元本確定の仮登記を申請することができる。〔令4-25-ア（19-19-オ）〕　×

8 Aを所有権の登記名義人とする不動産について、A及びAの子Bとの間で死因贈与契約が締結された場合には、Bは、Aの承諾を証する情報を提供して、単独で、始期付所有権移転仮登記を申請することができる。〔29-24-エ〕　○

これで到達！　合格ゾーン

☐ 同一の不動産について、同時に2以上の申請がされた場合、同一の受付番号を付すものとする（19Ⅲ後段）。この点、同一の不動産について、登記権利者を異にする所有権移転請求権の保全の仮登記を同時に申請した場合、双方とも同一の受付番号で受け付けられ、当該登記の申請は同時に却下される（昭30.4.11民甲693号）。〔4-18-1、令3-12-ア〕

★2番（あ）仮登記B、2番（い）仮登記Cという登記はできません。仮登記は、順位を保全する（自分が先の順位をもらった）ことが目的であるため、同順位のものを認めるのが難しいからだと思われます。

第2章 仮登記の処分

仮登記をした人がその権利を売却する場合を見ていきます。
4つのパターンがあるので、そのパターンの状況をできるだけスラスラいえるようにしたうえで、論点を押さえていきましょう。

第1節 仮登記された所有権（移転請求権）の移転

　ここでは、仮登記をした人がその権利を売るという処分の話をしていきます。理解する点は4つです。どんな登記になるか、①主登記か付記登記か、②仮登記か本登記か、その登記を入れる際に、③登記識別情報、印鑑証明書の添付が必要になるか、そして④税金がいくらになるか、この4つが論点です。

【ケース1】1号仮登記の物権的移転

（上の図の状況）
甲山が乙山に売却した。登記識別情報が無かったので1号仮登記をした。

→　乙山は所有権を持っている。その所有権を丙山に売却した。

→　丙山は所有権を持っている。

順位番号	登記の目的	受付年月日	権利者その他の事項
1	所有権保存	（省略）	所有者　　（住所省略）　甲山
2	所有権移転仮登記	令和6年5月6日第3000号	原因　　　令和6年5月6日売買 権利者　（住所省略）　乙山
	余白	余白	余白
3	2番仮登記所有権移転の仮登記	令和6年10月17日第○号	原因　　　令和6年10月15日売買 権利者　（住所省略）　丙山
	余白	余白	余白

この丙山の名義はどのように入るのでしょうか。登記簿の3番を見てください。
3番という主登記で、余白のある仮登記で入っています。

Point

基準　　**所有権の移転は、主登記**

　　　　所有権以外の移転は、付記登記

この2番の乙山は所有権者です。所有権者から移転してきたということで主登記になります。

Point

基準　　**前主が仮登記　→　次の者も仮登記**

前主が仮登記なので、そこから譲渡を受けても、仮登記が限界です。
前主が仮登記なのに、そこからもらう人が本登記というのはおかしいでしょう。

では、上記の3番の登記簿を作る申請書を見ていきます。

```
                    登記申請書

  登 記 の 目 的   ２番仮登記所有権移転の仮登記
  原      因   令和６年10月15日売買
  権  利  者   丙山
  義  務  者   乙山
  添 付 情 報   登記原因証明情報  印鑑証明書  代理権限証明情報

  課 税 価 格   金1,000万円
  登 録 免 許 税   金10万円
```

　目的は無理に覚えないでください。覚える点は添付情報と登録免許税です。

　添付情報ですが、３番が**仮登記で実行されている**ので、登記識別情報、住所証明情報、承諾書が不要となります。

　気を付けてほしいのは印鑑証明書が要ることです。義務者の乙山は所有権登記名義人ではありません。ですが将来本登記すれば、所有権登記名義人となり得ます。こういう**将来的な所有者が義務者になる場合は、印鑑証明書が必要**になります。

　登録免許税は、仮登記で入っていることから、通常の半分になります。

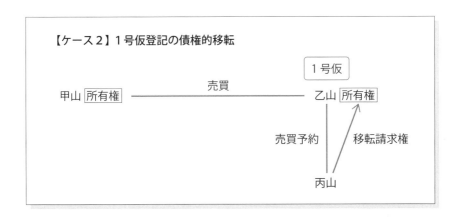

（前記の図の状況）

甲山が乙山に売却した。登記識別情報が無かったので1号仮登記をした。

→　乙山は所有権を持っている。しかし、仮登記しか持っていないので、丙山は売買予約でとどめた。

→　丙山は所有権移転請求権を持っている。

順位番号	登記の目的	受付年月日	権利者その他の事項		
1	所有権保存	（省略）	所有者　（住所省略）　甲山		
2	所有権移転仮登記	令和6年5月6日 第3000号	原因　　令和6年5月6日売買 権利者　（住所省略）　乙山		
	余白	余白	余白		
3	2番仮登記所有権の移転請求権仮登記	令和6年10月17日 第○号	原因　　令和6年10月15日売買予約 権利者　（住所省略）　丙山		
	余白	余白	余白		

　3番という主登記で、余白のある仮登記で実行されています。

　前主が仮登記なので次の人は仮登記が限界、また前主は所有権者だったので主登記で入ります。

登記申請書

登記の目的　　2番仮登記所有権の移転請求権仮登記
原　　　因　　令和6年10月15日売買予約
権　利　者　　丙山
義　務　者　　乙山
添 付 情 報　　登記原因証明情報　印鑑証明書　代理権限証明情報

課 税 価 格　　金1,000万円
登録免許税　　金10万円

　ケース1と目的が違うだけで、あとは全く同じです（そして、目的は無理に覚えないでください）。

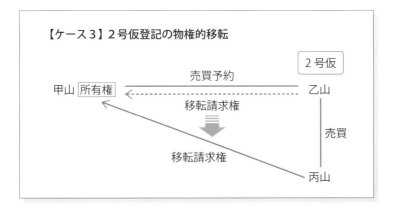

（上の図の状況）

甲山と乙山は売買予約をした。

→ 乙山は所有権移転請求権を持っている。行使すれば所有権を取得できる。

しかし、乙山は購入する資金の調達ができなかった。

→ 乙山は自分の買主の地位を丙山に売却した。

→ 丙山は乙山の権利をすべて承継する。

したがって、所有権移転請求権を持っている。

今回はケース1、2と違って、乙山が持っていたのがそもそも所有権移転請求権債権で、それを丙山が取得したというケースになっています。

そして、乙山は持っている権利をすべて売ったことになり、**乙山はこの契約関係から完全に抜け出す**ことになります。ここがこの流れのポイントです。

順位番号	登記の目的	受付年月日	権利者その他の事項
1	所有権保存	（省略）	所有者　（住所省略）　甲山
2	所有権移転請求権仮登記	令和6年5月6日第3000号	原因　　令和6年5月6日売買予約 権利者　（住所省略）　乙山
	余白	余白	余白
付記1号	2番所有権移転請求権の移転	令和6年10月17日第○号	原因　　令和6年10月15日売買 権利者　（住所省略）　丙山

丙山の名前は、2番付記1号で、余白のない登記で実行されています。

　今までのケース1、2の乙山は所有者でしたが、このケースの乙山は所有者ではありません。つまり所有権者ではないので、**所有権以外の移転という扱い**になり付記登記となります。

　そして「**乙山が完全に離脱している**」ということを表すために、また、この2番を「**丙山が全部乗っ取っている**」ということを表すために**本登記**で入っています。

　では申請書を見ましょう。

```
                    登記申請書

登記の目的    2番所有権移転請求権の移転
原  因      令和6年10月15日売買
権 利 者    丙山
義 務 者    乙山
添 付 情 報   登記原因証明情報  登記識別情報
            印鑑証明書  代理権限証明情報

登録免許税    金 1,000 円
```

　注意すべきポイントは、**登記識別情報を提供している点**です。

　このケースは本登記で実行しているため、登記識別情報が必要になります。ある意味、登記識別情報を要求したいから本登記にしているとも言えます。

　つまり「**契約から離脱する→意思を確実に聞きたい→登記識別情報を要求したい→登記識別情報を要求したいから本登記にしている**」こういう論法です。

　この本登記では登記識別情報が必要となりますが、住所証明情報は要りません。この時点で固定資産税を丙山が払うわけではないからです。

　登録免許税ですが、付記登記で実行されているため1,000円となります。

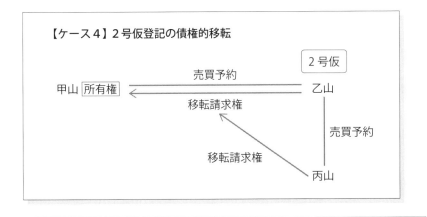

【ケース4】2号仮登記の債権的移転

（上の図の状況）

甲山と乙山は売買予約をした。

→ 乙山は所有権移転請求権を持っている。行使すれば所有権を取得できる。

しかし乙山には購入する資金の調達ができなかった。

→ 乙山は自分の買主の地位を丙山に売却しようとした。しかし仮登記しか

持っていないので丙山は売買予約でとどめた。

→ 丙山は「所有権移転請求権」を移転しろという権利を持っている。

このケースは丙山が売買予約しかしていない状態です（ある意味、権利関係は
だんだんいい加減になっていますね）。

ケース3と違って、このケースの乙山は、まだ契約関係に残っています。

順位番号	登記の目的	受付年月日	権利者その他の事項
1	所有権保存	（省略）	所有者　（住所省略）　甲山
2	所有権移転請求権仮登記	令和6年5月6日第3000号	原因　　令和6年5月6日売買予約 権利者　（住所省略）　乙山
	余白	余白	余白
付記1号	2番所有権移転請求権の移転請求権仮登記	令和6年10月17日第○号	原因　　令和6年10月15日売買予約 権利者　（住所省略）　丙山
	余白	余白	余白

丙山の名前は、2番付記1号で、余白のある登記で実行されています。

前主が所有権者ではないので、所有権以外の移転ということで付記登記になります。また、乙山は**完全にこの地位を売ったわけではない**ので、本登記ではなく仮登記で入ります。

登記申請書

登記の目的　2番所有権移転請求権の移転請求権仮登記
原　　　因　令和6年10月15日売買予約
権　利　者　丙山
義　務　者　乙山
添 付 情 報　登記原因証明情報　印鑑証明書　代理権限証明情報

登録免許税　金1,000円

添付情報ですが、**登記識別情報は不要**です（仮登記で実行されているからです）。

以上で、仮登記の処分の4つのパターンは終了です。次の図表で暗記をしてください。

 覚えましょう

◆ **登記識別情報・印鑑証明書** ◆ 　　○＝要　×＝不要

| 対象・態様 | 論点 | 登記の形式 | | 登記義務者の登記識別情報 | 登記義務者に関する印鑑証明書 | 登録免許税（原因を売買とする） |
		主／付記	仮／本			
①所有権移転仮登記（1号）	物権的移転	主登記	仮登記	×	○	10/1000
	債権的移転	主登記	仮登記	×	○	10/1000
②所有権移転請求権仮登記（2号）	物権的移転	付記登記	本登記	○	○	1,000円
	債権的移転	付記登記	仮登記	×	○	1,000円

LEC東京リーガルマインド　令和7年版 根本正次のリアル実況中継
司法書士 合格ゾーンテキスト **5** 不動産登記法Ⅱ

問題を解いて確認しよう

1	所有権移転仮登記上の権利の移転についての登記の申請書には、仮登記名義人の登記識別情報を記載した書面を添付することを要しないが、所有権移転請求権仮登記上の権利の移転についての登記の申請書には、当該登記識別情報を記載した書面を添付することを要する。〔4-22-ア〕	○
2	代物弁済を登記原因とする所有権移転請求権の仮登記がされている場合において、所有権移転請求権の移転の登記を申請するときは、申請人は、所有権移転請求権の仮登記の登記名義人に通知された登記識別情報を提供しなければならない。〔24-16-ウ〕	○
3	A名義の所有権移転請求権の仮登記がされている場合に、Aから当該請求権の譲渡を受けたBは、Aの承諾を証する情報を提供することにより、単独で当該移転の登記を申請することができる。〔10-16-ウ改題〕	×
4	抵当権の設定の仮登記の登記権利者が死亡した場合の相続を登記原因とする当該仮登記の移転の登記は、仮登記でされる。〔24-22-エ〕	○

×肢のヒトコト解説

3　仮登記で実行される登記は、単独申請で可能です。ただ、本事例は本登記で実現されるため、単独申請が認められません。

これで到達！　合格ゾーン

☐ Aを所有権の登記名義人とする土地につき、売買予約を登記原因としてB及びCを仮登記の登記権利者とする所有権移転請求権の保全の仮登記をした後、Bがその所有権移転請求権を放棄したときは、放棄を登記原因として、BからCへの当該所有権移転請求権の移転の登記を申請することができる。

〔27-24-ア（令3-23-ウ）〕

★Bが移転請求権を放棄することにより、Bは権利関係から外れます。そのため、BからCへの移転登記は、仮登記ではなく、本登記で実行されます（昭35.2.5民甲285号）。

第2節 仮登記された権利の移転以外の処分

次は仮登記に抵当権を付けるという処分を見ていきます。

ただ、その仮登記が1号か2号かによって、抵当権が付けられるかどうかは違います。

1号（所有権）◀━━━━━━━━ 抵当権○
2号（請求権）◀━━━━━━━━ 抵当権×
2号（条件付所有権）◀━━━━━━━━ 抵当権○

1号は所有権を持っているので抵当権が付けられます。

2号の請求権については、抵当権は付けられません。**抵当権の対象は所有権、地上権、永小作権**です。債権には抵当権を設定することは出来ません。

ただ、2号でも条件付所有権の場合は、**条件付きながらも、所有権者である**ことは変わらないので、抵当権を設定することが可能です。

（ただし、もとの所有権が仮登記である以上、抵当権の登記も仮登記でしか実現できません。）

仮登記に抵当権が付けられる場合、どんな登記簿になるかを見ていきます。

順位番号	登記の目的	受付年月日	権利者その他の事項
1	抵当権設定仮登記	（略）	（登記事項一部省略） 権利者　　（住所省略）　C
	余白	余白	余白
2	甲区2番仮登記所有権の抵当権設定仮登記	（略）	（登記事項一部省略） 権利者　　（住所省略）　D
	余白	余白	余白

　乙区に抵当権が2つありますが、どちらが仮登記に付けた抵当権かわかるでしょうか。

　目的で何となく想像がつきますよね。**目的に甲区2番仮登記所有権という表現があった場合、仮登記に対し抵当権を付けている**ことを意味しています。

問題を解いて確認しよう

1	農地法第5条の許可を条件とする仮登記のされた停止条件付所有権を目的としてこの条件成就を停止条件とする根抵当権設定の仮登記申請はすることができる。〔3-21-2（5-12-オ、10-15-オ）〕	○
2	AからBへの所有権の移転の仮登記がされている場合には、Bを設定者、Cを抵当権者とする抵当権設定請求権の保全の仮登記を申請することができる。〔30-26-ア〕	○
3	Aを仮登記の登記名義人として仮登記された地上権を目的として、AがBとの間で抵当権の設定契約を締結した場合には、当該抵当権の設定の本登記を申請することができる。〔29-24-オ〕	×

×肢のヒトコト解説

3　仮登記された地上権に、抵当権を設定することはできますが、登記は仮登記の形式になります。

☐ 1番条件付抵当権設定仮登記の仮登記権利者Aは、2番抵当権者Bのために順位を放棄し、その登記を申請することができる。〔11-16-ウ〕

★仮登記が、抵当権の処分（譲渡・放棄・転抵当権）ができるかという論点です。1号仮登記・2号仮登記（条件付）の権利者はできますが、2号仮登記（抵当権設定請求権）の権利者はできません（昭30.11.29民甲2514号）。仮登記の所有権に抵当権が設定できるかと結論が似ているので、セットで覚えましょう。

第3章 仮登記の本登記

申請人と利害関係人を押さえることが最大の目標です。まずは申請人の定義と例外を押さえること、そのうえで、それ以外の方が利害関係人になるかを、要件を確認しながらあてはめられるようにしましょう。

（①〜④は登記した順番を表しています）

権利部（甲区）			
順位番号	登記の目的	受付年月日	権利者その他の事項
① 1	所有権保存	（略）	所有者　（住所省略）　乙山二郎
② 2	所有権移転仮登記	（略）	原因　　　令和6年6月1日売買 権利者　（住所省略）　丙山三郎
	余白	余白	余白
④ 3	所有権移転	（略）	原因　　　令和6年10月15日売買 所有者　（住所省略）　甲野一郎

権利部（乙区）			
順位番号	登記の目的	受付年月日	権利者その他の事項
③ 1	抵当権設定	（略）	（登記事項一部省略） 抵当権者　　（住所省略） 　　　　　　株式会社豊崎銀行

　甲区3番と乙区1番を隠して見てください。丙山三郎は何も付いていない物件だと思って仮登記を入れたのです。そのあと、甲区3番が入り、乙区1番で抵当権まで付いてしまいました。

　ここで、丙山三郎が仮登記を本登記することになったのです。

　丙山三郎は仮登記の本登記をして余白を埋めるだけでは満足しません。
「自分は綺麗な物件を取得したのだから、甲区3番、乙区1番は認めないぞ」
という気持ちのはずです。

　本登記をした際の登記簿は、次のようになります。

権利部（甲区）			
順位番号	登記の目的	受付年月日	権利者その他の事項
1	所有権保存	（略）	所有者 （住所省略） 乙山二郎
2	所有権移転仮登記	（略）	原因 令和6年6月1日売買 権利者 （住所省略） 丙山三郎
	所有権移転	（略）	原因 令和6年6月1日売買 所有者 （住所省略） 丙山三郎
<u>3</u>	<u>所有権移転</u>	（略）	原因 令和6年10月15日売買 所有者 （住所省略） 甲野一郎
4	3番所有権抹消		2番仮登記の本登記により令和6年11月11日登記

権利部（乙区）			
順位番号	登記の目的	受付年月日	権利者その他の事項
1	<u>抵当権設定</u>	（略）	（登記事項一部省略） <u>抵当権者 （本店省略） 株式会社豊崎銀行</u>
2	1番抵当権抹消	（略）	甲区2番仮登記の本登記により令和6年11月11日登記

　2番の本登記をすると、乙区1番や甲区3番は職権で抹消されるのです。丙山は綺麗な物件を取得したはずなので、それを尊重します。

　ただ、**これらの権利を勝手に消したら彼らに不意打ちになりますので、2人の承諾書が本登記の添付情報として必要**になります。

　では、本登記をする時の申請書を見ましょう。

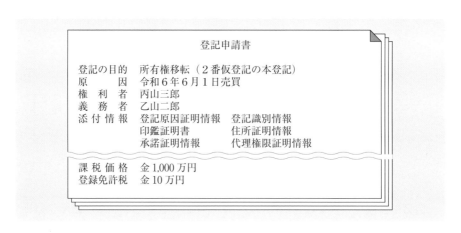

　目的、**ここは本来の目的を書いてください。**そのあとにカッコ書にして**仮登記**

の本登記だということを明言してください。

　添付情報は、**本来付けるべき情報を全部付けてください。**

　登記識別情報と住所証明情報は、仮登記に付けていないから、本登記で付けるのは分かるとして、印鑑証明書は本登記にも添付します。印鑑証明書をもう1回添付すると覚えるのではなく、本来付けるべき情報を全部付ける（プラス承諾証明情報が要る）と理解してください。

　承諾証明情報は、名義が消されてしまう甲野一郎と豊崎銀行のものが必要です。

　登録免許税は、**仮登記の段階で半分の1000分の10を払っている**ので、本登記では残りの1000分の10を払えばよいことになっています。

　以上が本登記の基本形になります。

　これからは、申請人・利害関係・税金の部分を掘り下げて説明します。

Point

申請人	権利者：仮登記権利者 義務者：仮登記義務者
利害関係人	① 仮登記後 ② 登記義務者を起点として、 ③ 現に効力を有する登記の名義人

　申請人ですが、単純に言えば仮登記を作った人たちが、もう1回申請するのです。「当事者恒定効」と言ったりします。**仮登記を作った人たちが本登記まで固定化するよ**というニュアンスです。

　利害関係人の定義ですが、先ほどの登記簿の事例に合わせて説明します。

権利部（甲区）			
順位番号	登記の目的	受付年月日	権利者その他の事項
① 1	所有権保存	（略）	所有者　（住所省略）　乙山二郎
② 2	所有権移転仮登記	（略）	原因　　令和6年6月1日売買 権利者　（住所省略）　丙山三郎
	余白	余白	余白
④ 3	所有権移転	（略）	原因　　令和6年10月15日売買 所有者　（住所省略）　甲野一郎

権利部（乙区）			
順位番号	登記の目的	受付年月日	権利者その他の事項
③ 1	抵当権設定	（略）	（登記事項一部省略） 抵当権者　（本店省略）　株式会社豊崎銀行

　甲野一郎、豊崎銀行は両方とも、①仮登記後に権利を取得していますし、②義務者の乙山二郎から権利を取得し、乙山二郎に対して抵当権を設定しています。そして2人とも、③現に効力を持っている名義人です。だから、この2人は利害関係人となるわけです。

　利害関係人の例を、もう少し説明します。

　この3番の本登記をするときですが、差押えをしている甲は利害関係人ですが、抵当権者の甲は利害関係人ではありません。そのため、承諾書を付けて差押えの登記は抹消されますが、抵当権は残ります。

　抵当権は仮登記の前から入っていますが、差押えは仮登記の後に入っているため、このように違いが生じます。

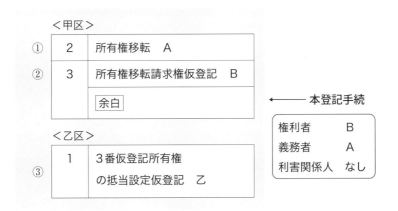

1	所有権保存	所有者　甲
2	所有権移転請求権仮登記	権利者　乙
	余白	余白
3	所有権移転	所有者　丙
4	所有権移転	所有者　丁

←── 本登記手続

権利者	乙
義務者	甲
利害関係人	丁

　2番仮登記の本登記をすると3番と4番が職権抹消されます。ただ、利害関係人として承諾を要求するのは丁のものだけです。なぜ丙の承諾は要らないのでしょうか。

　丙の登記は、現に効力を持っていないからです。

＜甲区＞

①	2	所有権移転　A
②	3	所有権移転請求権仮登記　B
		余白

←── 本登記手続

権利者	B
義務者	A
利害関係人	なし

＜乙区＞

| ③ | 1 | 3番仮登記所有権 |
| | | の抵当設定仮登記　乙 |

　3番の仮登記を本登記するときは、乙区1番の抵当権者は利害関係人ではありません。

　この乙は誰の権利に抵当権を設定しているでしょうか。

　これは本登記の権利者に抵当権を付けています。**Aに付けた人は利害関係人になりますが、Bに付けた人は利害関係人になりません**（乙は、Bが本登記してもらった方が得なはずです）。

1	所有権保存	甲
2	所有権移転	A
3	所有権移転請求権仮登記	B
	余白	
4	所有権移転	C

◆ 3番を本登記する場合 ◆

	権利者	B
原則	義務者	A
	利害関係人	C → 承諾書を添付して抹消
	甲区4番の原因が「相続・合併」の場合	
例外	権利者	B
	義務者	C → 承諾書を添付しないが職権抹消される

　申請人は権利者B、義務者A、承諾書を付けて利害関係人Cは職権抹消されるのが原則です。

　ただ、4番の移転原因によって、この結論は違ってきます。4番の移転原因が相続合併だった場合、つまり、Aが死んでCが相続したというような場合は、**Aの立場をCが引き継いだものと考えて**、権利者はBですが、**義務者はCになります**。

　ここで別途、Cの承諾書を付ける必要はありません（申請行為をしている人に、別途承諾書をもらう必要はありません）。

　Cの承諾書を付けませんが、Cの登記は職権抹消されます。これは4番の名義が残っていれば、所有者はCじゃないのかと誤解されてしまうからです。

　以上が所有権に関する仮登記の本登記です。

問題を解いて確認しよう

1. 所有権に関する仮登記がされた後に、その不動産の所有者から当該不動産を譲り受けた者は、所有権の移転の登記をしていないときであっても、当該仮登記に基づき本登記を申請する場合における登記上の利害関係を有する第三者に当たる。〔17-21-ア〕　| ×

2. 所有権の移転の仮登記後、数次にわたる所有権の移転の登記がされている場合において、当該仮登記に基づく所有権の移転の本登記を申請するときは、登記上の利害関係を有する第三者の承諾を証する情報として、現在の所有権登記名義人の承諾を証する情報のみを提供すれば足りる。〔23-22-エ〕　| ○

3. 所有権に関する仮登記がされた後に、相続による所有権の移転の登記がされたときは、当該所有権の移転の登記の登記名義人である相続人は、当該仮登記に基づき本登記を申請する場合における登記上の利害関係を有する第三者に当たらない。〔17-21-イ〕　| ○

×肢のヒトコト解説

1. いくら権利を取得していても登記名義人でない限り、利害関係人になりません。

これで到達！ 合格ゾーン

☐ 所有権移転請求権の仮登記に基づく本登記を申請する場合において、当該所有権移転請求権の仮登記に対し、付記による移転請求権の仮登記がされているときは、その付記された仮登記の登記名義人は、利害関係を有する第三者に該当する（昭44.10.2民甲1956号）。〔23-22-ア〕

★第2章第1節で紹介したケース4（p167）の本登記です（その事例で説明します）。乙山が本登記をすると、付記1号の丙山名義が消滅します（乙山の移転請求権が権利行使の結果消滅してしまうためです）。そのため、乙山が本登記をする場合は、丙山が利害関係人になるのです。

次は、抵当権設定の仮登記を本登記する場面を見ましょう。

<甲区>

①	2	所有権移転　A
③	3	所有権移転　C

<乙区>

②	1	抵当権設定仮登記　B
		余白
④	2	抵当権設定　D

← 本登記手続

権利者	B
義務者	A又はC
利害関係人	なし

　権利者は仮登記を作ったB、義務者は仮登記を作ったAでもいいし、現在の名義人Cでもいいのです。

　所有権は当事者恒定効、必ず仮登記と同じ申請人の必要があるのですが、**所有権以外の仮登記の本登記の場合は、当事者恒定効を使わずに、現在の名義人を義務者にしても構いません**。

　そして利害関係人が登場しない点も、所有権と違うところです。

　一見、2番の抵当権者が利害関係人のように見えますが、このDは1番抵当権者がいることを分かっていて抵当権を付けています。**もともと2番だということを分かっている**ので利害関係人ではありません。

所有権以外の仮登記の本登記
- 義務者は仮登記義務者でもいいし、現在の登記名義人でもいい。
- 利害関係人はいない。

　ただ、これには重要な例外事例があります。この例外事例は本当によく出ますので事例まるごと覚えてください。

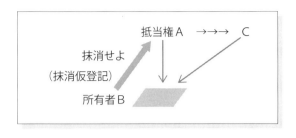

　何らかの原因で抵当権が消滅しました。所有者Ｂが抹消登記を請求したところ、抵当権者Ａが「登記識別情報が無いので、抹消登記ができない」と言ってきたので、Ｂは「だったら、とりあえず抹消の仮登記を入れてくれ」と頼んで仮登記をしました（次の乙区２番の抹消の仮登記です）。

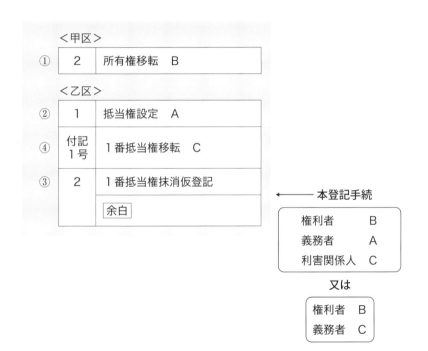

　このあと、Ａが裏切って抵当権をＣに売り払って移転登記をしたのです（登記識別情報が無いというのはウソだったのでしょうね）。

　ここで、この抹消仮登記を本登記する場合、誰が義務者でしょうか。

　義務者は現在の名義人Ｃでもいいし、また、仮登記を作ったＡでも構いません。

ただ、仮登記を作ったＡを義務者にしている場合は要注意です。１番抵当権が抹消されるので、付記１号も吹っ飛びます。だから**Ｃの承諾書が必要になる**のです。

「所有権以外の仮登記の本登記では利害関係人はいない」はずですが、この事例は例外となります。

問題を解いて確認しよう

1	抵当権設定の仮登記後第三者に所有権移転の登記がされた場合には、その仮登記に基づく本登記は、現在の所有権の登記名義人を登記義務者として申請しなければならない。〔元-26-2〕	×
2	Ａ所有名義の不動産につき、Ｂを抵当権者とする抵当権の設定の仮登記がされた後、ＡからＣへ所有権の移転の登記がされた場合には、本登記の申請は、Ａではなく、Ｃを登記義務者としてしなければならない。〔7-19-オ〕	×
3	甲の抵当権の設定仮登記の後に乙の地上権の設定登記がなされている場合において、甲がその仮登記に基づく本登記を申請するときは、申請書に乙の承諾書を添付することを要しない。〔61-17- 2（29-24-イ）〕	○
4	抵当権の設定の登記について当該抵当権の放棄による抹消の仮登記がされた後、債権譲渡による当該抵当権の移転の登記がされている場合には、当該抵当権の譲受人を登記義務者として、当該仮登記に基づく本登記を申請することができる。〔25-26-オ〕	○
5	抵当権の放棄を原因として抵当権設定登記の抹消の仮登記がされた後、債権譲渡を原因として当該抵当権移転の付記登記がされている場合、仮登記に基づく抹消の本登記の登記義務者は、当該抵当権譲渡人又は譲受人のいずれでもよい。〔5-16-ア（14-16-ウ、15-17-ア）〕	○

×肢のヒトコト解説

1 仮登記を作ったときの義務者を、本登記の義務者にすることもできます。

2 登記義務者はＡ又はＣ、どちらでも構いません。

甲区1	A	①
2	仮登記B	②
乙区1	根抵当権B	③

２番の本登記では、Bは利害関係人ではない

Aの不動産につきBが仮登記をし、この後、Bはこの不動産に根抵当権を設定しました（所有権を取ることもできるし、競売にかけることもできる状態です）。

ここで、Bが本登記をすると、Bの根抵当権は職権抹消されます。
ただ、Bの承諾書を添付する必要はありません。

これは、本登記の申請人が「権利者B　義務者A」で行うため、つまり、Bはそもそも申請人だからです。
自分で申請しておいて、その登記に承諾していないということはありません。申請行為をしていることが、登記の承諾と扱われるのです。

甲区1	A	①
2	仮登記B	②
乙区1	抵当権C	③
付記1	抵当権証券発行	④

所有権移転の仮登記の後順位に抵当証券の発行されている抵当権がある場合において、この仮登記に基づく本登記を申請するには、抵当証券を添付しなければならない

上記の事例で本登記をすると、抵当権は職権抹消されます。そのため、抵当権者が利害関係人になりますが、今の抵当権者は登記名義人のCではなく、抵当証券をもっている人です（登記簿に現れません）。

ここで、本登記をする場合は、抵当証券を添付することが要求されています。抵当権者としての承諾という意味もありますし、抵当権がなくなっているのに、証券が残っている事態は避けたいという要請もあるのでしょう。

甲区1	A	①
2	仮登記B	②
乙区1	甲区2番仮登記所有権の	
	抵当権設定仮登記	甲③

仮登記を本登記する際、甲の承諾書は不要

Aの不動産にBが仮登記をしたあと、その仮登記をしたBが甲に抵当権を設定しました。

　ここでBが仮登記を本登記したら、甲の立場はどうなるでしょう。

　（今まで）仮登記に抵当権を設定している者

　（これから）本登記に抵当権を設定している者

　本登記されれば、甲にとってうれしいところです。

　このように仮登記権利者に権利をつけているものは、仮登記の本登記においては利害関係人になりません。のちほど掲載している過去問〔23-22-オ〕もこの感覚で解いてみてください。

甲区1	A	①	
2	仮登記B	③	仮登記を本登記する際、Dの承諾書は不要
乙区1	抵当権設定C	②	
付記1	抵当権移転D	④	

　通常、仮登記後に登記した者は、利害関係人になります。ただ、上記の事例ではどうでしょう。

　もともと、Cの抵当権は仮登記の前に入っているので、利害関係人になりません。そして、DはそのCの1番の順位を維持したまま、登記しています（1番付記1号で入るので、1番の地位です）。

　そのため、このDの権利は仮登記前に登記されていた登記と評価されるため、仮登記の本登記では利害関係人にならないのです。

> ✓ 1　所有権移転の仮登記後に、仮登記名義人が根抵当権設定の登記を得ている場合、仮登記に基づく本登記の申請書には、根抵当権の登記名義人としての承諾書を添付することを要する。〔2-19-3〕　×
>
> 　2　所有権の移転の仮登記がされた後に抵当証券の発行されている抵当権の設定の登記がされた場合、当該仮登記に基づく本登記では、抵当証券の添付を要する。〔20-14-ウ〕　○

☑ 3 所有権の移転の仮登記を対象とする処分禁止の仮処分が付記登記でされている場合において、当該仮登記に基づく所有権の移転の本登記の申請をするときは、当該仮処分の債権者は、利害関係を有する第三者に当たらない。〔23-22-オ（30-26-エ）〕 ○

4 A所有の土地に、B名義の所有権移転の仮登記より前にされたC名義の抵当権の登記があり、Bの仮登記後にCの抵当権の被担保債権の増額による変更の登記が付記登記でされている場合、仮登記に基づく本登記を申請するときは、Cの承諾を要する。〔オリジナル（17-21-エ）〕 ×

これで到達！　　合格ゾーン

☐ 農地法３条の許可を条件とする条件付所有権移転の仮登記がされた農地について、その後に仮登記原因日付以前の日付で宅地への地目変更の登記がされた場合、当該仮登記の本登記を申請する前提として、登記の目的を所有権移転仮登記、原因を売買に更正する登記を申請しなければならない（昭40.12.7民甲3409号）。〔27-20-ア、22-12-ア〕

★そもそもの仮登記が間違っていたものでした（本来、１号仮登記をすべきなのを２号仮登記にしています）。間違っていた仮登記であっても、その順位番号を維持しながら本登記をすることを先例は認めています。ただ、間違った仮登記を正しい仮登記に更正する必要があります（１件目で仮登記の更正、２件目で本登記を申請するということです）。

では最後に、登録免許税を深く掘り下げましょう。

---

① 不動産の価格が1,000万円の建物の所有権保存仮登記をした後の本登記の税金

= 1,000万円 × (4/1000 － 2/1000)

② 不動産の価格が1,000万円の建物の「贈与」を原因とする所有権移転仮登記をした後の本登記の税金

= 1,000万円 × (20/1000 － 10/1000)

仮登記で払ったものを差し引いて納付すればいいのです。そのため、仮登記の時に2/1000払っていた場合は、2/1000を本登記の税率から差し引き、仮登記の時に10/1000払っていた場合は、10/1000を本登記の税率から差し引くことになります。

---

③ 債権額1,000万円の抵当権設定仮登記をした後の本登記の税金

= 1,000万円 × 4/1000

仮登記で1,000円しか払っていない場合には、差引きをしません。本来の税率、全額納めることになります。

基本は仮登記で払った分を差し引く。ただし仮登記で1,000円しか払っていない場合は差し引かないと押さえておきましょう。

第4章 仮登記の抹消

抹消申請をする申請人のパターンが3つあります。本試験問題は、どのパターンのことを聞いているのかを確認して、それを当てはめる作業が中心です。
3つのパターンは必ず暗記しましょう。

順位番号	登記の目的	受付年月日	権利者その他の事項
1	所有権保存	（略）	所有者 （住所省略） 丙山三郎
2	所有権移転仮登記	（略）	原因 年月日売買 権利者 （住所省略） 乙山二郎
	余白抹消	余白抹消	余白抹消
3	2番所有権仮登記抹消	（略）	原因 年月日解除

　2番の仮登記が間違っていたので抹消しています。それが3番に本登記で入っています。

　仮登記の抹消ですが、それは本登記で入ります。

登記申請書

登記の目的　2番所有権仮登記抹消
原　　　因　年月日解除
権　利　者　丙山三郎
義　務　者　乙山二郎
添 付 情 報　登記原因証明情報　登記識別情報
　　　　　　印鑑証明書　代理権限証明情報

登録免許税　金1,000円

　添付情報に、**登記識別情報が必要**です。**共同申請ですし本登記で実行される**からです。

印鑑証明書も必要です。この**義務者の乙山二郎は、将来所有者となり得た人**です。将来所有者となり得た人が義務者になる場合、印鑑証明書が必要です。

順位番号	登記の目的	受付年月日	権利者その他の事項		
1	所有権保存	（略）	所有者	（住所省略）	丙山三郎
2	所有権移転請求権仮登記	（略）	原因 権利者	年月日売買予約 （住所省略）	乙山二郎
	所有権移転	（略）	原因 所有者	年月日売買 （住所省略）	乙山二郎

仮登記の本登記までされている状態で抹消する場合、2パターンあります。2番全部を消したい場合と、2番の本登記だけを消したい場合です。

👆 **Point**

（1）2番全体を抹消する。

→ 目的「2番所有権本登記及び仮登記抹消」

（2）2番の本登記だけ抹消する。

→ 目的「2番所有権本登記抹消」

2番全部を消す場合は、目的が「2番所有権抹消」ではダメなのです。本登記と仮登記、この2つを消すということを明示してください。

本登記だけの場合も、本登記だけを抹消するということを明示してください（仮登記だけ抹消するということはあり得ないと思うので、そこは考えなくていいでしょう）。

◆ 仮登記の申請人 ◆

仮登記の申請・変更・更正（107）	仮登記の抹消（110）
①共同申請 ②仮登記権利者からの単独申請 　（仮登記義務者の承諾を証する情報を提供） ③仮登記権利者からの単独申請 　（仮登記を命ずる処分の決定書の正本を提供）	①共同申請 ②仮登記名義人からの単独申請 　（仮登記名義人の登記識別情報を提供） ③利害関係人からの単独申請 　（仮登記名義人の承諾を証する情報を提供）

仮登記の抹消は本来共同申請なのですが、単独申請ができる場合があります。どういう場合か、次の登記簿を使って説明しましょう。

1	所有権保存	甲
2	所有権移転	A
3	所有権移転仮登記	B
	余白	
4	所有権移転	C

この登記簿で、3番の仮登記が何らかの理由で効力を失ったとします。

この場合、抹消登記はBとAで共同申請ができるだけではありません。

Bは単独申請ができるのです。**自分の名義が無くなったら、自分だけで抹消申請する**ことができます。

それだけでなく、AとBが動かない場合は、**Cも単独申請ができる**のです。Cとしてみれば、Bがいなくなって万々歳のはずです。そこで、AとBが動かなければCによる単独申請も認めています。

ただし、この場合はBから承諾書をもらう必要があります。

```
          承諾書

   私の名義、消していいです。
             B　印鑑
```

Cが勝手に名義を抹消しないよう、Bの承諾書を要求しているのです。

1	所有権保存	甲
2	所有権移転	A
3	所有権移転仮登記	B
	余白	

　この登記簿の状態で、Bの仮登記が無くなった場合、**AとBの共同申請**もできますし、**Bによる単独申請**もできますし、**Aによる単独申請**もできます。

　仮登記が無くなれば、Aだって嬉しいですよね。そこで、Aからも単独申請ができるようにしています。ただ、Aから単独申請をする場合、勝手にできないようにBから承諾書をもらう必要があります（他人が単独でやる場合は承諾書が要ると押さえてください）。

　それぞれの申請パターンと、添付情報を次の図表でまとめています。

◆ 仮登記の抹消 ◆

	共同申請の場合	単独申請	
		仮登記名義人からの申請 (110前段)	登記上の利害関係人からの申請 (110後段)
登記原因証明情報	○	○	○
登記識別情報	○	○	×
印鑑証明書	○	○	×
承諾書(68)	○	○	○
その他	×	×	仮登記名義人の承諾書又はこれに代わる裁判の謄本（印鑑証明書付）

単独申請の場合は、登記識別情報と印鑑証明書が要らなくなります。

ただし、仮登記名義人からの申請の場合は違います。これは**登記名義人本人からの申請か確認するため**に、単独申請ですが、登記識別情報と印鑑証明書を要求します。

この理屈はかつて、所有権保存登記の抹消で触れたことがあります。所有権保存登記の抹消も登記名義人からの単独申請が可能です。この場合も、本当に登記名義人本人からの申請か、登記識別情報と印鑑証明書でダブルチェックすることにしていました。

問題を解いて確認しよう

1 仮登記の名義人が、仮登記の抹消を申請する場合には、申請書に仮登記名義人の登記識別情報を記載した書面を添付しなければならない。〔7-19-エ（26-12-ア、令4-26-エ）〕　○

2 仮登記の登記上の利害関係人が、当該仮登記の抹消を単独で申請するには、仮登記権利者及び仮登記義務者の承諾を証するこれらの者が作成した情報又はこれらの者に対抗することができる裁判があったことを証する情報を提供しなければならない。〔22-12-ウ〕　×

3 登記上の利害関係人は、申請書に仮登記名義人の承諾書を添付して、仮登記の抹消を申請することができる。〔53-30-3〕　○

4 A所有名義の不動産につき、Bが根抵当権の設定の仮登記を受けている場合には、Aは、申請書にBの承諾書を添付して、単独で仮登記の抹消を申請することができる。〔7-19-ウ〕　○

5 A所有名義の不動産につき、Bを仮登記名義人として所有権移転の仮登記がされている場合、AはBの承諾書を添付して、単独でその仮登記の抹消を申請することができる。〔6-21-3〕　○

6 契約解除を登記原因とする所有権の移転の仮登記の抹消の申請と当該仮登記に基づく所有権の移転の本登記の抹消の申請は、一の申請情報によってすることができる。〔20-16-エ〕　○

7 AからBへの売買予約を登記原因とする所有権移転請求権の保全の仮登記がされた後、Bが当該売買を完結する意思表示をしたことにより、当該仮登記に基づく本登記がされた場合において、Bの当該意思表示に錯誤があるときは、A及びBが共同して当該本登記の抹消を申請することができる。〔30-26-ウ〕　○

これで到達！　　　合格ゾーン

☐ 甲株式会社（取締役会設置会社）を抵当権設定者、甲株式会社と代表取締役
を同じくする乙株式会社（取締役会設置会社）を抵当権者とする抵当権の設
定の仮登記がされている場合において、解除を原因として当該仮登記の抹消
を申請するときは、登記原因について乙株式会社の取締役会の承認を受けた
ことを証する情報の提供を要する（登研539-154）。〔18-22- エ（25-14- ウ）〕

★解除をすることによって、甲株式会社が得をして、乙株式会社が損をします。
ここで、甲と乙の代表取締役が同じ場合、甲の利益を不当に図るために、そ
の代表取締役が解除の意思をする危険があるため、利益相反の縛りをかけて
います。

第5章 仮登記担保

難解な仮登記の中の、最難関部分です。ただ出題は多いところではないので、ポイントだけを押さえて、深入りしないように心がけましょう。

仮登記担保とは、単純に言えば「払わなかったら本登記するぞ」という担保です。

Aは5,000万円の不動産を持っていて、BがAに3,000万円を貸し、そして担保として仮登記をしています。

1番	A
2番	仮登記B

仮登記を入れて、「弁済しなかったら本登記するぞ」と脅しているみたいなものです。

ここでAが弁済しなかった場合は、Bは本登記をして名義を完全に取得します。そこまでの流れを図にしました。

① 金銭消費貸借契約による金銭債権発生

② 仮登記担保権設定契約（停止条件付代物弁済契約等）

③ 担保仮登記申請→担保仮登記実行

④ 債務者の債務不履行

⑤ 清算金の見積額の通知・到達
（後順位担保権者による清算金の差押え）

⑥ 清算期間満了

⑦ 清算期間満了日の翌日→所有権の移転

⑧ 清算金の供託

⑨ 担保仮登記に基づく本登記申請が可能となる
（仮担3Ⅱ、民533）

清算期間
（2か月）

（1か月）

④まで見てください。④でAは**債務不履行をしているのですが、これだけでは、Bは所有権を取得できません**。ここで所有権を取得できるとすれば、Bは3,000万円しか貸していないのに、5,000万円の不動産を取得して**2,000万円儲けちゃ**うからです。

2,000万円儲けるのは、不公平だということから、Bには清算義務を課します。

この不動産の査定をしたら5,000万円だったよ。

俺は3,000万円貸しているから、2,000万円払うね。

（これが⑤にあたります）

 所有者A

 担保権者B

この不動産の値段を査定して清算金の金額を決めるのはBです。Aとしても、本当にその値段なのか、本当はもっと高い査定じゃないのか疑問を持ちます。そこで、2か月待ってあげます。

2か月待つとやっと所有権移転、物権変動が生じます（ここが⑥⑦にあたります）。

債務不履行時に所有権は移転しません。見積もりをして伝えて、2か月経ってやっと所有権が移転するのです。

ただ、登記はまだできません。登記をするには精算金を供託する必要があります。**払わずに逃げるのを防ぐため供託**を要求しているのです。

そして供託から1か月待つ必要があるのです（⑧⑨にあたります）。ここまでしてやっと本登記ができるようになるのです。

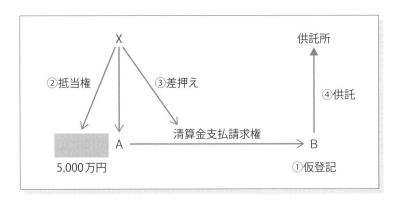

この図は、Bが仮登記をしたあと、Xが抵当権を付けたという状態です。

この場合は、Bの本登記の際に利害関係人としてXの承諾書が必要になります。ただ、この承諾書は必ず必要というわけでもないのです。

図の中の③を見てください。

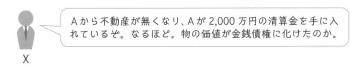

> Aから不動産が無くなり、Aが2,000万円の清算金を手に入れているぞ。なるほど。物の価値が金銭債権に化けたのか。

ここでXは物上代位して清算金支払請求権を差し押さえて、取ることが可能です。

もし、Bがこの不動産の清算金を100万円だと言ってきたら、Xは「いやいやいや。これは100万円の物件ではなく、5,000万円で売れるはずだ。だったら競売にかけてやれ」というように、競売にかけることができるのです。

つまり、**清算金に納得している場合は物上代位、納得しなかった場合は競売をしかける**ことになるのです。

```
                    登記申請書

登記の目的    ２番仮登記の所有権移転本登記
原     因    年月日代物弁済
権  利  者    B
義  務  者    A
添 付 情 報    登記原因証明情報    登記識別情報
             印鑑証明書         住所証明情報
             代理権限証明情報    承諾証明情報

課 税 価 格    金5,000万円
登録免許税     金50万円
```

Point

後順位担保権者等の承諾証明情報に代えて、「差押えをしたことを証する
情報（差押えを命ずる裁判の謄本)」及び「清算金を供託したことを証す
る情報」を提供して、当該本登記申請することができる。

添付情報として、本来は抵当権者の承諾証明情報が必要です。ただ、承諾書の
代わりに「差押えをしたことを証する情報（差押えを命ずる裁判の謄本)」及び
「清算金を供託したことを証する情報」を持っていっても登記は入ります。

抵当権者が清算金に納得している、承諾しているから差押えをしています（納
得していなければ競売に入っています）。そこで、差押えと供託の立証があれば、
承諾をしていると扱うことにしたのです。

Point

担保仮登記に基づく本登記を申請する場合には、その原因日付は、仮登記
原因の日付として登記されている日から少なくとも２か月を経過している
ことが必要である。

清算金の通知をして２か月は待つ必要があります。そのため、仮登記の日付か
ら２か月経っていない日付で申請すると、登記官は、次のように考えます。

仮登記：令和6年1月5日

登記官

最短でも2か月はかかるのに、2か月経っていない日付だ。これ、清算手続を取っていないぞ！

申請書

原因　令和6年3月3日

上記のように思われ、申請は却下されます。

この書籍では仮登記担保は以上です。この分野は、深くやるとすごく難しいので、まずはこの書籍の内容の理解に努めてください。

問題を解いて確認しよう

1　AのBに対する金銭債権を担保するために、B所有の甲土地に代物弁済予約を登記原因とする所有権移転請求権の仮登記がされている場合において、当該仮登記に基づく本登記は、その登記原因の日付が仮登記原因の日付として登記されている日から2か月を経過するよりも前の日付であるときは、申請をすることができない。

〔オリジナル（3-21-1）〕　　○

2　代物弁済の予約を仮登記原因とする所有権移転請求権保全の仮登記の本登記の申請は、非金銭債務を担保するためにされたものであることを証する情報を提供すれば、登記原因の日付が仮登記原因の日付として登記されている日から2か月の期間の経過後の日でなくても、することができる。〔25-26-エ〕　　○

3　担保仮登記の後に登記された抵当権を有するAが清算金の差押えをした場合において、担保仮登記の権利者Bが、清算金を供託した日から1か月を経過した後に、その担保仮登記に基づき本登記を申請するときは、清算金の差押えを受けたこと及び清算金を供託したことを証する書面をもって申請書に添付すべきAの承諾書に代えることができる。

〔6-26-ウ〕　　○

4 代物弁済の予約を登記原因とする所有権移転請求権の仮登記がされた
不動産について、当該仮登記に基づく本登記の申請をする場合におい
て、当該仮登記後に登記された後順位の担保権者のために担保権の実
行としての競売の申立ての登記がされていないときは、仮登記担保契
約に関する法律第3条の清算金を供託したことを証する情報をもって、
当該担保権者の承諾を証する当該担保権者が作成した情報に代えるこ
とができる。〔23-22-イ〕　　×

――――――――――（ ×肢のヒトコト解説 ）――――――――――

4　差押えの立証も必要です。

第6編 登記名義人表示変更登記

択一も多少出ますが、記述の超頻出論点です。ここを落とすことによって、受験年数が1年延びる可能性もあるほど重要な論点です。

理屈からしっかりと理解していきましょう。

この編については、大改正が予定されています（改正法は成立していて、施行日がまだ来ていません）。

必ず、最新情報を確認してください。

～いざ登記の時に、古い情報も変更登記します～

名変登記とはそもそも、なぜ行うのか。
その理屈を押さえることが重要です。
そのうえで、どういったときに省略できるのかを理解
していきましょう。

Point

登記名義人表示変更登記

登記されている権利に関する現在の登記名義人（処分の制限の登記における名義人等を含む）につき、その氏名・住所が登記記録上と一致しない場合に、これを一致させるためになされる登記をいう。

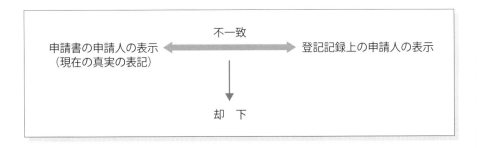

　申請書に権利者と義務者を書く場合、これは必ず最新情報を書く必要があります。

　その**申請書に書いた氏名住所と、登記簿の氏名住所が一致しない、それだけで却下**されるのです。

　ではどうすれば申請を通すことができるのでしょうか。

　これは、**登記簿の氏名住所を、最新情報に合わせればいいのです。これを行うのが名変登記**です。

登記の目的	受付年月日	権利者その他の事項
所有権移転	（略）	原因　　　令和6年1月31日売買 所有者　甲市　A

　AがBに不動産を売ったあと、甲市から乙市に引っ越しました。そして登記申請をしようとしています。

　申請書には、権利者Bで義務者「乙市　A」と書きます。

　すると、登記簿の住所は甲市で、申請書の住所は乙市です。これだけで**登記官**

は別人だと扱います。登記簿上の人が売ったとは評価しません。

　ではどうすればいいのでしょう。

　登記簿の住所を乙市に変えればいいのです。 登記簿の住所を乙市に変えれば、申請書の住所と一致するので、所有権移転登記を入れることができます。

　実際に発生した順番と逆だけどいいのでしょうか。

> 名変は物権変動の登記ではない、やりたい登記の前に入れる。

　物権変動の過程を表すために、順番通り申請をするべきです。しかし、**名変登記は物権変動があったという登記ではない**のです。**やりたい登記申請を通すためにしょうがなくやる登記**なのです。

　だから、**名変登記の申請は日付順ではなく、やりたい登記の前に入れることになる**のです。

登記の目的	受付年月日	権利者その他の事項
所有権移転	（略）	原因　　令和6年1月31日売買 所有者　（住所省略）持分2分の1　　A 　　　　（住所省略）　　2分の1　　B

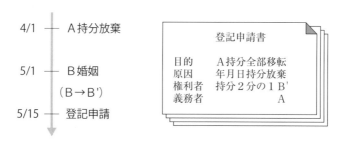

　Aが持分放棄をしました。だから共有者Bに持分が移ります。

　その登記申請をする前にBが結婚して、B'と名前が変わっています。

　このあと、5月15日に登記申請をする場合の申請書ですが、権利者は新しい名前になりますよね。ですが登記簿の名前は旧姓のままです。

登記簿の名前と申請書の名前が食い違っているので、却下されます。

「義務者に氏名住所の変更が生じた場合に、名変登記をする」と考えている人もいますが、それは誤りです。

登記簿の氏名住所と、申請書の氏名住所が食い違えば、**それが義務者だろうが、権利者だろうが名変登記が必要**なのです。

順位番号	登記の目的	受付年月日	権利者その他の事項
1	抵当権設定	（略）	（登記事項一部省略） 抵当権者　　（住所省略）　　C銀行

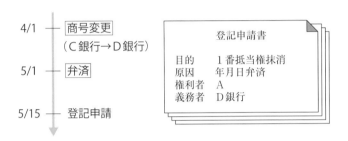

4/1 ── 商号変更
　　　　（C銀行→D銀行）

5/1 ── 弁済

5/15 ── 登記申請

登記申請書
目的　　1番抵当権抹消
原因　　年月日弁済
権利者　A
義務者　D銀行

銀行の社名が変わったようです。その後、債務者からの弁済があったので抹消の登記申請をします。

申請書に記載する義務者は、現在の社名であるD銀行になります。しかし登記簿の社名はC銀行です。

このままだと登記簿と申請書が食い違っているから、却下されてしまうので、前提として、登記簿をC銀行からD銀行へと社名が変わったという名変登記をしなければいけなさそうです。つまり、1件目で社名が変わった名変登記、2件目で弁済による抹消登記を申請するのが筋です。

消される権利に手間を掛けたくない。

ただ、消される登記に手間を掛けるのは、なんか不自然です。そこで、**抹消登記の前提の名変登記は省略できる**というルールを作りました。

これは、あくまでも消される権利が前提です。例えば、所有者のＡに氏名住所の変更があった場合、所有者の方には名変登記が必要です。

順位番号	登記の目的	受付年月日	権利者その他の事項
2	所有権移転	（略）	原因　　令和 6 年 1 月 31 日売買 所有者　（住所省略）　B

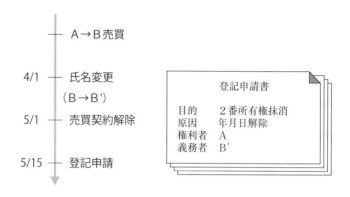

なすべき登記は所有権の抹消です。そして、義務者の名前が変わっているので、この場合は前提として名変登記が必要です。

所有権が無くなるわけではありません。**所有権自体はあって復帰的に戻るだけ**なのです。

この事例では**名変登記を省略することはできません**。

順位番号	登記の目的	受付年月日	権利者その他の事項
4	所有権移転	（略）	原因　　令和 6 年 1 月 31 日売買 所有者　（住所省略）　A

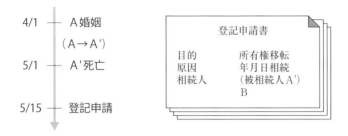

　登記名義人の名前が変わった後に死亡しました。

　相続による移転登記の申請書には、括弧書きで被相続人の名前を書きますが、ここは新しい名前A'を書くことになります。

　申請書と登記簿の名前が食い違うことになりますが、前提としての名変登記は要りません。

　問題は相続登記というところにあります。相続登記というのはあまりやってくれない、だから税率を低くしたということですよね。ここで、**相続登記の前提に名変登記を要求してしまうと、余計やってくれなくなります。**

　そのため、次にやる登記が相続登記の場合は、**名変登記を省略できる**としたのです。

　その理屈であれば、次の事例はどうでしょう。

順位番号	登記の目的	受付年月日	権利者その他の事項
4	所有権移転	（略）	原因　　令和6年1月31日売買 所有者　（住所省略）　A

　遺贈は登記が無ければ対抗できません。 そのため、**前提で名変登記を要求して**

もやってくれるでしょう。

本事例では前提として**名変登記が必要**です。

問題を解いて確認しよう

1　A及びBの共有に属する不動産について、持分放棄を原因とするBに　　○
　　対するA持分全部移転の登記を申請する場合において、Bの現住所が
　　登記記録上の住所と異なるときは、移転の登記をする前提としてBの
　　住所についての変更の登記を申請する必要がある。〔19-27-エ〕

2　判決によって所有権の移転の登記を申請する場合において、判決書正　　×
　　本に登記義務者である被告の住所として登記記録上の住所と現在の住
　　所とが併記されているときは、所有権の登記名義人の住所の変更の登
　　記をしないで、直ちに所有権の移転の登記を申請することができる。
　　　　　　　　　　　　　　　　　　　　　　　〔24-17-5（令2-17-ア）〕

3　所有権の移転の仮登記がされた後、仮登記名義人の住所に変更があっ　　×
　　た場合には、当該仮登記に基づく本登記の申請の添付情報として、仮
　　登記名義人の住所の変更を証する情報を提供すれば、仮登記名義人の
　　住所の変更の登記の申請を省略することができる。〔22-12-イ〕

4　抵当権の登記の抹消を申請する場合において、当該抹消の登記権利者　　×
　　の住所に変更を生じているときは、申請情報と併せて当該変更を証す
　　る情報を提供すれば足りる。〔21-27-ア〕

5　遺贈を原因とする所有権の移転の登記を共同で申請する場合は、遺贈　　×
　　者の登記記録上の住所が死亡時の住所と相違しているときであっても、
　　前提として登記名義人の住所の変更の登記を申請する必要はない。
　　　　　　　　　　　　　　　　　　　　　　　〔21-27-ウ（令2-13-エ）〕

6　買戻しの特約の登記の抹消を申請する場合において、登記義務者である　　○
　　買戻権者の現住所が登記記録上の住所と異なるときは、当該買戻権者の
　　住所について変更が生じたことを証する情報を提供して当該登記の抹消
　　を申請することができる。〔19-24-ウ〕

×肢のヒトコト解説

2 義務者が登記記録と一致しなければ、たとえ判決による登記といえども却下を受けます。

3 権利者側であっても、義務者側であっても、登記簿上の名義人と、申請人の住所が一致しなければ却下を受けます。

4 抵当権抹消登記の権利者は、所有者です。今回の申請で消滅する権利ではありません。

5 共同で申請する場合には、前提の名変登記を省略することはできません。

これで到達！ 合格ゾーン

□ 錯誤を登記原因としてAからBへの所有権の移転の登記の抹消を申請する場合において、Aが養子縁組したことにより現在の氏名と登記記録上の氏名とが相違しているときでも、前提としてAの氏名についての変更の登記を申請することはできない。〔令2-17-ウ〕

★現に効力を有する登記はBなので、Aについて名変登記をすることはできません。この場合、Aの氏名についての変更を証する情報を提供して、抹消登記を申請することになります（登研435-117）。

以上で、名変登記の意義と省略できる場合は終了です。次は、名変登記の申請書を見ましょう。

順位番号	登記の目的	受付年月日	権利者その他の事項
4	所有権移転	（略）	原因　令和6年1月31日売買 所有者　甲市　A
付記1号	4番登記名義人住所変更	（略）	原因　年月日住所移転 住所　乙市

実際に書いてみましょう！

登記申請書

登記の目的　４番所有権登記名義人住所変更
原　　　因　年月日住所移転
変更後の事項　住所　乙市
申　請　人　乙市　Ａ
添 付 情 報　登記原因証明情報
　　　　　　　代理権限証明情報

登録免許税　金 1,000 円

　目的には、所有権であっても順位番号を入れます。

　原因は住所移転。引っ越しは基本的に住所移転と書いてください。

　一方、名前が変わった場合は、名前が変わった理由を問わず氏名変更と書いてください。年月日婚姻、年月日離婚、年月日婚姻と書いていくと「あ〜、この人結婚と離婚を繰り返しているなぁ」ということが分かり、**プライバシー上の問題が起きる**からです。

　申請人ですが、これは**不利益を受ける人がいないから単独**申請です。

　添付情報ですが、共同申請ではないので、登記識別情報、印鑑証明書は要りません。また住所証明情報も不要です。必要なのは登記原因証明情報と代理権限証明情報だけです。

◆ 名変登記における登記原因証明情報の内容 ◆

氏名を変更する場合	氏名変更…戸籍謄本 商号変更…会社等の法人の登記事項証明書 組織変更…会社等の法人の登記事項証明書
住所を変更する場合	住所移転…住民票の写し 本店移転…会社等の法人の登記事項証明書 住居表示実施…住居表示実施証明書 　　　　　　　　　又はその旨の記載のある住民票の写し 町名変更…市町村長の証明書又は住民票の写し 地番変更…市町村長の証明書又は住民票の写し

 覚えましょう

　Ａ地を住所として所有権の登記を受けた者が、Ｂ地、Ｃ地と住所を移転した場合は、登記名義人の住所を直接Ｃ地とする表示変更登記を申請することができる。

　名変登記は物権変動の登記ではありません。そのため一括申請がかなり広く認められています。

　上記事例のように２度の引っ越しがあったとしても、申請書は１枚で登記ができます。下記に、その申請書とポイントを記載しましたので、確認してください。

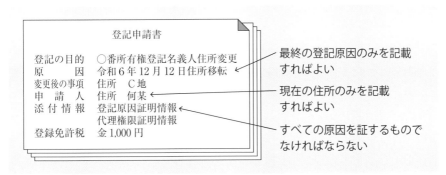

1	登記名義人の住所が、数回にわたって移転している場合には、一の申請情報により登記記録上の住所を直接現在の住所に変更することができる。〔21-27-オ〕	○
2	A地を住所として所有権の登記を受けた者が、B地・C地と順次住所を移転した場合には、登記名義人の住所をC地とする変更の登記の申請は、登記名義人の住所をB地とする変更の登記をした後でなければすることができない。〔53-14-1（24-17-3）〕	×
3	株式会社が名称を変更した場合において、その所有する不動産の登記名義人の名称についての変更の登記を申請するときは、名称について変更があったことを証する名称の変更後の当該株式会社の定款の写しを提供しなければならない。〔26-15-オ〕	×
4	株式会社がその商号変更を登記原因とする所有権の登記名義人の名称の変更の登記を申請する場合は、登記原因証明情報として当該商号変更を決議した株主総会議事録を提供して申請することができる。〔令2-15-ウ〕	×

───(✕肢のヒトコト解説)───

2　名変登記は、今の住所がわかればいいので、B地への変更登記をしなくても、C地への変更登記が可能です。

3,4　公的書面ではないので、認められません。

これで到達！ 合格ゾーン

☐ 住民基本台帳法に規定する住民票コードを申請情報の内容としたときは、登記原因証明情報を提供することを要しない。〔23-24-ウ〕

★住民票コードがあれば、その人の住民票に相当するデータを引っ張れます（会社法人等番号と登記事項証明書の関係に近いです）。そのため、別途、住民票を取って添付する必要はありません。

☐ 婚姻を原因とする登記名義人の氏名変更の登記を申請する場合、住民票の記載で変更の事項が明らかであるときは、戸籍謄（抄）本の提供を要せず、住民票のみを登記原因証明情報として提供することができる（登研490-147）。
〔28-16-オ〕

★婚姻したこと、氏名が変わったことが分かる公的書面を提供すればよく、必ずしも、戸籍謄本を添付する必要はありません。

覚えましょう

氏名変更（更正）・住所変更（更正）の一括申請と登録免許税

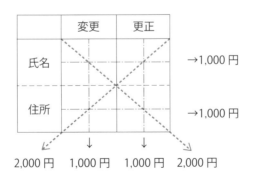

	変更	更正	
氏名			→1,000円
住所			→1,000円
	2,000円	1,000円	1,000円	2,000円

この一括申請がらみには、登録免許税の論点があります。

氏名変更と住所変更を一気に1回でやる場合（例えば、結婚して名前と住所が変わったような場合です）というのは、**同じ変更という区分でやる**ので登録免許

税は1,000円です。

　また更正のところを縦に見てください。登記申請をしたところ、氏名も住所も間違って登記してしまったので、更正登記をするような場合、**同じ更正という区分**なので、これも1,000円で構いません。

　次に住所の欄を横に見てください。これは「住所を間違って登記してしまった、そのあとに結婚して住所が変わった」という場合です。なすべき登記は更正登記と変更登記となり、税区分が異なる登記をしているのですが、**住所だけをいじっているということで1,000円にしています。**

　ここまで見てきたように、ほとんどが1,000円なのですが、2つだけ2,000円があります。それが図表の斜めにあたるものです。

　「名前を変えた、住所が間違っていた」というような登記を一緒にやる場合、これは名前の変更と住所の更正で区分が違う、また名前と住所で対象も違うということで2,000円になります。名前の更正、住所の変更も同じです。

　「**斜めだったら2,000円**」と思っておけばいいでしょう。

	名変事由	登記原因	登録免許税
①	・住所移転 ↓ ・住居表示実施	年月日住所移転 年月日住居表示実施	非課税 （登録税5④）
②	・住所移転していたが、従前の住所で登記 ↓ ・住居表示実施	錯誤 年月日住居表示実施	非課税 （登録税5④）
③	・住居表示実施 ↓ ・住所移転	年月日住居表示実施 年月日住所移転	1,000円
④	・氏名変更 ↓ ・住居表示実施	年月日氏名変更 年月日住居表示実施	1,000円

①　住所移転をしてから住居表示を実施したという場合は非課税です。登録免許税というのは、最後の原因に課税します。**最後が非課税区分であれば、全体が非課税**になるのです。

② 住所を間違ったまま放置していたら住居表示が実施された場合、更正と変更で税区分が異なるのですが、**最後の原因が非課税区分になるので非課税**になります。

③ 非課税（住居表示実施）の後に引っ越した場合は、普通に1,000円取られます。

④ 住所の最後は非課税ですが、名前の最後は課税されるものであるため、名前の変更には課税されます。**名前の最後、住所の最後、それぞれを分けて見てください。**

問題を解いて確認しよう

1	登記名義人が離婚により婚姻前の氏に復した場合において、登記名義人の氏名の変更の登記を申請するときは、申請書に記載すべき登記原因は、氏名変更である。〔4-24-1（21-27-エ）〕	○
2	所有権の登記名義人である日本に住所を有する外国人Aの通称名が変更した場合には、「氏名変更」を登記原因とする登記名義人表示変更の登記の申請をすることができる。〔オリジナル（19-22-Ⅱ）〕	○
3	所有権の登記名義人が帰化し、氏名を変更したため、当該変更の登記を申請する場合、当該登記の登記原因は「帰化」となる。〔オリジナル〕	×

×肢のヒトコト解説

3 名前が変わった場合は、理由を問わず氏名変更です。

◆ 特殊な名変事由における登記の目的・原因・登録免許税 ◆

		登記原因
①商号変更	通常の商号変更	○年○月○日商号変更
	特例有限会社からの通常の株式会社への移行	○年○月○日商号変更
②本店移転		○年○月○日本店移転
③組織変更		○年○月○日組織変更
④特例社団法人Aが一般社団法人へ移行		○年○月○日名称変更

　法人の名変事由と、その際の登記原因をまとめています。

　①商号変更は、まさに名前が変わったということですが、

　③の組織変更や、④の特例社団法人Aが一般社団法人へ移行も、

　会社が消滅したりしたわけではなく、法人の名前だけが変わっているにすぎないため、名変登記で表現します。　権利を持っている法人は同じですが、その名前が変わったということです（登記原因がそれぞれ違うところは、頑張って覚えてください）。

　ちなみに、Aという会社がBに吸収合併された場合は、Aから権利がBに移ったことになるため、なすべき登記は移転登記になります。

☑ 1　所有権の登記名義人である特例有限会社がその定款を変更し、通常の株式会社に移行した場合、「商号変更」を登記原因として登記名義人の名称変更の登記を申請することができる。〔オリジナル〕　　○

　　2　甲不動産の所有権登記名義人である特例社団法人Aが一般社団法人へ移行し、一般社団法人Aとなった場合、「名称変更」を登記原因として登記名義人の名称変更の登記を申請することができる。〔オリジナル（23-24-エ）〕　　○

☐ 同一の登記所の管轄区域内にある甲土地及び乙土地についての登記に関して、A単有名義の甲土地とAB共有名義の乙土地とがある場合において、Aが住所を移転した場合の、甲土地の所有権及び乙土地のA持分について申請する登記名義人の住所についての変更の登記は一つの申請情報によって申請することができる。〔18-19-オ〕

★登記の原因、申請人と同じであるため、一つの申請情報によって申請することができます。

☐ 住所を同じくするA及びBが所有権の登記名義人である土地について、AとBが同時に同一の住所へ住所を移転した場合は一つの申請情報によって申請することができる（登研409-85）。〔20-16-ア〕

★登記記録上の住所が同一である共有者が、同時に同一の住所に移転した場合、当該共有者である登記名義人の住所変更の登記は、一の申請情報によって申請することができます。

☐ A及びBが所有権の登記名義人である土地について、Aが住所を移転し、後日、当該住所にBも住所を移転した場合は、Aの住所についての変更の登記とBの住所についての変更の登記は一の申請情報により申請することはできない。
〔令2-17-エ〕

★数人の共有者が、同一の日付で同一の住所に移転したときは、便宜、一の申請情報により、当該住所移転による住所の変更の登記を申請することができます（登研409-85・575-122）。上記の過去問は日付が異なっているため、一の申請情報による申請が認められません。

□ Ａが所有権の登記名義人である甲土地とＡ及びＢが所有権の登記名義人である乙土地について、Ａ及びＢが同一の日に、同一の住所に住所を移転した場合には、Ａ及びＢは、甲土地及び乙土地に係る所有権の登記名義人の住所の変更の登記を、一の申請情報によって申請することはできない（登記研究519-187）。〔令5-15-オ〕

★甲土地の申請と乙土地の申請について、登記の目的、申請人が異なるため、一の申請情報によって申請することを認めなかったものと思われます（名変登記は、大抵、一の申請情報によって申請できるのですが、この事例は例外事案として覚えましょう）。

毎年１問は択一で出題されるのが、地上権・永小作権・地役権・賃借権などの用益権の登記です。

記述でも出題されるようになってきているので、申請書を手で書く訓練も一緒にするようにしましょう。

〜物権の排他性から考えましょう〜

第1章 総説

こちらでは用益権の共通的な話を見ていきます。
具体的には、１つの土地に２つの用益権を設定できるか、土地の一部に用益権を設定できるか、用益権の登記事項にはどういったものがあるか、ということを見ていきます。

◆ 同一不動産を目的とする用益権の二重設定登記の可否 ◆

登記可→○　不可→×

	既登記用益権	新たに設定登記申請する用益権	可否
原則	地上権	地上権	×
	地上権	区分地上権	△（注）
賃借権・地役権	賃借権	賃借権	○
	賃借権	地役権	○
	地役権	地役権	○
	地役権	地上権	○

（注）地上権者の承諾証明情報を添付すれば可（民269の2Ⅱ）

１番で地上権が入っている状態で、このあとに２番で地上権を入れることは出来ません。

　これは物権の排他性、**矛盾する権利は追い出すという性質がある**からです。地上権というのを持っていれば、地表・地下・空中のすべてが使えます。もう１つ地上権を設定することは今の権利と矛盾してしまうので、先に登記してある地上権が、あとから来る地上権を拒めるのです。

　こういった話が、前ページの図表にまとまっています。

　上から２段目を見てください。「すでに地上権が入っている状態で、２番で区分地上権を入れる」これは、一見すると矛盾しそうなのですが、条文があるため許されます。

　民法269条の２により、**１番の地上権者のOKが取れれば、２番で区分地上権を付けてもよい**となっているのです。

　図表、上から３つ目以降を見ていきましょう。

　先に登記されるのが賃借権の場合です。**賃借権は債権であるため、排他性がありません。**そのため、この後に賃借権を登記することができます（もちろんその不動産を使えるのは、先に登記している賃借権の方です）。

　上から５段目、６段目、先に入っているのが地役権の場合を見ましょう。

　この場合、後ろに入れる用益権が何であっても、後ろの登記申請は通ります。地役権は通行するだけとか、見るだけとかなので、**他の権利と矛盾しないということから、その後、他の権利を入れることが可能**なのです。

Point

　同一土地上に地上権設定の登記がある場合、その地上権の存続期間の経過したことが明らかであっても、さらに地上権設定の登記を申請することはできない。

順位番号	登記の目的	受付年月日	権利者その他の事項
1	地上権設定	（略）	原因　　　平成22年10月14日設定 目的　　　鉄筋コンクリート造建物所有 存続期間　10年 地上権者　（住所省略）　C

　存続期間と設定日を見る限り、地上権の存続期間は満了しています。この地上権はもうないと考えるのが普通でしょう。

　ただ、**この状態でも２番に地上権設定はできません。**

　一見すると、１番地上権はもうないのだから、２番に地上権を入れてもいいのではないかと思うところですが、**存続期間を延長している可能性があります。**延長しているが、登記はしていないという可能性があることから、２番に地上権を設定するのは認めていません（個人的には、この理由よりも、**登記簿上に２つ地上権を付けたくないのだろう**なと理解しています）。

◆ 一部に対しての設定の可否その① ◆

設定目的物	設定契約（実体上）	設定登記
一筆の土地の一部 (ex. A土地の東側100㎡)	可	・分筆登記をしないと不可 ・例外；地役権

　一部に対して、設定ができるかどうかという論点があります。この論点が出た場合、その一部が、物理的な一部を指しているのか、権利の一部を指しているのかを見極めてください。

　上記の図は、「ある土地の100平方メートルだけ、地上権を付けたい」という物理的な一部の論点です。これは、社会的な必要性があるので、一物一権主義の例外として認めています。

　ただし、**分筆登記をして、登記簿を別にしないと設定登記を認めません。**

　この例外が地役権です。地役権は**通るだけ、見るだけ、たかがそれだけ**のために、**登記簿をもう１つ作らせるのは酷**なので、分筆登記なしで設定登記を認めています。

◆ 一部に対しての設定の可否その② ◆

設定目的物	設定契約（実体上）	設定登記
土地の所有権の一部 (ex. A土地の所有権の1/2)	不可	（実体上無効なので問題とならない）
土地の共有持分 (ex. 甲乙共有のA土地の甲持分)	不可	
土地の共有持分の一部	不可	

次は、権利の一部に設定するという論点です。

「所有権の2分の1にだけ、地役権を設定する」

「甲乙共有の状態で、一方の持分にだけ地役権を付けたい」

抵当権の場合にはできる場合がありますが、用益権の場合には認めていません。

用益権は、土地の権利すべてに対してしか設定できないのです。

 覚えましょう

◆ 用益権の登記事項 ◆

○＝必要的登記事項　△＝任意的登記事項　×＝登記不可

	設定の目的	範囲	存続期間	地代等	支払時期	譲渡賃貸に関する特約	第三者に居住建物の使用又は収益をさせることを許す旨の定め
地上権	○	×	△	△ 地代	△	×	×
区分地上権	○	○	△	△ 地代	△	×	×
永小作権	×	×	△	○ 小作料	△	△ （禁止特約）	×
地役権	○	○	×	×	×	×	×
賃借権	×	×	△	○ 賃料	△	△ （許す特約）	×
採石権	×	×	○	△ 採石料	△	×	×
配偶者居住権	×	×	○	×	×	×	△

用益権の問題では、何が登記されるかが多く出題されるため、前ページの図表は完全暗記が必要となります。

　図表の見方ですが、○**というのが必要的登記事項、必ず登記せよ**というものです。

　△**というのは任意的登記事項、「特約があれば登記する」「特約がなければ、登記しなくてよい」**というものです。例えば地上権の地代は、任意的登記事項になっています。地上権は、地代を取るか取らないかは任意で、「地代を取る」という特約を付けた場合だけとれます。そのときだけ、登記事項です。

　ちなみに、×というのは、登記できないという意味です。

　これから先、用益権の登記簿を見たら、必ずこの図表に戻って確認するようにしてください。

問題を解いて確認しよう

1	同一土地上に地上権設定の登記がある場合でも、登記記録上その存続期間の経過したことが明らかであるときは、さらに地上権設定の登記を申請することができる。〔元-15-4（6-16-イ、11-27-ア）〕	×
2	賃借権の設定登記がされている土地について、通行地役権の設定登記をすることができる。〔13-25-エ〕	○
3	地下又は空間の一定範囲を目的とする地上権の設定登記の申請は、同一土地上に地上権設定の登記がある場合には、することができない。〔元-15-1（6-16-ア）〕	×
4	地上権の設定の登記の申請は、一筆の土地の一部分についてもすることができる。〔22-16-エ改題〕	×
5	地役権の設定が承役地の一部についてされた場合であっても、その土地を分筆することなく地役権設定の登記を申請することができる。〔54-20-2（2-21-2、22-16-エ）〕	○

×肢のヒトコト解説

1　登記記録の存続期間が満了していても、さらに地上権設定をすることはできません。

3　地上権者の承諾があれば、区分地上権を設定することは認められます。

4　地上権の登記の前に分筆登記をするので、結果的には1つの不動産のすべてに設定することになります。

☐ 地上権設定仮登記がされている土地に、更に地上権設定仮登記を申請することはできる。〔15-23-ウ〕

★地上権が2つあったとしても、仮登記であれば排他性が生じないため、別の地上権を登記することができます。

第2章 地上権・永小作権に関する登記

ここで用益権の基本を見ます。何が登記されるのか、そしてそれはどういった意味なのかをしっかり押さえていきましょう。

第1節 地上権設定

順位番号	登記の目的	受付年月日	権利者その他の事項
1	地上権設定	（略）	原因　　令和6年10月14日設定 目的　　建物所有 存続期間　○年 地代　　1平方メートル1年金○円 支払時期　毎年○月○日 地上権者　（住所省略）　乙野二郎

　地上権というのは、工作物・竹木所有のために人の土地を使う権利です。**使用目的が限定されていて、それが登記簿にも載っています。**

　権利者その他の事項欄の「目的　建物所有」という箇所です。ここに、何のために地上権を設定したかを記載します（必要的登記事項です）。

　そして、それ以外の登記事項は下記のとおりです。

> **Point**
>
> 存続期間　　いつまで使うのか
>
> 地代　　　　いくら払うのか
>
> 支払時期　　いつ払うのか

　この3つは任意的登記事項です。次の図表を確認してください。

◆ 地上権の登記事項 ◆

	設定の目的	範囲	存続期間	地代等	支払時期	譲渡賃貸に関する特約
地上権	○	×	△	△ 地代	△	×

　範囲は登記できません。100㎡だけに地上権を設定することはできますが、そのあと分筆登記をし、その分筆後の土地の登記簿に設定登記をします。分筆後の土地にはすべて地上権を設定しているので、登記しても「範囲　全部」となります。**すべての地上権において「範囲　全部」という登記事項になるため**登記事項から外しています。

　譲渡転貸の特約も登記できません。民法上、譲渡転貸を禁止する特約はできるのですが、債権的な効力しかないので、第三者に主張ができません。**第三者に主張できないものを公示する必要はないでしょう。**

◆ 地上権設定の目的の可否 ◆　　○＝登記可　×＝不可

地上権設定の目的候補	登記の可否
①　スキー場所有	○
②　ゴルフ場所有	○
③　杉所有・檜所有（林業）	○
④　果樹所有・茶所有・桑所有（農業）	× （永小作権）

　上の図表ですが、地上権設定の目的の可否を書いています。

　地上権というのは、工作物または竹木所有のために付けられます。**工作物といっても、家には限られず**、表の①②のようなものでも認められます。

　図表の③と④を比べてください。竹木所有はできるのですが、④の果樹、茶とかになると、これは農業になってしまうので、永小作権の対象になります。

	地上権の民法での規定	登記の可否
存続期間	制限なし	存続期間を永久　→　○

　地上権の存続期間について、民法は制限を加えていません（永小作権や賃借権では50年という制限が設けられています）。

　そのため、「存続期間　永久」という地上権の登記も認められるのです。

順位番号	登記の目的	受付年月日	権利者その他の事項		
1	地上権設定	（略）	原因	令和6年10月14日設定	
			目的	地下鉄道敷設	
			範囲	東京湾平均海面の下○メートルから	
				下○メートルの間	
			存続期間	○年	
			地代	1平方メートル1年金○円	
			支払時期	毎年○月○日	
			地上権者	（住所省略）　乙野二郎	

　区分地上権というのは、地下、空中の一部分だけを使うという権利です。

　目的は単に地上権設定と書くため、ここだけ見ても、普通の地上権か、区分地上権かの区別ができません。

　この2つは、**「権利者その他の事項」の「範囲」**のところで区別します。この範囲があれば区分地上権、なければ通常の地上権と考えてください。そして、この範囲は区分地上権の必要的登記事項になります（これがないと区別ができないので、範囲は必要的な登記事項になっています）。

	設定の目的	範囲	存続期間	地代等	支払時期	譲渡賃貸に関する特約
区分地上権	○	○	△	△ 地代	△	×

問題を解いて確認しよう

1	地上権設定の登記において、地上権の譲渡又は賃貸を禁止する旨の特約は登記することができない。〔オリジナル〕	○
2	地上権設定の登記において、地上権の範囲は登記することができない。〔オリジナル〕	○
3	地上権の設定の登記を申請する場合、地代、地代の支払時期の定め、地上権の譲渡又は目的不動産の賃貸を禁止する旨の特約はすべて申請情報の内容となる。〔18-16-ア改題（22-16-イ）〕	×
4	スキー場所有又はゴルフ場所有を目的とする地上権設定登記の申請は、することができない。〔4-27-2（8-21-エ、18-17-イ）〕	×
5	地上権の存続期間を「永久」として、地上権の設定の登記を申請することはできない。〔18-17-ア（令2-20-イ）〕	×

×肢のヒトコト解説

3 譲渡転貸禁止特約は、登記事項ではありません。

4 工作物であればよく、本肢のようなものを目的に地上権を設定することも可能です。

5 存続期間について制限はないため、永久という登記ができます。

ケース①	ケース②	ケース③
1番　地上権 2番　区分地上権設定 ↓ 1番の承諾が必要	1番　質権（使用収益しない） 2番　区分地上権設定 ↓ 1番の承諾は不要	1番　質権（使用収益する） 2番　区分地上権設定 ↓ 1番の承諾が必要

　地上権者が使用収益している状態で、区分地上権を設定すると、区分地上権が対象にしている空中（地下）の部分は区分地上権者が使うことになります。
　土地の所有者と区分地上権者で設定契約をしますが、地上権者の使える利益を害するわけにはいきません。

　そのため、契約は土地の所有者と区分地上権者で行いますが、その土地を使っている人の承諾がないと効力が生じないという民法の規定が設けられています（そして、承諾書が添付情報になります）。

　承諾が必要なのは、その土地を使用収益している人です。
　そのため、1番で質権が設定している場合は、その質権が使用収益する質権か、使用収益しない質権かで結論が変わってきます。

　　使用収益する質権の場合　　→　　質権者の承諾が必要
　　使用収益しない質権の場合　→　　質権者の承諾が不要

☑ 1　建物所有を目的とする地上権の設定の登記がされている土　　　○
　　　地について、区分地上権の設定の登記の申請をする場合は、
　　　添付情報として、登記されている地上権の登記名義人が承
　　　諾したことを証する情報を提供しなければならない。
　　　　　　　　　　　　　　　　　　　　　　　　　〔27-22-イ〕

☑ **2** 区分地上権の設定の登記を申請する場合において、当該区分地上権の目的である土地について使用収益をしない旨の定めのない不動産質権の登記がされているときは、当該不動産質権の登記名義人の承諾を証する情報を提供しなければならない。〔18-17-エ改題〕　○

3 空間の上下の範囲を定めてする地上権の設定の登記を申請する場合には、目的不動産に使用収益をしない旨の定めのある質権の設定の登記がされているときであっても、その質権者の承諾書を申請書に添付することを要しない。　○
〔8-13-オ〕

◆ 区分地上権・地役権の「範囲」と申請情報・添付情報への影響 ◆

権利	論点	申請情報の内容となるか	「範囲」を証する添付情報（必要→○ 不要→×）
区分地上権		常に、申請情報の内容となる	×
地役権	設定の範囲が承役地の一部		○
	設定の範囲が承役地の全部		×

　区分地上権を設定する場合、「ここからここを使います」という立証が必要でしょうか。

　地役権では、承役地の一部を使う場合には地役権図面で立証しますが、区分地上権では、図面等で立証する必要はありません。

　もし、区分地上権で立証を要求された場合、土地の地質断面図等が必要になりますが、これはなかなか入手困難です。そういった事情があるような気がします。

☑ **1** 区分地上権の設定の登記の申請書には、地上権の目的たる地下又は空間の上下の範囲を明確にするための図面を添付することを要しない。〔56-23-2（元-15-3、27-22-ウ）〕　○

	論点	結論
競売 A ⟹ B A 法定地上権 が発生	法定地上権設定の登記は、申請・嘱託・職権？	申請
	登記の原因	年月日法定地上権設定
	原因日付は	代金支払時

　土地の上に建物があり、同一人所有の不動産が競売されました。これにより、所有者が別々になると法定地上権が成立します。

　この所有権移転登記は、裁判所の嘱託ですが、法定地上権は嘱託する条文がないため、申請で行います。
　そのときの申請情報の登記の目的は地上権設定、原因は年月日法定地上権設定と記載します。

　このときの登記原因日付は、代金を納付した日となります。これは、買受人が土地又は建物の所有権を取得するのは、代金を納付した時であるためです（民執79）。

☑ 1　Aの所有権を目的とするBの差押えの登記がされている場合において、Bの申立てによる強制競売により法定地上権が成立したときは、当該法定地上権設定の登記は、裁判所書記官の嘱託によってされる。〔オリジナル〕　×

　2　強制競売において成立した法定地上権の設定の登記は、「法定地上権設定」を登記原因とし、買受人が代金を納付した日を登記原因の日付として申請することができる。　○
〔18-17-オ〕

第2節 地上権移転・変更

順位番号	登記の目的	受付年月日	権利者その他の事項	
1	地上権設定	（略）	原因 目的 存続期間 地上権者	平成24年10月14日設定 鉄筋コンクリート造建物所有 10年 （住所省略）　C

存続期間と原因を見ると、この地上権はすでに消滅しているように思われます。

> 申請書
>
> 目的　1番地上権移転
> 原因　令和6年12月19日売買

この申請書は通りません。令和4年に地上権が消滅しているので、それを令和6年に売るということはありえないからです。

> 申請書
>
> 目的　1番地上権移転
> 原因　平成26年12月19日売買

この申請書は通ります。平成24年に設定され、平成26年に他人に移って、その後、令和4年に消えるという流れはありえますね。

地上権は、地上権者の権利です。そのため、自由に処分することができます。自由に処分というのは、「地上権を誰かに売る場合でも、設定者の承諾はいらな

い」ということです。

　これは地上権を譲渡するときだけでなく、地上権を誰かに貸す場合でも同様です。地上権を売る場合でも承諾がいらないのですから、それを貸す場合も設定者の承諾は不要になります。

2周目はここまで押さえよう

◆ 用益権の登録免許税 ◆

	登記の種類		課税標準	税率・税額
地上権・永小作権・賃借権・採石権に関する登記の登録免許税	設定登記		不動産の価額	10/1000
	転貸による変更登記		不動産の価額	10/1000
	移転登記	原因が相続・合併の場合	不動産の価額	2/1000
		上記以外の原因とする場合	不動産の価額	10/1000
地役権に関する登記の登録免許税	設定登記		承役地の不動産の個数	1個1,500円

　上記は用益権の登録免許税をまとめた図表です。用益権は、設定だけでなく、移転も原則として1000分の10の税率になっています（ただ、移転登記でも、原因が相続の場合は税率が低くなります）。

また、転貸の登録免許税も1000分の10です。転貸の登記は、付記登記で実行されますが、賃借権の移転とバランスを取るため、1000分の10になっていると考えましょう。

税率のすべての例外が地役権です。地役権の設定登記の税率は他の用益権と異なっています。また、地役権では移転登記がありえないので、その区分も設けられていません。

☑ **1**	地役権の設定の登記の登録免許税の額は、不動産の価額に1000分の10を乗じた額である。〔20-19-イ（60-16-5）〕	×
2	合併を原因とする地上権の移転の登記の登録免許税の額は、地上権の目的である不動産の価額に1000分の2を乗じた額である。〔21-24-オ〕	○
3	地上権の売買を原因とする地上権の移転の登記の登録免許税の額は、不動産の価額に1000分の10を乗じた額である。〔20-19-ア〕	○

◆ 地上権変更の態様と申請人 ◆

		権利者	義務者
①設定の目的	拡大	地上権者	設定者
	縮小	設定者	地上権者
②範囲（区分地上権）	拡大	地上権者	設定者
	縮小	設定者	地上権者
③地代	増加	設定者	地上権者
	減少	地上権者	設定者

これは地上権変更の申請人をまとめた図表です。例えば、地代を増やした場合の権利者・義務者を考えましょう。

地代は、地上権者が設定者に払うものです。この地代が増えれば、設定者が利

益を受け、地上権者に不利になるため、権利者は設定者、義務者が地上権者になります。また、地代が下がれば、権利者は地上権者、義務者が設定者になります。

このように、**地上権変更登記で権利者・義務者を問われたら、どちらが得するかを考えて解きましょう。**

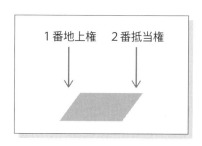

上記の状態で、1番地上権の地代を100万円から30万円に減少する場合、2番抵当権者は利害関係人になります。

2番が抵当権を実行しても、地上権は残ります。だから、この抵当権の実行による買受人は、この土地を使えませんが、地代をとれます。

つまり、不動産を競売に出す時は、「使えませんが、1年で100万円の地代が取れますよ。そんな土地の所有権買いませんか」という感じだったのです。

ただ、地代が減少すると、「使えないが、1年で30万円の地代がとれる所有権」となります。これでは売却できる値段は下がるため、抵当権者が融資した金額を回収できなくなる可能性があるため、抵当権者は利害関係人になります。

そして、この**2番抵当権者の承諾は任意的承諾になります（地上権者が権利者になる用益権の変更は任意的承諾です）。**そのため、承諾があれば付記登記、承諾がなくても主登記で実現できることになります。

問題を解いて確認しよう

1　A所有の甲土地についてAB間で地上権設定契約を締結した。地上権　×
　　設定登記がされ、その登記記録上の存続期間が満了したが、実体法上
　　はその期間が更新されていた。この場合、その後Bを相続したFは、
　　その存続期間の変更登記をしなくても、相続を原因とする地上権移転
　　登記を申請することができる。〔15-23-エ〕

2　地代の増額による地上権の変更登記の申請情報と併せて提供すべき登　×
　　記識別情報は、地上権の目的である土地の所有権登記名義人の登記識
　　別情報である。〔10-12-ウ〕

3　地上権につき地代を増額する変更登記を申請する場合には、申請書に、　○
　　登記義務者の登記識別情報を記載した書面として、地上権の登記の後
　　に通知を受けた登記識別情報を記載した書面を添付しなければならな
　　い。〔59-16-5〕

×肢のヒトコト解説

1　存続期間が満了していれば、地上権が消滅したと扱われます。そのため、そ
　　れを移転するという登記は認められません。

2　地代が増額されて不利益を受けるのは地上権者なので、地上権者が義務者と
　　なるので、地上権者の登記識別情報が必要になります。

これで到達！ **合格ゾーン**

□　普通地上権について、当事者の契約により区分地上権に変更することができ
　　る。これは、地上権変更の登記として範囲の定めを追加する方法による（昭
　　41.11.14民甲1907号）。〔6-16-ウ〕

　★地上権→区分地上権への変更、区分地上権→地上権への変更が認められてい
　　ます。これは、「範囲」を登記事項に入れる、「範囲」を登記事項から外すこ
　　とによって行います。

一筆の土地につき、区分地上権と区分地上権でない地上権とが設定され、その登記がされている場合には、区分地上権についてその範囲の定めを廃止する変更の登記を申請することはできない。〔56-23-4〕

> ★すでに普通地上権の設定登記のあるときに、区分地上権を普通地上権に変更することはできません。これを認めると、二重の地上権の設定となるからです。

第3節 永小作権に関する登記

順位番号	登記の目的	受付年月日	権利者その他の事項
1	永小作権設定	(略)	原因　　　令和○年○月○日設定 小作料　　１平方メートル１年金○円 支払時期　毎年○月○日 存続期間　○○年 特約　　　譲渡・賃貸することができない 永小作権者　（住所省略）　乙野次郎

	設定の目的	範囲	存続期間	地代等	支払時期	譲渡賃貸に関する特約
永小作権	×	×	△	○ 小作料	△	△ (禁止特約)

永小作権は登記事項ぐらいしか出題されません。

小作料が必要的登記事項、存続期間と支払時期は任意的登記事項です。

そして、**譲渡禁止特約を登記できます**。「君だから、永小作権を付けたのだ。君以外は嫌だ」という場合、「永小作権を売ってはダメだ。貸してはダメだ」という特約が付けられて登記もできるのです。地上権と比較をしてください。

問題を解いて確認しよう

1	永小作権の設定の登記を申請する場合、小作料、小作料の支払時期の定め、永小作権の譲渡又は目的不動産の賃貸を禁止する旨の特約はすべて申請情報の内容となる。〔18-16-イ改題〕	○

第3章 地役権に関する登記

> 普通の用益権とは異なる性質の権利です。登記も同様
> で、今までに出てこない理屈、結論が多く出てきます。
> そういった部分の出題が多いので、特徴的なところを
> 中心に理解、記憶をしていきましょう。

第1節 登記事項

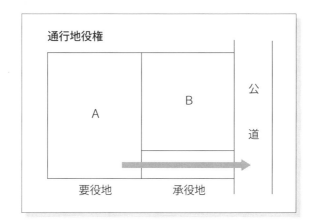

まず地役権の復習から行きましょう。

例えば、AはBの土地を通りたいため、AとBで交渉し「AがBの土地を通行
する」内容の契約をしました。これにより、AはBの土地を通れるようになりま
す。

この地役権設定契約をすると、AとBの土地には名前が付きます。

使う側のA土地は、**必要の要という字を使って要役地**、使われる側のB土地は、
承知しましたという承の字を使って承役地と呼ばれます。

これが地役権の全体像です。では、要役地・承役地で、どのような登記になる
か見ていきましょう。

順位番号	登記の目的	受付年月日	権利者その他の事項		
1	地役権設定	(略)	原因 目的 範囲 特約 要役地 地役権図面第○号	令和○年○月○日設定 通行 南側○平方メートル 地役権は要役地と共に移転せず、要役 地の他の権利の目的とならない。 ○市○町○番○号	

　これは、承役地、使われる側の登記記録です。具体的な中身を確認していきましょう。

▶Point

　目的：何のために使われるの？

　範囲：どこを使うの？

　特約：A以外には使わせない時に付ける特約です。

　要役地：どの土地が使うのか？

　誰が使うのか、つまり**地役権者が登記されていない**ことに気付いたでしょうか。地役権者を知りたい人は、上記の登記事項の「要役地　○市○町○番○号」から、**要役地の登記簿を取って、地役権者を把握する**ことになります。

　このように地役権者は登記されないため、上記の登記をしても**登記識別情報は通知されません**。

　登記識別情報が出る要件は、①登記の申請行為をすること、②登記名義人であること、この2つです。地役権の登記では、**地役権者は登記されないので、登記識別情報は通知されない**のです。

	設定の目的	範囲	存続期間	地代等	支払時期	譲渡賃貸に 関する特約
地役権	○	○	×	×	×	×

今までの用益権の登記と違って、範囲が登記事項になっています。**地役権は、土地の一部に設定することができる**ため、全部を通っているのか、一部分を通っているかを公示するのです。

順位番号	登記の目的	受付年月日	権利者その他の事項
1	要役地地役権	余白	承役地　○市○町○番○号 目的　　通行 範囲　　南側○平方メートル 令和○年○月○日登記

こちらは、要役地の登記記録です。「目的　要役地地役権」と書いてあります。

これは、「この土地は地役権を持っているよ。この土地は地役権が付いていて、価値が上がっている」ことを示しています。

これで到達！　　　合格ゾーン

☐ 設定の目的を「日照の確保のため高さ何メートル以上の工作物を設置しない」とする地役権の設定登記の申請も可能である（昭54.5.9民三2863号）。
〔2-21-5（11-27-エ）〕

　★地役権では、「○○しない」という内容は、特約ではなく、目的で登記される傾向があります。

☐「水道管の埋設」を目的として地役権の設定の登記を申請することができる（昭59.10.15民三5157号）。〔31-18-ア〕

　★人の土地に水道管を通して、自分の土地に水を通そうとする場合の地役権です。

☐ 承役地の所有者がその費用をもって通路の修繕をする義務を負う特約のある通行を目的とする地役権の設定の登記の申請をすることができる（不登令別表35項申）。〔8-21-オ〕

　★地役権では、承役地の所有者がその費用をもって通路の修繕をする義務を負う特約をすることができ（民286）、この特約があるときはその旨を申請情報とする必要があります。

地役権の設定の登記をした後、契約によって、民法第286条に規定する承役地の所有者の工作物の設置義務を定め、承役地にその旨の登記がされた場合でも、要役地についてその旨の登記はなされない。〔23-16-イ〕

★特約関係は承役地で登記事項となり、要役地では登記されないと考えるといいでしょう。

第2節 設定登記

では、上記の登記簿を作るための申請書を見ましょう。

登記は、承役地と要役地にされますが、**申請は承役地の方に行います**。要役地の方は、登記官が職権でやってくれます。

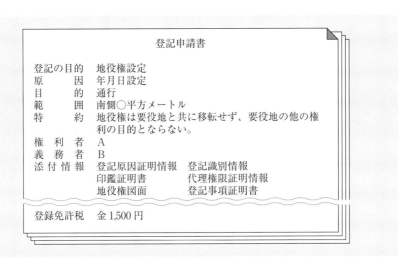

権利者・義務者を書く点に注意してください。地役権者というのは登記されませんが、共同申請なので権利者・義務者は書くことになります。そして、**権利者は要役地の所有者、義務者は承役地の所有者になる**のが通常です。

この申請書を承役地の登記所に提出します。もし、要役地と承役地の管轄が違うと、承役地の登記官は、権利者である要役地所有者が誰だかわかりません。そ

こで、要役地の登記事項証明書を添付してそれを教えることになります。「**管轄が別々→要役地の登記事項証明書を添付する**」と押さえておきましょう。

次のポイントは地役権図面です。

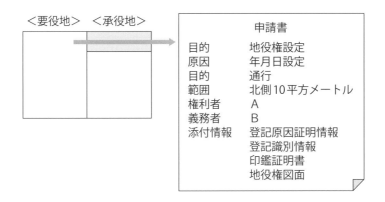

承役地の一部だけを通る場合、申請書に範囲を書き、そして添付情報に具体的にはここを通りますということを図面で示します。

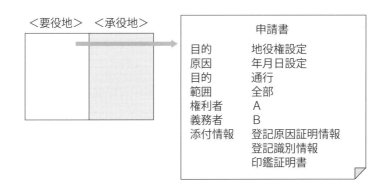

承役地の全部を通る場合は、どこを通るかは明確なので地役権図面を添付する必要はありません。

このように、地役権図面を添付するかどうかは、「**範囲が一部**」**の場合には添付して、「範囲が全部」の場合には添付しない**ことになります。

ここは全部だろうが一部だろうが、範囲を登記することと比較してください。

◆ 用益権に関する登録免許税 ◆

		課税標準	税率・税額
地上権 永小作権 賃借権 採石権	① 設定又は転貸	不動産の価額	10/1000
	② 売買等、③以外の原因による移転		
	③ 相続・合併、共有にかかる権利の分割を原因とする移転		2/1000
地役権の設定		承役地の不動産の個数	1個 1,500円

　最後に登録免許税です。用益権の設定は、原則1000分の10になっています。

　ただ、地役権については、地役権者はすでに所有権の登記をしている人で、今までみたいに初めて登記簿に現れる人ではありません。

　新しく名義を作るという要素がないため、登録免許税は安くなっていて、承役地の個数×1,500円となっています。

問題を解いて確認しよう

1　地役権の設定の登記を申請する場合において、地役権について対価の定めがあるときは、当該定めを申請情報の内容としなければならない。　〔17-27-イ〕　×

2　地役権の設定の登記を申請する場合において、要役地の所有権の登記名義人が2人以上あるときは、各登記名義人の共有持分を申請情報の内容としなければならない。〔17-27-ア（令4-13-ア）〕　×

3　地役権変更の登記の申請書には、要役地を記載することを要しないが、要役地が他の登記所の管轄に属するときは、地役権者が要役地の所有権の登記名義人であることを証する書面を添付しなければならない。　〔16-16-ア〕　○

4　地役権設定の登記の申請書には、地役権設定の目的及び範囲を記載し、地役権が承役地の全部又は一部について設定されたことを示す地役権図面を添付しなければならない。〔16-16-イ〕　×

| 5 | 地役権の設定の登記を申請する場合において、地役権設定の範囲が承役地の一部であるときは地役権を設定する範囲を申請情報の内容としなければならないが、地役権設定の範囲が承役地の全部であるときは地役権を設定する範囲を申請情報の内容とすることを要しない。〔17-27-ウ〕 | × |
| 6 | 地役権の設定の登記を申請する場合において、要役地と承役地とで登記所の管轄が異なるときは、承役地を管轄する登記所に申請をした上で、その登記がされたことを証する書面を添付して要役地を管轄する登記所に対しても申請をしなければならない。〔8-13-エ〕 | × |

――――――(×肢のヒトコト解説)――――――

1 対価は登記事項ではありません。

2 地役権者は登記事項ではないので、持分も登記事項ではありません。

4 図面を添付するのは、承役地の一部に設定した場合です。

5 範囲は、必ず登記されます（問4と違って登記事項を聞いている問題です）。

6 要役地の方は、職権で登記されます。

2周目はここまで押さえよう

要役地	承役地
所有者　X	所有者Y

賃借権者　A　　　地上権者　B

　ある土地はXが所有者で、実際に使っている人は賃借権者のAでした。

　もう1つの土地は所有者がYで、実際に使っているのは地上権者のBでした。

　ここで、2つの土地の間で地役権設定契約をする場合、契約当事者は、賃借権者のAと地上権者Bになります。

　地役権は、土地の利用を便利にするための仕組みなので、実際に土地を使っている人が契約することになっているのです。

要役地	承役地	要役地
所有者　X	所有者Y	所有者Z

　Yの土地に対して、Xが地役権を設定し、Zも地役権を設定しました。では、この2つの地役権は、一括申請できるでしょうか。

　Xの地役権設定は、権利者X　義務者Yで申請し、

　Zの地役権設定は、権利者Z　義務者Yで申請することになります。

　当事者が異なるため、2つの地役権設定は一括申請できないことになります。

　地役権で一括申請が問われたら、一括申請の要件を当てはめて処理をしましょう。

☐ 農地の現況を変更することなく、その地下に工作物（水道管、地下送電線等）を設置することを目的とする地上権又は地役権を設定する場合にも、農地法所定の許可を要する（昭44.6.17民甲1214号）。〔11-19-ウ、29-22-エ〕

> ★農地の下に水道管が通ると、農業に影響が出る可能性があるため農地法によるチェックが入ります。農地法の許可は、農業従事者が変わるときに要求されるのですが、これは数少ない例外です。

☐ 要役地の共有者の一人が時効により地役権を取得した場合には、当該要役地の他の共有者の一人は、承役地の所有者とともに、地役権の設定の登記を申請することができる。〔23-16-エ〕

> ★土地の共有者の一人が時効によって地役権を取得したときは、他の共有者もこれを取得します（民284Ⅰ）。そして、不動産登記では、設定登記の申請は、共有者の1人で全員分の登記を認める（保存行為）傾向があります。

☐ 要役地がABの共有である場合であっても、Aの持分のために地役権設定の登記をすることはできない（登研309-77）。〔13-25-イ〕

> ★地役権は、土地全体から土地全体に発生する権利であるため、持分だけが地役権を持つことはできません。

第3節 変更登記

《承役地》		
2	所有権移転	所有者　B

| 1 | 地役権設定 | 目的　　通行
範囲　　南側50㎡
要役地
何市何町何番
地役権図面何号 |

《要役地》		
2	所有権移転	所有者　A
3	所有権移転	所有者　C

| 1 | 要役地地役権 | 承役地
何市何町何番
目的　　　通行
範囲　　南側50㎡
年月日登記 |

　要役地の所有者が、AからCへと変わっています。

　所有権者が変わることによって、地役権者もAからCへと変わります。**要役地所有権が移転すれば、地役権は自動的にくっ付いていく**からです。

　ただ、**地役権者が変わったことは、あえて登記はしません。要役地所有者が変わっているのだから、地役権者が変わっているのは当たり前**だからです。

　択一の問題で、「要役地所有者が変わったら地役権の移転登記が必要か」と問われれば「不要」と答えるようにしてください。

1 要役地が譲渡されたことによりその所有権の移転の登記の申請をする場合には、その申請書と同一の書面で、承役地についての地役権の変更の登記を申請しなければならない。〔7-12-2〕 ×

2 要役地の地役権の登記である旨の登記がされた土地について、所有権の移転の登記を申請する場合には、承役地について、地役権の変更の登記を申請することを要しない。〔17-27-オ〕 ○

× 肢のヒトコト解説

1 承役地の登記事項の変化はないので、登記申請は不要です。

第4節 地役権抹消

```
                          登記申請書

登記の目的    １番地役権抹消
原  因    ・・・・・・・
権 利 者    A
義 務 者    B
添付情報    登記原因証明情報    登記識別情報
              代理権限証明情報
登録免許税    金 1,000 円
```

地役権が消滅した場合には、地役権の抹消登記を申請することになります。

権利者は土地の所有者、義務者は地役権者の共同申請です。

ここで問題になるのが、登記識別情報です。

	地役権抹消登記の際の適格性
地役権設定登記の際の登記識別情報	×
登記義務者である要役地の所有者が「所有権」等の登記を取得した際に通知を受けた登記識別情報	○

　義務者は地役権者ですが、地役権者は地役権設定登記の際に登記識別情報の通知を受けていません。

そのため、彼が持っている別の登記識別情報が要求されます。

　地役権者は、通常所有者であることが多いのですが、**その所有権取得時の登記識別情報が要求される**のです。**地役権の登記識別情報がないため、別の登記で取得した登記識別情報が要求される**と考えてください。

	要役地の抵当権者は利害関係人にあたるか
地役権設定登記　　要役地に抵当権設定等　　地役権抹消	○
要役地に抵当権設定等　　地役権設定登記　　地役権抹消	×

　地役権が設定されて価値が上がった要役地があり、そこにある人が抵当権を設定しました。
　ここで、その地役権を抹消するには、抵当権者の承諾が必要です。

　一方、ある土地に抵当権を設定していたら、その土地が地役権の要役地となって価値が上がりました。
　ここで、その地役権を抹消するとしても抵当権者の承諾は不要です。

　地役権をあてにして抵当権を設定したのかどうか、で判断してください。

--- 問題を解いて確認しよう ---

1	登記権利者と登記義務者が共同して地役権の設定の登記の抹消を申請するときは、登記義務者の登記識別情報を提供することを要しない。〔31-18-オ改題〕	×
2	地役権の登記がされた後に、その要役地について抵当権設定の登記がされているときは、当該地役権の登記の抹消の申請書には、当該抵当権者の承諾書又はこれに対抗することのできる裁判書の謄本を添付しなければならない。〔16-16-エ（26-14-ア、令4-22-オ）〕	○
3	地役権の設定の登記がされる前にその要役地について所有権の移転の仮登記がされていた場合において、当該地役権の設定の登記の抹消を申請するときは、当該仮登記の登記権利者の承諾を証する情報の提供を要する。〔19-25-エ〕	×

--- ×肢のヒトコト解説 ---

1 地役権者の所有権取得時の登記識別情報が必須です。

3 地役権をあてにして設定していないので、承諾は不要です。

これで到達！　 　 合格ゾーン

地役権は要役地とともに移転しない旨の定めの登記がある地役権の要役地について所有権移転の登記がなされた場合には、「年月日要役地の所有権移転」を登記原因として地役権設定登記を抹消することができる。〔10-12-オ〕

★「地役権は要役地と共に移転せず、要役地の他の権利の目的とならない。」旨の定めがある地役権の要役地の所有権がAからBへと移転した場合、所有権を持たないAに地役権があっても意味がないので、地役権は消滅します。

承役地につき、民法第287条による放棄を登記原因とする所有権の移転の登記がされた場合、地役権の登記の抹消は申請で行い、職権ではなされない。
〔23-16-ウ〕

★承役地の所有者が修繕する義務を負っていた場合でも、「土地の所有権を渡すから、この修繕義務を免除して欲しい」と所有権の放棄ができます。承役地の所有権が、要役地の所有者に移れば、地役権は混同で消滅しますが、この混同による抹消登記は申請で行います。

第7編　用益権に関する登記　◆　第3章　地役権に関する登記

第4章 賃借権に関する登記

通常の設定登記も出題されますが、近年、定期借地権の出題や優先する同意など特殊な登記の出題も多くなっています。
定期借地権の登記では、どういった特徴があるのかを意識して読むように、優先する同意では順位変更登記との違いを意識して読むようにしてください。

順位番号	登記の目的	受付年月日	権利者その他の事項
1	賃借権設定	（略）	原因　　令和○年○月○日設定 賃料　　１月金○円 支払時期　毎月末日 存続期間　○年○月○日から○年 敷金　　金○円 特約　　譲渡・転貸ができる 賃借権者　（住所省略）　乙野二郎

	設定の目的	範囲	存続期間	地代等	支払時期	譲渡賃貸に関する特約
賃借権	×	×	△	○ 賃料	△	△ （許す特約）

　賃貸借契約では、**賃料は必ず決めるべき内容**なので、必要的登記事項になっています。それ以外の支払時期、存続期間、譲渡転貸に関する特約は任意的登記事項です。

　譲渡転貸の特約内容に注意してください。賃借権の場合、賃借権の譲渡転貸が「できる特約」です。**本来は譲渡・転貸ができないのを特約でできるようにする**のです（永小作権という物権は譲渡が自由なので、特約にするのは禁止する内容でした）。

◆ 賃借権の登記における賃料の定め方 ◆　○＝可　×＝不可

①「A地を使用収益する」等、賃料を金銭以外のもので払うとすること	○
②「契約時から5年間は金○円、6年目からは金△円」とする定め方	○
③「10年以後の分については双方協議のうえ定める」旨の定め	×
④「月額は固定資産税評価額に何分の何を乗じた額」とする旨の定め	○
⑤ 数筆を合わせて賃料を定めた場合	×

　賃料の定め方については、色々な先例があります。以下、上の表についてコメントを入れます。

① 　お金以外を賃料にするのもOKです。

② 　客観的に数字がしっかりしているのであれば、こういう賃料もOKです。

③ 　これだと一体いくらなのかわかりません。

④ 　客観的に固定資産の評価額はわかりますので、賃料の額はいくらになるかは計算できます。

⑤ 　1つ1つの賃料を定めなければいけないので、合わせていくらというのはダメです。

── 問題を解いて確認しよう ──

1	賃借権設定の登記において、賃借権の譲渡又は賃借物の転貸を禁止する旨の特約は登記することができる。〔オリジナル〕	×
2	賃借権設定の登記において、賃借権の範囲は登記することができない。〔オリジナル〕	○
3	申請書に賃料を「賃貸人が賃借人所有の甲地を使用収益すること」と記載して、賃借権設定の登記の申請をすることができる。〔62-17-3（17-23-ウ）〕	○
4	甲・乙2筆の土地を月額合計金10万円で賃貸した場合、その旨を賃料として記載した賃借権設定の登記は、申請することができない。〔11-27-オ〕	○

これで到達！ ▶ ▶ ▶ ◀ 合格ゾーン

☐ 一定の時期に賃料の前払いをする定めがあるときは、その旨を賃料の支払時期の定めとして、賃借権の登記を申請することができる（大判昭6.7.8参照）。
〔17-23-イ〕

★前払いは登記事項となっていて、それが「支払時期」として登記される点を押さえてください。

☐ 存続期間を、「Aが死亡するまで」として、賃借権の登記を申請することができる（昭38.11.22民甲3116号）。

★「Aが死亡したら、〇〇権は消滅する」という内容は権利消滅の定めで登記されることが多いのですが、賃借権では存続期間という登記事項があるので、その名目で登記されます。

☐ 不在者であるAを所有権の登記名義人とする甲土地について、家庭裁判所により、Aのために不在者の財産管理人Bが選任されている場合において、Bを賃貸人、Cを賃借人とする賃借権の設定の登記を申請するときは、賃貸人が財産の処分の権限を有しない者である旨として「管理人Bの設定した賃借権」を申請情報の内容としなければならない。〔30-22-エ〕

★賃貸人が財産の処分の権限を有しない者である旨は、賃借権の設定の登記の申請情報の内容となります（不登81⑤）。不在者財産管理人（財産の管理しかできず、処分ができません）は、短い期間の賃貸借しかできないため、それがわかるように登記事項としているのです。

☐ 数個の不動産に関する賃借権設定の登記を申請する場合において、登記原因及びその日付並びに申請当事者が同一であるときは、賃料・存続期間が異なる場合であっても、一の申請情報によって申請することができる（登研463-85）。〔20-16-イ〕

★目的・原因・申請人が同一であれば、一の申請情報による申請が可能です。賃料・存続期間は要件ではありません。

◆ 定期借地権の登記手続の比較 ◆

	一般定期借地権（借地借家22）
終了時の建物とその利用関係	① 原則として、借地人は建物を収去して土地を明け渡す ② 建物買取請求権は行使できない
存続期間	50年以上
成立	書面による特約をする
「特約」の記載	借地借家法第22条の特約

　建物を建てるために土地を借りるという権利のことを借地権と呼び、その中でも「**更新ができない。期間が終わったら、家を取り壊して更地で返す（建物買取請求もできない）**」ことになる借地権を定期借地権と呼びます。

　借り手側に不利になるため、借り手の保護のためにある程度、年数を保証することが要求されています。**最低50年**です。

　基本的に借地権は30年以上ですが、一般定期借地権の場合は50年以上となっています（50年経ってしまえば建物価値は、ほぼなくなります）。

　そして、「**そんな特約をした覚えはない、更新しろ**」と揉めることがないように、「更新ができない特約」を書面に残すことが要求されています。

　そして、登記記録にも「特約　借地借家法第22条の特約」と記載して、借地権にも関わらず、更新及び買取りができないことを公示します。

	一般定期借地権 (借地借家22)	事業用借地権 (借地借家23Ⅰ)	事業用借地権 (借地借家23Ⅱ)
存続期間	50年以上	30年以上50年未満	10年以上30年未満
利用目的	限定なし	事業用建物(住宅を除く)の所有(注1)	
成立	書面による特約をする	公正証書による設定契約をする(注2)	

(注1)社宅or賃貸マンションの所有を目的とする事業用借地権の設定は不可。
(注2)事業用借地権の変更契約or譲渡契約は、必ずしも公正証書によることを要しない。

　土地を借りて建物を建てるとしても、ショッピングモールを建てるなど事業で使うのであれば、**居住者の保護という要請がありません。**

　それならば、もっと短い期間でも定期借地権として認めてよいだろうということから、事業用借地権という制度が生まれました。

　事業用借地権には2つのタイプがあります。存続期間30年から50年の23条1項タイプと10年以上30年未満の23条2項タイプです。

　居住者の保護がないことが要求されます。 そのため、いくら事業で使うとしても社宅や、賃貸マンションはNGです（居住者がいるからです）。

　設定契約時は、**公正証書を作って証拠に残すことが要求されています。** 一般定期借地権と違って、借り手が事業者なので、費用がかかりますが公正証書まで要求します。

　ただ、**公正証書を要求するのは設定時だけ**であって、その後に移転や変更があったとしても、その都度、公正証書を作る必要はありません。

問題を解いて確認しよう

1	賃貸マンションの所有を目的とする事業用借地権を設定する旨の登記を申請することができる。〔オリジナル〕	×
2	社宅は、従業員等の居住用で、会社や事業主の事業用とは認められないため、社宅の所有を目的とする事業用借地権を設定する旨の登記を申請することはできないが、賃貸マンションは、賃借人が居住していても賃貸人である事業者の事業用と認められるため、賃貸マンションの所有を目的とする事業用借地権を設定する旨の登記を申請することはできる。〔18-27-イ改題〕	×

3　事業用借地権の譲渡を公正証書によらずに契約し、公正証書を提供しないで事業用借地権を移転する旨の登記を申請することはできない。　　　　　　　　　　　　　　　　　　　　　　〔18-27-オ改題〕　　×

ヒトコト解説

1, 2　居住者がいますので、事業用借地権は認められません。

3　初めの設定は公正証書の必要がありますが、設定後の移転では公正証書の必要はありません。

2周目はここまで押さえよう

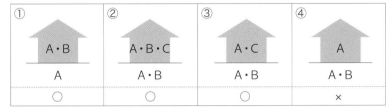

①	②	③	④
A・B（建物） A（土地）	A・B・C（建物） A・B（土地）	A・C（建物） A・B（土地）	A（建物） A・B（土地）
○	○	○	×

　Aが持っている土地に、AとBでお金を出し合って家を建てました。Aは土地の所有権を持っていますが、Bには土地の所有権がありません。

　そこで、土地の所有者Aと建物所有者ABで賃借権を設定することになりました。
　Aとしてみれば、自分の土地に自分が賃借権を持つことになるのですが、許されます。
　（建物所有者の土地への利用権限は同じにする必要があります。Aは所有権、Bは賃借権で利用するということは認められません。そのため、ABそろって賃借権で土地を利用するという形式をとるのです。）

　一方、AB共有の土地にAが建物を建てることになりました。ここで土地の所有者ABと建物所有者Aで賃借権を設定することはできるでしょうか。

これはできません。建物所有者Aは土地の所有権を持っているので、わざわざ賃借権を設定する意味がないのです。

これを公式化すると下記のようになります。

自己借地権設定の可否
→　借地権設定者が第三者とともに借地権を有する場合はOK（借地借家15 I）
※　借地権（建物所有を目的とする土地賃貸借・地上権）のみの特別ルール

ここで注意してほしいのが、このルールは借地権にだけ認められているという点です。そのため、建物所有を目的にしない賃借権には適用されません。下記に掲載している〔31-19-エ〕は、この観点で検討をしてください。

✅**1** 建物の所有を目的とする地上権設定の登記については、登記義務者が同時に登記権利者となる場合であっても、他に登記権利者があるときは、その申請をすることができる。　　　　　　　　　　　　　　　　　　　　〔5-27-イ〕　○

2 土地の所有権の登記名義人を権利者とし、建物の所有を目的とする地上権の設定の登記の申請は、他に権利者があり、地上権が準共有となっている場合でも、することができない。〔7-12-5〕　×

3 Aを所有権の登記名義人とする甲土地について、A及びBを賃借権者とし、竹木所有を目的とする賃借権の設定の登記を申請する場合には、A及びBが共同して当該賃借権の設定の登記を申請することはできない。〔31-19-エ〕　○

◆ 賃借権の移転・転貸 ◆

原則	賃貸人（設定者）の承諾を証する情報（又は借地借家法19条 I 前段若しくは20条 I 前段に規定する承諾に代わる許可があったことを証する情報）の提供を要する。 （令別表第39項添付情報欄ロ、第40項添付情報欄ロ、民612 I）
例外	①　譲渡・転貸を許す特約の登記がある場合は不要。 ②　相続、時効取得、収用による移転の場合は不要。

賃借権の移転や転貸についての話です。基本的には譲渡転貸は自由ではなく、

賃貸人のOKを貰わなければできません。

　ただ、譲渡転貸の度に許可をするのが面倒だという場合は、譲渡転貸ができる特約をしておくことができます（例外①にあたります）。

　また、賃借権が相続されたとか、時効取得された場合は、譲渡にはあたらないため承諾は不要です（例外②にあたります）。

承諾なしで賃借権を譲渡しても有効です。ただ、のちに解除される可能性が生まれます。

　承諾があると解除が防げるようになるだけです。

　そのため、譲渡契約を先にして、その後に承諾があった場合、賃借権の移転登記の原因日付は、契約時になります。

問題を解いて確認しよう

1　賃借権につき、譲渡することができる旨の登記がされていない場合であっても、賃貸人の承諾書を申請書に添付すれば、賃借権移転の登記の申請をすることができる。〔6-16-エ〕　　　　　　　　　　　　　○

2　賃借権の譲渡を許す旨の特約がない賃借権が譲渡された後、当該賃借権の譲渡についての賃貸人の承諾がされたときは、賃借権の移転の登記の登記原因の日付は、賃貸人が承諾した日である。　　　　　　　　　×
〔17-23-オ（20-15-ア）〕

3　地上権を目的とする賃借権設定登記の申請書には、地上権設定者の承諾書を添付することを要しないが、賃借地の転貸の登記の申請書には、賃借地の転貸ができる旨の登記がある場合を除き、賃貸人の承諾書を添付しなければならない。〔14-21-エ（19-25-イ）〕　　　　　　○

順位番号	登記の目的	受付年月日	権利者その他の事項
1（5） 付記1号	抵当権設定	（略）	（登記事項一部省略） 抵当権者　　（住所省略）　　A
	1番抵当権転抵当	（略）	（登記事項一部省略） 転抵当権者（住所省略）　　甲
2（5）	抵当権設定	（略）	（登記事項一部省略） 抵当権者　　（住所省略）　　B
3（5）	根抵当権設定	（略）	（登記事項一部省略） 根抵当権者（住所省略）　　C
4（5）	賃借権設定	（略）	（登記事項一部省略） 賃借権者　　（住所省略）　　D
5	4番賃借権の1番抵当権・2番抵当権・3番根抵当権に優先する同意	（略）	原因　　令和6年8月30日同意

　1番2番3番が実行されれば、4番賃借権は消滅する状態になっていて、この
賃借権は不安定な立場にあります。そのため、賃借権者が賃貸借契約更新時に、
更新しないで別の物件に移る可能性があります。

　もし、この賃借権者が多額の賃料を払っていた場合、1番2番3番が、「彼に
はここを出ていってほしくないな（賃料の物上代位が狙える）」と思うこともあ
るでしょう。

　こういった場合、「抵当権の実行があっても、賃借権を消さないことにしよう」
という合意ができるのです。これが優先する同意というものです。

　これに基づいた登記がされると（上記の5番になります）、**その後、抵当権が
実行されたとしても、賃借権は、存続することになります。**

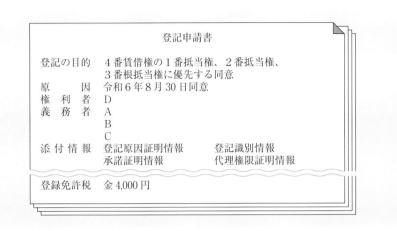

　この登記は、**順位変更に似ています**（たとえば、登記は主登記で実行されます）。そのため、順位変更と比較しながら学習しましょう。

　例えば、目的の部分に権利の名前を書いています。他にも、原因が同意です（順位変更の場合は合意です）。

　そして、申請構造も異なっています。順位変更は合同申請ですが、今回の登記は**明らかに賃借権者が優位なので、権利者・義務者の共同申請**です。

　添付情報では承諾証明情報というのがあります。これは先ほどの登記記録でいうと**1番付記1号の転抵当権者のもの**です。

　この同意の登記が入ると、1番の配当額が減ります。今までは、賃借権を吹き飛ばして競売にかけられたのに、これから賃借権付きでの競売になるからです。

　抵当権者が貰える配当は減り、その抵当権に付けている転抵当権者も不利益になるため、利害関係人になるのです。

　登録免許税は権利の数×1,000円と考えてください。今回、扱っている権利が4番、1番、2番、3番と4つありますので、4,000円となります。

1 賃借権の先順位抵当権に優先する同意の登記の登記権利者は、当該賃借権の賃借人であり、すべての先順位抵当権者が登記義務者となる。〔20-23-ア〕 ○

2 賃借権の先順位抵当権に優先する同意の登記の申請をする場合には、登記の目的は「○番賃借権変更」とし、登記原因は「平成○○年○月○日同意」とする。〔20-23-エ〕 ×

3 賃借権の先順位抵当権に優先する同意の登記の申請に係る先順位の抵当権を目的とする転抵当権の登記がある場合、申請情報と併せて当該転抵当権者が承諾したことを証する情報を提供しなければならない。〔オリジナル〕 ○

4 賃借権の先順位抵当権に優先する同意の登記の申請における登録免許税は、申請に係る賃借権及び抵当権の件数1件につき金1,000円である。〔オリジナル〕 ○

5 賃借権を先順位抵当権に優先させる旨の同意の登記は、付記登記によってされる。〔25-12-ウ〕 ×

×肢のヒトコト解説

2 目的が間違っています。

5 主登記で実行されます。

第5章 配偶者居住権に関する登記

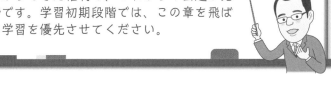

令和になってからできた権利で、これからの出題が見込まれる分野です。学習初期段階では、この章を飛ばして他の章の学習を優先させてください。

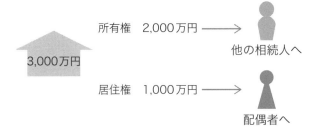

所有権　2,000万円 ———→ 他の相続人へ

3,000万円

居住権　1,000万円 ———→ 配偶者へ

　ある者が死亡したときに、その配偶者を保護するために創設した権利です。具体的には、上の図のように被相続人が所有していた所有権を「所有権と居住権」に分けたうえで、居住権を配偶者に与えるのです。

　この場合、下のような登記簿になります。

権利部（甲区）（所有権に関する事項）			
順位番号	登記の目的	受付年月日	権利者その他の事項
1	所有権保存	（略）	所有者　　（住所省略）　A
2	所有権移転	（略）	原因　　令和何年何月何日相続 所有者　（住所省略）　B

権利部（乙区）（所有権以外の権利に関する事項）			
順位番号	登記の目的	受付年月日	権利者その他の事項
1	配偶者居住権設定	（略）	原因　　　　令和何年何月何日遺産分割 存続期間　配偶者居住権者の死亡時まで 特約　　　　第三者に居住建物の使用又は収益をさせることができる 配偶者居住権者　（住所）　C

前ページの登記簿は所有者Aが死亡して、所有権を息子のBが承継し、配偶者のCは居住権を設定したものとなっています。

死ぬまで住める権利、ただで住める権利というのが読み取れると思います。

```
登記の目的    配偶者居住権設定
原因       令和何年何月何日遺産分割
存続期間     配偶者居住権者の死亡時まで
特約       第三者に居住建物の使用又は収益をさせることが
         できる
権利者      C
義務者      B
添付情報     登記原因証明情報　登記識別情報
         印鑑証明書　代理権限証明情報
課税価格     1,000万円
登録免許税    2万円
```

権利者は配偶者となり、義務者は原則として所有者（息子など）になります。そのため、**この居住権の登記をする前提としてBへの所有権移転登記をする必要があります**（申請書の義務者と、登記簿を一致させるためです）。

◆ 設定登記の登記権利者・登記義務者 ◆

登記権利者	配偶者居住権を取得した配偶者	
登記義務者	居住建物の所有者	
	配偶者が遺贈によって配偶者居住権を取得した場合において、遺言執行者があるとき	遺言執行者
	遺産分割の審判において、配偶者が配偶者居住権を取得すると定められた場合	関与不要（登記権利者の単独申請）

配偶者居住権は、被相続人の遺言で設定することもできます。そのときに遺言執行者を決めていれば、**遺言執行者が義務者になります**（所有権を承継した相続人が、登記義務に応じないことを恐れたためと考えられます）。

また、この居住権は審判で設定されることがあります。この**審判で登記手続を命じていれば単独申請が可能**になります。

◆ 登記原因と日付 ◆

登記原因	日付
年月日遺産分割	遺産分割の協議若しくは調停の成立した年月日又はその審判の確定した年月日
年月日遺贈	遺贈の効力の生じた年月日
年月日死因贈与	贈与者の死亡の年月日

配偶者居住権が発生する場面はいくつもあります。

・相続人たちで話し合って設定する場合（遺産分割）

・被相続人の意思で設定した場合（遺贈）

・被相続人と配偶者が合意で設定した場合（死因贈与）

どういった原因で設定されたかを、登記簿に載せることになっています。

なお、遺産分割をした場合、配偶者居住権は

× 相続開始時に遡及して発生

○ 遺産分割時に発生

するため、原因日付は遺産分割の日になります。

特約　第三者に居住建物の使用又は収益をさせることができる

こういった特約は登記できます。

配偶者居住権を取得した配偶者は、居住建物の所有者の承諾を得なければ、第三者に居住建物の使用又は収益をさせることができません。

そのため、第三者に居住建物の使用又は収益をさせることを許す旨の定めがあるときは、その定めをあらかじめ登記することが認められています。

（賃借権の登記に入れる「特約　譲渡転貸ができる」と同じように考えればいいでしょう。）

ちなみに、もし配偶者居住権者が賃借権を設定すると登記簿は次のようになります。

権利部（乙区）（所有権以外の権利に関する事項）			
順位番号	登記の目的	受付年月日	権利者その他の事項
1	配偶者居住権設定	（略）	原因　　　令和何年何月何日遺産分割 存続期間　配偶者居住権者の死亡時まで 特約　　　第三者に居住建物の使用又は 　　　　　収益をさせることができる 配偶者居住権者　（住所）　C
付記1号	何番配偶者居住権 の賃借権設定	（略）	原因　　　　令和何年何月何日設定 賃料　　　　1月何万円 （又は「1平方メートル1月何万円」） 支払時期　　毎月末日 存続期間　　令和何年何月何日から何年 特約　　　　譲渡、転貸ができる 賃借権者　（住所）　　乙某

　転貸をした場合と同様に、配偶者居住権の登記に付記して入ることになっています。

登録免許税：不動産の価額の1000分の2
　　　　　　（配偶者居住権の設定の仮登記の登録免許税の場合は、1000分の1）

　用益権と扱いが異なります。

　配偶者の負担を避けるためだと推測されますが、税率が1000分の2と安い設定になっていることに注意が必要です。

◆ 配偶者居住権に関して、認められる登記・認められない登記 ◆

認められる登記	認められない登記
配偶者居住権設定登記 配偶者居住権抹消登記 配偶者居住権の賃借権設定 配偶者居住権変更登記（存続期間の短縮）	配偶者居住権移転登記 配偶者居住権変更登記（存続期間の延長）

　配偶者居住権は、譲渡することができないことから（民1032Ⅱ）、配偶者居住権の移転等を内容とする登記は申請することはできません。

　また、配偶者居住権の存続期間が定められた場合には、その延長や更新をすることができないため、配偶者居住権の存続期間の延長や更新を内容とする登記は

LEC 司法書士

公式 **X**
&
YouTube チャンネル

LEC司法書士公式アカウントでは、
最新の司法書士試験情報やお知らせ、イベント情報など、
司法書士試験に関する様々なお役立ちコンテンツを発信していきます。
ぜひチャンネル登録＆フォローをよろしくお願いします。

公式 X（旧Twitter）
https://twitter.com/LECshihoushoshi ◉

公式 YouTubeチャンネル
https://www.youtube.com/@LEC-shoshi ◉

申請することもできません。

　一方、配偶者居住権を取得した配偶者が配偶者居住権の存続期間の一部を放棄した旨の情報を提供し、その存続期間を終身の間より短期（例えば「10年又は配偶者居住権者の死亡時までのうち、いずれか短い期間」）にすることができ、その変更登記は可能です。

　また、配偶者が死亡したり、存続期間が満了したりすれば、配偶者居住権は消滅することになるので、抹消登記をすることになります。

配偶者居住権の抹消の登記

登記権利者	居住建物の所有者	
登記義務者	配偶者居住権者	
	配偶者居住権が配偶者居住権者の死亡によって消滅した場合	関与不要 （登記権利者の単独申請）

　配偶者居住権の消滅等による配偶者居住権の登記の抹消は、配偶者居住権者を登記義務者とし、居住建物の所有者を登記権利者とする共同申請になります。

　ただ、**配偶者居住権が配偶者居住権者の死亡によって消滅した場合には**、69条の規定に基づき、登記権利者（居住建物の所有者）は、**単独で当該配偶者居住権の登記の抹消を申請することができます**（令2.3.30民二324号）。

権利部（乙区）（所有権以外の権利に関する事項）				
順位番号	登記の目的	受付年月日	権利者その他の事項	
1	配偶者居住権設定	（略）	原因	令和何年何月何日遺産分割 （「遺贈」又は「贈与」）
			存続期間	配偶者居住権者の死亡時まで
			特約	第三者に居住建物の使用又は 収益をさせることができる
			配偶者居住権者	（住所）　甲某
2	何番配偶者居住権 抹消		原因	令和何年何月何日死亡による 消滅

1	配偶者居住権の設定の登記の申請は、被相続人を登記義務者とし、配偶者居住権を取得した配偶者を登記権利者とする共同申請によることとなる。〔オリジナル〕	×
2	配偶者居住権の設定登記の登録免許税は、不動産1個につき金1,000円の定額課税である。〔オリジナル〕	×
3	登記原因を遺産分割として配偶者居住権の設定の登記を申請する場合には、被相続人の死亡の日を登記原因の日付としなければならない。〔令3-24-ア〕	×
4	被相続人が所有権の登記名義人である建物について配偶者居住権の設定の登記の申請をするときは、その前提として当該建物について被相続人から承継人への所有権の移転の登記をすることを要しない。〔令3-24-イ〕	×
5	配偶者居住権者の死亡によって配偶者居住権が消滅したときは、登記権利者は、単独で配偶者居住権の登記の抹消を申請することができる。〔令3-24-オ〕	○

×肢のヒトコト解説

1 居住建物の所有者が登記義務者になります。

2 不動産の価額の1000分の2となります。

3 遺産分割時に配偶者居住権が発生するので、原因日付は遺産分割の日になります。

4 前提として、所有権移転登記が必要です。

第8編 その他の登記

ここでは、代位登記（債権者が代わりに行う登記）、仮処分の登記、信託の登記などを見ていきます。毎年出題される部分ではありませんが、どれも合否に影響を与える論点です。覚えるところはキッチリ覚えていくことが特に重要なところです。

~代位の登記は、権利者と義務者の確認から~

第1章 代位による登記

ここでいう代位というのは、債権者代位のことです。債権者であれば、債務者ができる「登記」を代わりに行うことができます。
ここでは、特に権利者側に代位しているか、義務者側に代位しているのかを意識して読みましょう。

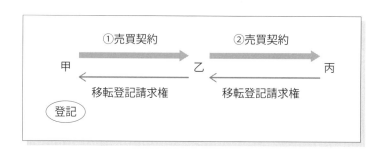

上記の事例で、必要な登記は1件目が甲から乙への移転登記と、2件目が乙から丙への移転登記です。ただ、乙が登記に協力しません。丙はどうすべきなのでしょうか。

2件目の申請人は、権利者が丙、義務者が乙です。この乙が非協力的なのです

から、これは、判決による登記で乙の意思を擬制すればいいのです。ある意味、判決がなければできないということです。

　ただ、**いくら判決を勝ち取っても、1件目をやらない限りは、2件目はできません**。

　1件目の権利者は乙です。この**乙の立場を債権者の丙が、債権者代位で勝手に使うことができます**。

　まず、丙が乙の債権者だということを確認しましょう。これは、移転登記請求権の債務者は乙、債権者が丙です。そのため、**丙は、債務者乙が「登記申請できる権利」を、代わりに使えます**。そして、**債権者代位なので、訴訟なしで可能です**。

> 👆 **Point**
>
> 代位登記のポイント
> 権利者には代位できるが、義務者には代位できない

　権利、つまり有利になることであれば勝手にやっていいのですが、不利になることは勝手にはできません。

　先ほどの事例、1件目は、乙は名義を取得する、つまり乙にとって有利になるので、債権者であれば勝手にやることができます。

　2件目は、乙にとって不利になることです（名義を失うからです）。そのため、これは判決がなければできません。

　ここで公式化してほしいのは、債務者が、**権利者として何もやらない場合と、義務者として非協力の場合とでは、打つ手が違う**ということです。

> 権利者側が非協力：代位登記
> 義務者側が非協力：判決登記

　権利者として何もしてくれないのであれば、これは債権者代位が可能です（債

権があれば、判決なしで勝手にやってよい）。義務者として何もしてくれないのであれば、債権者というだけで勝手にはできず、訴えて勝たなければできません。

では、先ほどの事例の1件目の債権者代位による登記、それがどういう登記簿になるかを見ましょう。

順位番号	登記の目的	受付年月日	権利者その他の事項
1	所有権保存	（略）	所有者　　　（住所省略）　甲
2	所有権移転	（略）	原因　　　　令和5年12月12日売買 所有者　　　（住所省略）　乙 代位者　　　（住所省略）　丙 代位原因　　令和6年3月3日売買の所有権 　　　　　　移転登記請求権

債権者代位で入れた場合の登記簿は、最後の3行に特徴が表れます。

債権者代位で入れた場合は、代位者「**誰が入れたか**」、代位原因「**なんで入れたか**」そこまで載るのです。

この代位原因により、**次にどんな登記が入るかを予想させるのです**。つまり、「おそらく次は丙名義へ移転登記が入るな」ということを予想させるのが、代位者・代位原因という登記事項です。

では、この登記の実行後、登記識別情報が通知されるのでしょうか。

登記	登記識別情報の通知
甲→乙の所有権移転登記を申請 （丙が、乙の代位債権者として申請した場合）	登記識別情報の通知は行われない。

乙に通知されない理由と、丙に通知されない理由を考えましょう。

登記識別情報が通知される要件というのは、①登記名義人となること、②申請行為をしていることです。

丙は登記申請行為をしていますが、**登記の名義人にはなっていません**。代位者として登記されますが、この不動産の登記名義を取得するわけではありません。

乙はどうでしょうか。所有者乙と載るので登記名義人とはなりますが、これは乙自身が動いて作った登記ではありません。したがって乙にも登記識別情報は通

知されません。

　記述対策ですごく重要ですが、「代位登記で入る→登記識別情報が通知されていない」ことを意味しています。そのため**次の登記は、事前通知でやるか、本人確認情報を提供することになります**。ちなみに、代位された債務者（名義が得た人）には、後日、登記所から「あなた名義の登記が入りました」という連絡がいきます（登記が完了した旨が通知される）。

　ではこの登記簿をつくる申請書を見ましょう。

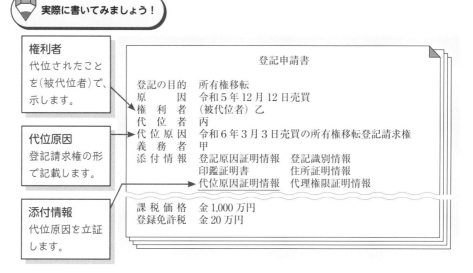

実際に書いてみましょう！

権利者	
代位されたことを（被代位者）で、示します。	

代位原因	
登記請求権の形で記載します。	

添付情報	
代位原因を立証します。	

```
　　　　　　　　　　登記申請書
登記の目的　所有権移転
原　　　因　令和5年12月12日売買
権　利　者　（被代位者）乙
代　位　者　丙
代 位 原 因　令和6年3月3日売買の所有権移転登記請求権
義　務　者　甲
添 付 情 報　登記原因証明情報　　登記識別情報
　　　　　　印鑑証明書　　　　　住所証明情報
　　　　　　代位原因証明情報　　代理権限証明情報

課 税 価 格　金1,000万円
登録免許税　金20万円
```

　普通の登記と違っているところが3つあります。

　1つ目は**代位者**、2つ目は**代位原因**、3つ目は添付情報の**代位原因証明情報**です。代位登記とわかった場合はこの3つを入れるようにしましょう。

　代位者は、誰が代位しているのかを書くところです。

　代位原因は、持っている登記請求権を書くのが基本です。

　代位原因証明情報は、上記の代位原因（登記請求権）を立証する情報のことです。令和6年3月3日に乙丙で売買をしていて、登記請求権があることを立証するのです。

　この立証は乙丙の売買契約書でできますよね。このように登記請求権が分かれ

ば私文書で構いません（公文書や判決を要求しません。債権者代位はもともと訴訟なしで、行えます）。

　申請書への影響はあと1か所あります。権利者の欄を見てください。
　乙が**その地位を乗っ取られましたということを表す**ために、権利者の欄に「**被代位者**」と記載するのです。

　申請書は以上にして、代位登記の論点を見ていきましょう。

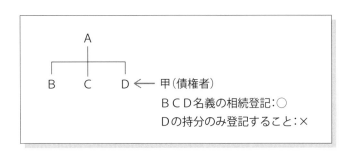

　Aが登記名義人でBCDが相続人です。
　このDには債権者甲がいて、お金を回収したいのですが、Dには財産がありません。ここで、甲がAは死んだということに気付きました。
　BCD名義になれば、甲は、そのDの持分に強制執行ができますが、BCDがそれを察して相続登記をやりません。
　そこで、債権者である甲は、債務者であるDの相続登記ができる権利を乗っ取って代わりに登記しようと考えました。

　甲はその権利を乗っ取って、どんな登記ができるのでしょうか。Dの持分に強制執行したいのだから、Dの持分だけを移転登記することも考えられるかもしれません（A→Dの持分のみ登記する）。
　ただその登記の目的は所有権一部移転、原因が年月日相続になります。
　相続を原因とする一部移転はNGなので、この場合は、**BCD全員名義を作る**（A→BCD）ことになります。

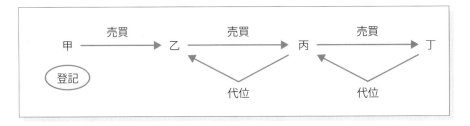

甲が乙に売り、乙が丙に売り、丙が丁に売っています。

この事例で、乙名義に登記することを、乙がやらなければ、丙がこの立場を乗っ取ればいいのですが、丙もそれをやる気がない場合、丁はどうすればいいのでしょうか。

この場合は、**丙の債権者である丁が、丙の立場を乗っ取り、更に乙の立場を乗っ取り、1件目の甲から乙の登記申請を甲と丁でやることができる**のです。このように代位の代位というのも認められています。

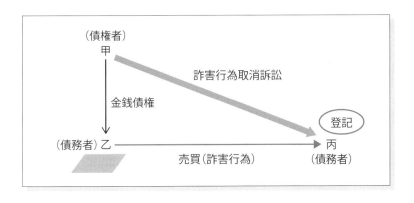

乙が丙に不動産を売って、1番乙→2番丙と登記されているのですが、この売買が詐害行為だったのです。乙の債権者甲がこれに気付いて、丙に対し詐害行為取消訴訟を提起し、甲が勝訴しました。これにより、2番丙名義の抹消登記を申請することになります。

2番丙名義の抹消登記の権利者と義務者は誰かというと、権利者は名義が戻る乙、義務者は名義を失う丙です。

ただ、この場合、乙と丙両方とも登記に協力しないでしょう。

ではどうすれば、抹消登記をして乙名義に戻せるのでしょうか。

義務者の立場は判決登記で意思を擬制します。 これは勝訴した詐害行為取消判決で意思擬制して、勝手に登記ができます。一方、**権利者の立場は、甲は債権者なので、代位登記で勝手にできます。**

つまり、前記の登記は甲が1人で登記申請できるのです。

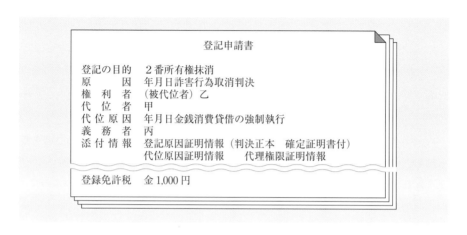

```
                        登記申請書

   登 記 の 目 的    2番所有権抹消
   原        因    年月日詐害行為取消判決
   権   利   者    （被代位者）乙
   代   位   者    甲
   代 位 原 因    年月日金銭消費貸借の強制執行
   義   務   者    丙
   添 付 情 報    登記原因証明情報（判決正本　確定証明書付）
                     代位原因証明情報　　代理権限証明情報

   登録免許税    金1,000円
```

ここでのポイントは代位原因の書き方です。次の行動が強制執行するというのが分かります（今までと違って、代位原因が登記請求権の形で書かれていないので注意してください）。

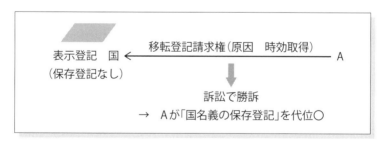

```
   表示登記　国  ←――― 移転登記請求権（原因　時効取得）――― A
   （保存登記なし）
                          訴訟で勝訴
                     →  Aが「国名義の保存登記」を代位○
```

Aが国有地を占有していましたが、国から出ていけと言われ「この土地は先祖代々住んでいる、もう時効だ」と揉めて、訴訟になった事例です。

これにAが勝ちましたが、ただ、この物件が、まだ表題登記のみがされているだけで、保存登記が入っていなかったのです。

なすべき登記は2件となります。1件目は国名義の保存登記、2件目が国からAへの移転登記です。

2件目の申請構造は、権利者A、義務者が国です。この義務者が協力しないの

で、先ほどの勝訴判決で意思擬制をします。

　問題は1件目です。1件目は国による単独申請です。**名義を取得するという有利な立場なので債権者代位は可能**です（登記請求権という債権を持っているので要件を満たします）。

　これは新築マンションの保存登記をする場面だと思ってください。

　ある公団が102号室と敷地権をAさんに売却しました。公団はAに代金債権を持っています。これを担保するために下記のように、売却した102号室と敷地権に、抵当権を設定しています。

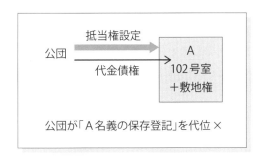

　この抵当権を登記するには、1件目でA名義の74条2項保存登記、2件目で公団名義の抵当権設定となるのですが、1件目、Aが協力しません。だったら代金債権を持っている公団が、代わりにこれをやっていいのかというと、**先例はこれを認めません**。

　代金債権を担保したければ、こんな回りくどいことをせずに、公団名義で74条1項1号保存登記をして「お金を払わなければ名義は移さないよ」と、Aに同時履行を主張すればよかったのです。

　代金債権を確保する手段は他にもあるはずだから、こんな回りくどいことは認めないよというニュアンスなのです。

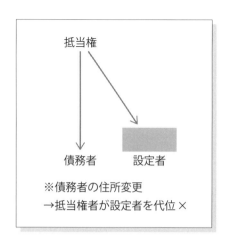

　債務者の住所が変更されました。

　債務者変更では、権利者は必ず抵当権者、義務者は必ず設定者になります。

　ただ設定者がこの登記に協力しようとしないのです。この場合、抵当権者が設定者の立場を乗っ取って、勝手にやっていいのかというと、結論は×です。

　これは誰がどの立場を乗っ取ろうとしていますか。

　これは権利者が**義務者の立場を乗っ取ろうとしている**のです。**義務者の立場を乗っ取るには、債権者というだけではできず、判決がないとできません。**

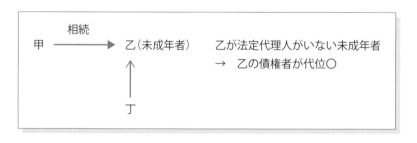

　甲から乙が相続を受けました。この乙に対して債権を持っている者が相続財産に強制執行を考えているのですが、乙が相続登記をしようとしません。

　そこで、乙に代位して相続登記をすることができるでしょうか（というのも、乙は未成年者で、しかも法定代理人がいないのです）。

これは可能です。未成年者で、法定代理人がいないのであれば、乙が行為をすることはできませんが、代位登記は乙が行為するのではなく、丁が行います。

乙の行為は要求されないので、代位が可能なのです。

問題を解いて確認しよう

1 共同相続人の1人に対する債権者は、債務者である共同相続人に代位して、共同相続人全員名義の相続登記を申請することができる。
〔元-19-5〕　○

2 未登記の国有地について、Aが国に対し時効取得を原因とする所有権移転登記手続訴訟に勝訴した場合Aは、その判決正本を代位原因を証する情報として、国名義の所有権保存登記の申請をすることはできない。〔10-18-エ（21-12-オ）〕　×

3 売主である公団が敷地権付区分建物を売却し、その売却代金債権を被担保債権として抵当権を設定した場合、公団は、抵当権設定登記請求権を代位原因として、代位によって買主名義への所有権保存の登記を嘱託することができる。〔12-15-ア〕　×

4 抵当権者は、債務者の住所に変更が生じた場合には、抵当権設定者である所有権の登記名義人に代位して、債務者の住所の変更の登記を単独で申請することができる。〔24-15-エ〕　×

5 詐害行為を理由とする抵当権設定の登記の抹消請求訴訟において、共同原告のうち甲のみについて勝訴の判決が確定した場合、他の共同原告につき訴訟が係属中であっても、甲は、その確定判決を登記原因証明情報及び代位原因を証する情報として、当該不動産の所有者に代位して抵当権設定の登記の抹消を申請することができる。〔12-15-ウ〕　○

6 債権者は、債務者の相続人が法定代理人のいない未成年者であっても、これに代位して、相続の登記を申請することができる。
〔57-27-1（21-12-ウ）〕　○

7 債務者が単独で相続した土地について、相続を登記原因とする所有権の移転の登記が債権者の代位により申請され、当該登記を完了したときは、登記官は、当該債務者に対し、登記が完了した旨を通知しなければならない。〔24-25-ア（令3-13-オ）〕　○

2 権利者側の代位に類似することが認められています。

3 このような回りくどい代位は認めないということでした。

4 義務者に代位するのはNGです。

2周目はここまで押さえよう

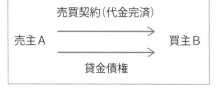

売買契約（代金完済） 売主A ───────→ 買主B ───────→ 貸金債権	Aが、Bに対する一般債権（当該売買と無関係に有する債権）を保全するため、Bに代位する →○

　AがBに不動産を売却しました（この代金はすでに領収済みです）。Aは、まったく別にBに対して、貸金債権を持っていたのですが、Bが払いません。

　そこで、今回売却した不動産に強制執行することを考えたのですが、Bが移転登記をしようとしません。
　そこで、A→Bの移転登記の権利者の立場を、Aが代位できるかが問題になりました。

　代位できるか、どうかを検討するときは
　①債権をもっているか、②権利者に代位しているか、の2点で考えてください。

　すると、この事例では　①AはBに対して貸金債権を持っています。また、②今回代位するのは権利者の立場です。そのため、代位することが認められます。

売買契約　　賃貸借契約 A ────── B ────── C （登記特約なし）	土地の買主から賃借権の設定を受けた賃借権者が（当該賃借権について登記をする旨の特約がない）、所有権の移転の登記を代位する →✕

AからBに不動産の売却がありましたが、Bが移転登記をしません。そして、Bはこの不動産をCに貸しました（ただ、登記する特約をしていません）。

　ここで、CがBに代位してAからBへ移転登記することができるでしょうか。

　Cは②権利者の立場を代位しようとしていますが、①CはBに対して登記請求権を持っていません（登記特約がないためです）。

　そのため、代位が認められません。

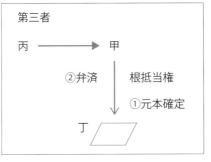

根抵当権元本確定登記について、
丙が甲を代位する
→判決を得ていれば〇

　ある根抵当権の元本が確定しました（確定登記はまだされていません）。ここで、債務者以外のものが第三者弁済し、この根抵当権がその第三者に移転しています。

　なすべき登記は
　1件目　元本確定登記（権利者　丁　義務者　甲）
　2件目　根抵当権移転登記（権利者　丙　義務者　甲）
　となります。

　ここで甲が1件目も2件目も協力しません。
　2件目は判決登記をすることになりますが（丙から甲への移転登記請求権で訴える）、1件目はどうすべきでしょう。

　これは、移転登記請求権の債務者が甲ということで代位することを先例は認めています。ただ、この代位は「義務者に代位」する事態になっています。
　本来、義務者に代位することはできないのですが、この事例はなぜか認めています。

ただし、判決があることを絶対条件にしています。択一問題を見るときは、判決があるかどうかを見るようにしてください。

✓ 1 不動産の売主が買主に対して当該不動産の売買代金債権以外の債権を有している場合であっても、売主は、買主に代位して、当該売買による所有権の移転の登記を申請することができない。〔21-12-イ〕 ×

2 土地の買主から賃借権の設定を受けた賃借権者は、当該賃借権について登記をする旨の特約がなくても、当該買主に代位して、土地の売主と共同して当該土地の所有権の移転の登記を申請することができる。〔21-12-ア〕 ×

3 根抵当権設定者の根抵当権者に対する元本の確定請求によって元本が確定した後、当該根抵当権の被担保債権を代位弁済した者は、根抵当権者に代位して、元本の確定の登記を単独で申請することができる。〔24-15-ウ〕 ×

4 根抵当権の担保すべき元本が確定した後に代位弁済を原因として根抵当権移転の登記を申請する場合において、根抵当権設定者がその前提たる元本確定の登記の申請に協力しないときは、代位弁済者は、根抵当権者に代位して根抵当権設定者に対して元本確定の登記手続を命ずる判決を得ることにより、代位により単独で元本確定の登記を申請することができる。〔12-15-オ〕 ○

5 Aを所有権の登記名義人とする甲土地について、Bを根抵当権者とする根抵当権の設定の登記がされている場合において、AのBに対する元本の確定請求によって元本が確定した後、Cが当該根抵当権の被担保債権を代位弁済したときは、Cは、単独で、Bに代位して、元本の確定の登記を申請することができる。〔30-15-エ〕 ×

☐ 仮登記権利者は、仮登記義務者の仮登記申請に関する承諾書を代位原因証明情報として、仮登記義務者である所有権の登記名義人の氏名等の変更の登記を代位申請することができる。〔5-22-エ（21-12-エ）〕

> ★仮登記申請に関する承諾書によって、仮登記の登記請求権があることが分かるので、これが代位原因を証する情報になります。代位原因を証する情報は、必ずしも公務所又は公務員が職務上作成した情報である必要はないのです（昭23.9.21民甲3010号参照）。

☐ Aの抵当権の登記がされているB所有の甲不動産について、AがBに代位して、不動産の表示変更の登記を申請する場合において、当該申請情報の添付情報の内容として、抵当権設定の登記がされていることを理由に代位原因を証する情報の提供を省略する旨を記載したときは、代位原因を証する情報の提供を省略することができる（昭35.9.30民甲2480号通達）。

> ★自分の抵当物件の表示が変わっているにも関わらず、それが公示されていない場合、抵当権者は代位でその表示変更をすることができます。これは、抵当権者というだけで認められるため、別途代位原因証明情報を提供する必要はありません（抵当権者であることは登記簿でわかるため、別途に立証書面はいりません）。

☐ 抵当権の設定の登記がされている不動産の所有権の登記名義人について相続が開始した場合、当該抵当権の登記名義人は、代位原因を証する情報として当該抵当権の実行としての競売の申立てを受理した旨の裁判所の証明書を提供して、相続人に代位して相続による所有権の移転の登記を申請することができる（昭62.3.10民三1024号）。この場合、競売申立受理証明書を代位原因を証する情報として提供する。〔令2-14-ア、5-22-2〕

> ★相続登記をしないと競売できないため、抵当権者が代位して相続登記をする場面です。この代位登記は、競売手続の申立てまでしないと認めないのが実務の慣行です。そのため、競売手続に入ったことの立証が要求されています。

第8編 その他の登記 ◆ 第1章 代位による登記

□ 抵当権の実行による担保不動産競売開始決定に基づく「差押えの登記」がされている不動産について、抵当権者から、所有権の登記名義人に代位して、買戻権者と共同してする買戻特約の抹消申請をする場合、代位原因を証する情報の提供を省略することができる（平8.7.29民三1368号回答）。

〔26-19-ア（30-15-イ）改題〕

★抵当権の実行に当たって抵当権よりも先順位の買戻特約の登記がある場合、差押えの登記をした段階で、買戻特約の登記が抹消されるまでの間、競売手続は事実上停止するのが競売実務です（競売途中で買戻権が行使されると大変なことになるためです）。競売手続を進めるには、抵当権者の債権保全のために買戻特約の登記の抹消が必要となり、代位を認めています。差押登記がされているため、抵当権者が代位をする必要があることは登記記録から読み取れるので、別途、代位原因証明情報は不要になります。

□ 法定相続分での相続登記がされている場合において、登記名義人中相続放棄者がいることが判明した場合、当該権利者の債権者は、代位により単独で更正登記を申請することができる。〔12-15-イ（30-21-ア）〕

★相続登記後の相続放棄があった場合の更正登記は、登記権利者が単独で所有権更正登記を申請することができる（令5.3.28民二538号）ため、登記権利者の債権者は単独で更正登記をすることができます。

第2章　仮処分による登記

ここは、少々難しい分野です。まずは、全体の流れを
しっかりと覚えるようにしましょう。そのうえで論点
のまとめを押さえてそのあてはめをする意識をもって
問題を解くようにしましょう。

	売買契約	
B ◀──		── A（登記に非協力）

　AとBで売買契約をしました。ただ、売主のAが登記に協力しません。

　BはAに対して訴えを提起し、勝訴判決を得て判決の登記で名義を移す、そのようなことを考えていました。

　問題は、訴えている途中でAがCに売却し、Cが登記してしまった場合です。

　これは、Aを起点とした二重譲渡となるので、登記しているCの勝ちになります。**いくら判決でBが勝っていようが、二重譲渡で先に登記をされてしまえばCに対抗できません**。

　では、事前に何か打つ手が無いのかというと、仮登記という手があります。

＜仮登記＞

1	A
2	仮登記B
3	C

　仮にAに裏切られて、3番でCと入ったとしても、2番の仮登記を本登記することで、Cの登記は職権で抹消されます。

　一見これでよさそうに見えるのですが、**実はあまりいい手ではありません**。職

権抹消されるといいましたが、不意打ちで消してはいけませんので、Cの承諾書が必要です。

Cが承諾してくれればいいですが、仮に**実体上義務があっても「自分は絶対承諾しないぞ」と抵抗している場合は訴えるしかありません**（訴訟が2つも必要になってしまいます）。

仮登記以外、もう1つの手があります。それが仮処分です。

＜仮処分＞

1	A
2	仮処分B
3	C

ここでBがAとの訴訟に勝った場合、Cの名義を消せます。

しかも先ほどと違って、承諾書をもらって消すのではありません。不意打ちで消すのはまずいので連絡はします。**「消しますよ」という通知はするのですが、OKをもらう必要はありません。**

内容証明郵便を送り付けて、それが届けば抹消して構わないのです。

このように、C名義を消す場合、仮登記と比べて、仮処分の方がはるかに簡単です。

では、この仮処分を使った登記の流れを見ていきましょう。

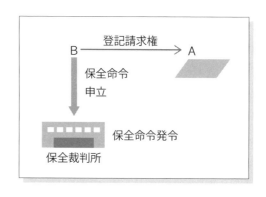

AとBで売買契約をしたのですが、Aが登記に応じないので、Bが裁判所に「Aが非協力なので、とりあえず仮処分をやってくれ」と申立てをします。

この仮処分というのは、結構早くやってくれます。何となく、これはやっていいだろうなというのが分かれば、スピーディーに処理してくれるのです（1週間、2週間で仮処分が出るという場合もあるようです）。

ここで「仮処分していいよ」という決定が出ると、次の状態になります。

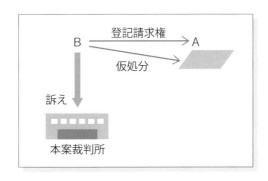

BがAの土地に対し、仮処分をしているという状態になっています。この状態にして、Bは民事訴訟の手続に入ります。

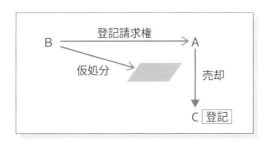

民事訴訟中に、AがCに売ってしまっているようですが、Bは安心です。

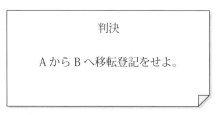

判決

AからBへ移転登記をせよ。

BとAの訴訟で、Bが勝訴し「AからBへ移転登記せよ」という判決が出ました。ただ、**現在C名義になっているため、これを消さない限りAからBに移転登記はできません。**

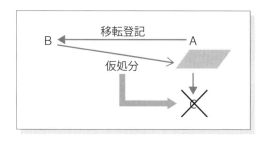

ここで仮処分の力を使います（使うことを援用と呼びます）。**仮処分の力を使って、Cの登記を消すことができる**のです。そうするとAに名義が戻ってきます。

あとは先ほどの「AからBへ移転登記せよ」という判決を使って、B名義に判決の登記をすればいいのです。

これが仮処分の登記の一連の流れです。

これまでの流れを、登記記録でも追いかけてみましょう。

順位番号	登記の目的	受付年月日	権利者その他の事項	
1	所有権保存	（略）	所有者　（住所省略）	A
2	処分禁止仮処分	（略）	原因　　○年○月○日○○地方裁判所仮処分命令	
			債権者　（住所省略）	B
3	所有権移転	（略）	原因　　○年○月○日売買	
			所有者　（住所省略）	C

これは、BがAに対して仮処分をかけた後、AがCへ売却した状態の登記簿です。

2番の仮処分の登記は嘱託で入ります。裁判所の方でやってくれるので、司法書士からの申請は不要です。

次の3つの言葉を意識してください。**嘱託、職権、申請です。**

嘱託や申請は登記所に対してお願いをすることです。「登記してください」と申し出をすることです。**国などがやる場合が嘱託、私人がやる場合が申請**です。そして、職権というのは、登記所が勝手にやる登記のことです。

2番の仮処分の登記は、仮処分命令という決定が出たら、**裁判所の方が嘱託でやってくれる登記**です。

順位番号	登記の目的	受付年月日	権利者その他の事項		
1	所有権保存	(略)	所有者	(住所省略)	A
2	処分禁止仮処分	(略)	原因	○年○月○日○○地方裁判所仮処分命令	
			債権者	(住所省略)	B
3	所有権移転	(略)	原因	○年○月○日売買	
			所有者	(住所省略)	C
4	3番所有権抹消	(略)	原因	仮処分による失効	
5	所有権移転	(略)	原因	○年○月○日売買	
			所有者	(住所省略)	B
6	2番仮処分登記抹消	(余白)	仮処分の目的達成により○年○月○日登記		

これは、判決で勝ったあとの登記簿の流れです。

判決で勝ったあと、まずCの名義を抹消します。この4番の抹消登記は、Cに手紙を送れば、**Bの単独申請で可能**です。

そして5番。これがAからBへの移転登記です。ここは勝訴判決をとって、**Bの単独申請**になります。

そして、仮処分の力を使ってC名義を消したので、仮処分の力が無くなります。6番の仮処分の抹消登記、これは職権でやってくれるのです。

> 仮処分は使ったので、もう無くなったね。
> だったら、仮処分は抹消しよう。

登記官

登記官にも、**仮処分の力がなくなったのは分かる**ので**職権でやってくれるの**です。

　では、前記の4番と5番の登記を作る申請書を見ていきましょう。

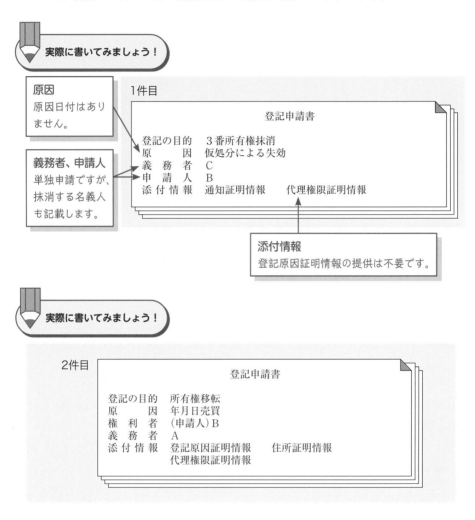

実際に書いてみましょう！

原因
原因日付はありません。

義務者、申請人
単独申請ですが、抹消する名義人も記載します。

1件目

登記申請書

登記の目的	3番所有権抹消
原　　　因	仮処分による失効
義 務 者	C
申 請 人	B
添付情報	通知証明情報　　代理権限証明情報

添付情報
登記原因証明情報の提供は不要です。

実際に書いてみましょう！

2件目

登記申請書

登記の目的	所有権移転
原　　　因	年月日売買
権 利 者	（申請人）B
義 務 者	A
添付情報	登記原因証明情報　　住所証明情報
	代理権限証明情報

　1件目がC名義の抹消登記の申請書、2件目がAからBへの移転登記の申請書です。2件目は単純な判決の登記なので、ここでは1件目のみ説明します。

　原因は「**仮処分による失効**」と書きます。**年月日がありません。**

　処分禁止仮処分で「買っちゃいけないよ」と命じられているのに、買ってしまっているので、間違ってやった登記となります。**間違った登記を直す場合には、**

年月日を書きません（年月日錯誤とは書きませんでしたね）。

また、申請人Bと表現されています。これは、Bによる単独申請が許されている登記なのです。

なぜ、Bによる単独申請ができるのかというと、2件目を申請するからなのです（**2件目を同時申請するのが、単独申請する条件なのです**）。

この2件目には、判決正本（確定証明書付）を添付しています。**このような強い証拠力があるものを持って申請するのであれば、1件目はB一人でやっていいよとしている**のです。

添付情報を見ていきます。登記原因証明情報が無いことに気付いたでしょうか。**仮処分による失効の登記では、登記原因証明情報が不要**になります。

登記原因である「仮処分による失効」とは、仮処分の下にあるから消滅することを指します。**「Cの登記は仮処分の下にありますよ。よって抹消です」これは、登記簿を見ればわかる**ので、別個に立証書面を作らなくてもいいとしているのです。

続いて登記識別情報と印鑑証明書も無いことに気付いたでしょうか。これは単独申請なのだから付けようがありません。

そして初めて登場する添付情報が、**通知証明情報**です。これは、Cに「あなたの登記を抹消しますよ」という手紙を送ったことを立証する書面です。

送りつければよいので、相手からの承諾書をもらう必要はありません。

◆ 通知証明情報の具体的内容 ◆

態様	通知を証する情報の具体的内容
(a) 原則	内容証明郵便
(b) 通知を発した日から1週間経過「前」に登記申請する場合	内容証明郵便 ＋ 配達証明書

基本的には**内容証明郵便と配達証明書（届いた証明になります）が必要**です。

ただし「送ってから1週間経つ」と「届いた」とみなしてくれるので、その場合は届いたという立証は不要になります（届かないように逃げまくるCの為に、

民事保全法59条2項が規定しています）。

問題を解いて確認しよう

1 所有権の移転の登記請求権を保全するための処分禁止の仮処分の執行としての処分禁止の登記がされている甲土地につき、債権者が債務者を登記義務者とする甲土地についての所有権の移転の登記を申請する場合において、処分禁止の登記に後れる登記の抹消を単独で申請するときは、その旨をあらかじめ当該登記の登記名義人に対して通知したことを証する情報を提供しなければならない。〔26-24-ウ〕 ◯

2 所有権の移転の登記請求権を保全するための処分禁止の仮処分の執行としての処分禁止の登記がされている甲土地につき、債権者が債務者を登記義務者とする甲土地についての所有権の移転の登記を申請する場合において、処分禁止の登記に後れる登記の抹消を単独で申請するときは、登記原因証明情報として仮処分の決定書の正本を提供しなければならない。〔26-24-オ〕 ✕

3 所有権について処分禁止の登記がされた後、当該処分禁止の登記に係る仮処分の債権者が、当該仮処分の債務者を登記義務者とする所有権の移転の登記と同時に、当該処分禁止の登記に後れる登記の抹消の登記を申請する場合には、当該抹消の登記の申請に際して登記原因証明情報の提供を要しない。〔28-16-イ〕 ◯

4 仮処分債権者が所有権の移転の登記と同時に申請する、所有権の処分禁止の仮処分の登記に後れる所有権の移転の登記の抹消登記では、登記原因の日付は登記事項にならない。〔30-13-ア改題〕 ◯

5 所有権について処分禁止の登記がされた後に、当該処分禁止の登記に係る仮処分の債権者Aが仮処分の債務者Bを登記義務者として所有権の移転の登記を申請する場合において、これと同時に処分禁止の登記に後れる登記の抹消を単独で申請する際に提供すべきその旨の通知をしたことを証する情報は、内容証明郵便により発したことを証するものでなければならない。〔オリジナル〕 ◯

6 処分禁止の仮処分の登記がされた後に、仮処分債権者が仮処分債務者を登記義務者として所有権移転の登記を申請する場合において、これと同時に仮処分の登記に後れる登記の抹消を単独で申請するときは、その旨の通知を抹消すべき登記の権利者に発した日から1週間を経過した後でなければならない。〔オリジナル〕 ✕

2 登記原因証明情報は不要な登記です。

6 通知を抹消すべき登記の権利者に発した日から1週間を経過する前であっても、配達証明書を併せて提供すれば、申請できます。

👍 **覚えましょう**

◆ 仮処分の登記に後れる登記の単独抹消申請の要件・効果 ◆

要件	被保全権利の実現のための登記申請と同時に申請すること
効果	仮処分債権者は、仮処分の登記に後れる登記を、単独で抹消申請することができる。（職権不可）
仮処分の登記に後れる登記	仮処分の登記より後順位の登記のうち、仮処分に対抗することができることが登記記録上又は法令上明らかな登記を除いたもの

ここからはどんな登記が消せるのかという話をしていきます。

基本的には仮処分の下にあるものは消せるのですが、最終的には対抗関係で決まります。

【[16-14-オ]の登記記録例】

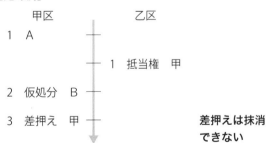

この抵当権の登記は、仮処分の前に入っています。だからこの**抵当権は抹消できません**。

そして次に、差押えが入っています。これは仮処分の後に入っていますが、この差押えをしているのは抵当権者です。この抵当権は仮処分に勝っています。そのため、抵当権に基づくこの差押えも、仮処分に勝てるのです。

結果として、仮処分の下に差押えはありますが、**この差押えは仮処分によって消すことはできません。**

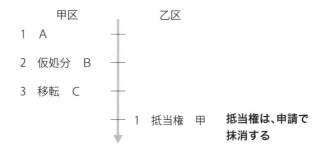

仮処分の下にはAから移転したCと、そのCに対して抵当権を設定した甲がいます。

この場合、結論として抹消申請するのは2件です。乙区1番の抹消申請と、甲区3番の抹消申請が必要です。

甲区3番の抹消申請1件（甲の承諾書付き）と考えた方もいるかもしれません。

ただ、先例が、**遅れた登記はすべて抹消「申請」することを要求している**ので、承諾書を付けて職権抹消という手段はとれません。

仮処分によってどんなものが消せるのかというのはここまでにします。

問題を解いて確認しよう

1　所有権の移転の登記請求権を保全するための処分禁止の仮処分の執行としての処分禁止の登記がされている甲土地につき、債権者及び債務者が甲土地についての所有権の移転の登記を共同して申請する場合には、申請と同時にするときに限り、債権者は、処分禁止の登記に後れる登記の抹消を単独で申請することができる。〔26-24-イ〕　　〇

2　所有権移転の登記請求権を保全するための処分禁止の仮処分の登記がされた場合には、仮処分債権者は、所有権移転の登記と同時に申請することにより、単独で当該処分禁止の登記に後れる登記を抹消することができるが、仮処分の登記前に設定の登記がされた抵当権の登記名義人が申し立てた担保不動産競売の開始決定に係る差押えの登記を抹消することはできない。〔16-14-オ（26-24-ア）〕　　〇

Aを登記名義人とする根抵当権の設定の登記がされている甲土地について、Bを仮処分の債権者とする所有権の処分禁止の登記がされた後、当該根抵当権の債権の範囲の変更の登記がされた場合でも、Bは、Bへの所有権の移転の登記の申請と同時に当該根抵当権の変更の登記の抹消を申請することはできない。〔29-23-1〕

★仮処分後の処分があったとしても、仮処分による失効を原因にした抹消申請が出来ますが、上記のような根抵当権の債権の範囲を変更することは処分にはあたらないので、抹消することはできません（平9.1.29民三151号）。

所有権登記名義人Aに対してB名義の処分禁止の仮処分がされた後、C名義の抵当権設定登記がされている。この後、Bが所有権の移転の登記を申請する場合において、Cの抵当権の設定の登記の抹消を申請しなかったとしても、当該所有権の移転の登記の申請は却下されない（平2.11.8民三5000号）。
〔26-24-エ〕

★仮処分に後れる登記は抹消することができます。ただ、今回のCの登記のように、Bへの移転登記の邪魔にならない登記は抹消しないことも可能です。

Aを所有権の登記名義人とする甲土地について、Bを仮処分の債権者とする所有権の処分禁止の登記がされた後、A及びBが甲土地について所有権の移転請求権の保全の仮登記を申請する場合でも、Bは、当該処分禁止の登記に後れる登記の抹消を単独で申請することはできない（111Ⅰ括弧書）。
〔29-23-3〕

★所有権移転登記を申請する場合には、仮処分に後れる登記を抹消できますが、所有権移転「仮」登記を申請する場合には、抹消できません。対抗力がない仮登記を申請する際に、他の登記を抹消できるとするのは仮登記に過大な効力を認めることになるためです。

第8編 その他の登記 ◆ 第2章 仮処分による登記

仮処分の登記が消される場面に移ります。

いつか仮処分は無くなります。その抹消をするのは、嘱託なのか、申請なのか、職権なのかという論点があります。

順位番号	登記の目的	権利者その他の事項
1	所有権保存	所有者 （住所省略） A
2	処分禁止仮処分	債権者 （住所省略） B
3	所有権移転	所有者 （住所省略） C

---

① Bが本案訴訟（民事訴訟）で敗訴した場合
　→ 嘱託で2番仮処分は抹消

「Bが民事訴訟で負けた」ということは、もう仮処分を使ってCの登記を消すことはなくなります。この場合、Bが「僕負けましたので消してください」と登記所に申請することはないでしょう。

また、負けたということは登記所には分からないので、職権という可能性もありません。

そのため、**裁判所から「Bが民事訴訟で負けたのでもう仮処分は消してください」という嘱託**がされるようになっています。

---

② Bが本案訴訟を取り下げた場合
　→ 嘱託で2番仮処分は抹消

これは負けそうだから民事訴訟は止めたという場面です。ここもBが「訴えを取り下げました。すみませんがもう仮処分を消してください」と登記所に申請することは考えにくいでしょう。また、登記所は取り下げた事実を知らないので、職権も無理です。

そのため、これも**裁判所から嘱託**されるようになっています。

③　Bが3番の登記の抹消登記の申請をした場合
→　職権で2番仮処分は抹消

　Bが仮処分を使ってC名義を消すという申請をしました。これであれば、「**仮処分を使った**」「**使って無くなった**」ということが、**登記所に分かる**ので職権で仮処分の抹消をやってくれます。

　受験対策としては、**基本は嘱託で消すと思ってください。ただ、遅れる登記の抹消登記申請を経由した場合だけ、職権だと覚えてください**（申請で仮処分の抹消をすることは絶対にありません）。

問題を解いて確認しよう

1	処分禁止の仮処分の登記がされた後に、仮処分債権者が本案の勝訴の確定判決により自己への所有権の移転登記を申請したときは、仮処分に後れる登記を抹消するかどうかを問わず、仮処分の登記は、職権により抹消される。〔59-24-2改題〕	×
2	処分禁止の仮処分の登記に後れる登記の抹消を債権者が単独で申請する場合、当該処分禁止の登記の抹消をも申請しなければならない。〔11-24-オ〕	×

ヒトコト解説

1　後れる登記を抹消するかどうかで結論が変わります。

2　仮処分の登記を抹消するとしても、申請はあり得ません。

　ここまでは、所有権の登記をやってくれない時の事例で説明しました。ここからは、「抵当権設定をしたのに、設定登記をしてくれない」「地上権設定をしたのに、設定登記をしてくれない」「抵当権移転があったのに、移転登記をしてくれない」という事例を見ていきます。

甲区	順位番号	登記の目的	権利者その他の事項
	1	所有権保存	所有者　（住所省略）　A
	2	処分禁止仮処分（乙区1番保全仮登記）	債権者　（住所省略）　B

乙区	1	抵当権設定保全仮登記（甲区2番仮処分）	権利者　（住所省略）　B
		余白	余白

「これ以上抵当権を設定するんじゃないぞ」と甲区2番で仮処分を入れます。そして**仮処分とセットで入るのが乙区1番の保全仮登記**です。ここでBさんは1番の順位がもらえるのです。

ただ目的に「保全」仮登記という文字が入っていることに注意してください。これは単なる仮登記と違って「処分ができない」ということをアピールするためなのです。普通の仮登記だったら、売ることができましたが、この**保全仮登記はそういう処分ができません**。

順位番号	登記の目的	権利者その他の事項
1	所有権保存	所有者　（住所省略）　A
2	処分禁止仮処分 （乙区1番保全仮登記）	債権者　（住所省略）　B

1	抵当権設定保全仮登記 （甲区2番仮処分）	権利者　（住所省略）　B
	余白	余白
2	抵当権設定	抵当権者（住所省略）　C

⇩

順位番号	登記の目的	権利者その他の事項
1	所有権保存	所有者　（住所省略）　A
<u>2</u>	<u>処分禁止仮処分</u> <u>（乙区1番保全仮登記）</u>	<u>債権者　（住所省略）　B</u>

1	抵当権設定保全仮登記 （甲区2番仮処分）	権利者　（住所省略）　B
	抵当権設定	抵当権者（住所省略）　B
2	抵当権設定	抵当権者（住所省略）　C

ここは、Bが判決で勝って、仮登記の本登記をするという場面です。乙区1番の余白部分にBの名義が入っています。

この場合、**2番抵当権の登記は消しません**。**消さなくてもBの目的は達成できる**のです。

2番が存在しても1番の配当額は減りませんよね。自分が1番で配当をもらえれば、下に誰がいても文句は無いので2番は消さないのです。

次は、Bが地上権設定をした場合の登記簿を確認していきます。登記簿の流れを全部追っかけて、抵当権の場合と違いを探してみてください。

順位番号	登記の目的	権利者その他の事項
1	所有権保存	所有者　（住所省略）　A
2	処分禁止仮処分 （乙区1番保全仮登記）	債権者　（住所省略）　B

順位番号	登記の目的	権利者その他の事項
1	地上権設定保全仮登記 （甲区2番仮処分）	権利者　（住所省略）　B
	余白	余白

⇩

順位番号	登記の目的	権利者その他の事項
1	所有権保存	所有者　（住所省略）　A
2	処分禁止仮処分 （乙区1番保全仮登記）	債権者　（住所省略）　B

順位番号	登記の目的	権利者その他の事項
1	地上権設定保全仮登記 （甲区2番仮処分）	権利者　（住所省略）　B
	余白	余白
2	地上権設定	地上権者（住所省略）　C

⇩

順位番号	登記の目的	権利者その他の事項
1	所有権保存	所有者　（住所省略）　A
2	処分禁止仮処分 (乙区1番保全仮登記)	債権者　（住所省略）　B

1	地上権設定保全仮登記 (甲区2番仮処分)	権利者　（住所省略）　B
	地上権設定	地上権者（住所省略）　B
2	地上権設定	地上権者（住所省略）　C
3	2番地上権抹消	原因　仮処分による失効

気が付いたでしょうか。今回は、**2番地上権の登記を消す**のです。

2つ地上権があるという状態は矛盾しています（地上権は、土地の地表、地下、空中のすべてを使う権利です。2つ以上成立することはあり得ません）。

所有権以外の登記をしたい場合、保全仮登記の下にある権利を消すか、消さないかという場合分けが必要なのです。

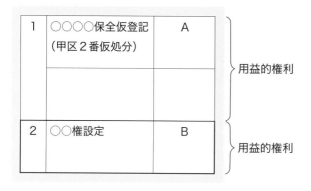

仮処分をかけた人のために入れたのが、1番の保全仮登記です。これが本人のやりたい登記です。2番が裏切られて入れられた登記です。

1番に入れたのが用益的な権利（地上権、賃借権、不動産質権、物を使用収益する権利が該当）、そして**2番に入れられたのも用益的な権利**（地上権、賃借権など）、その場合は2番が消せます。

だから、1番が抵当権、2番が抵当権の場合は2番が消せません。

また1番が抵当権、2番が地上権の場合も2番が消せません。

このようなルールになっているのですが、注意点が3つあります。

1つ目は、**2番が区分地上権の場合は一切抹消できません**。2番が区分地上権ということは、設定する段階で1番の承諾をもらっています（民269条の2）。**区分地上権を設定することをOKしているのに、後でその区分地上権を抹消するというのはまずい**ですよね。

2つ目は、**2番が不動産質権の場合も一切抹消できません**。不動産質権が消されてしまうと、**用益的権利が無くなるだけでなく、担保権も無くなり一般債権者に落ちてしまいます**。

例えば「1番で入れた保全仮登記が地上権」で「2番が不動産質権」だった場合、地上権を本登記しても不動産質権は抹消せず、担保権のトップの座は維持させます（用益的な権利のトップは、もちろん地上権者です）。

3つ目は、**地役権です**。1番が地役権だったら、2番が抵当権だろうが地上権だろうがなんだろうが消せません。逆に2番が地役権だった場合、これは1番がどんな権利であっても消せません。

地役権が他の権利と矛盾するのかどうかが分からないためです（もし権利が矛盾するのであれば、別個に訴訟することになります）。

問題を解いて確認しよう

1	仮処分の債権者は、処分禁止の仮処分の登記とともに賃借権の設定の保全仮登記をした場合において、本案訴訟の判決に基づいて賃借権の本登記を申請するときは、単独で仮処分の登記に後れる賃借権の設定の登記の抹消を申請することができる。〔7-14-5〕	○
2	地上権設定の保全仮登記に後れる不動産質権の設定登記がある場合、仮処分債権者は、当該保全仮登記に基づく本登記を申請するときであっても、当該不動産質権の設定登記の抹消を申請することはできない。〔11-24-エ（18-17-ウ）〕	○

────────────────（ ×肢のヒトコト解説 ）────────────────

5　申請で抹消します。職権では抹消してくれません。

2周目はここまで押さえよう

順位番号	登記の目的	権利者その他の事項	
1	抵当権設定保全仮登記(甲区2番仮処分)	原因 債権額 債務者 権利者	年月日金銭消費貸借年月日設定 金　980万円 (省略) (住所省略) A
	余白	余白	

　抵当権の設定登記をしてくれないので、民事保全の申立てをし、保全仮登記を入れ、その後、民事訴訟をしました。

　その訴訟の過程で、本当の債権額が登記している980万円ではなく、1,000万円であることが判明しました。

民事保全は急いで行っているため、多少のミスがおきることがあります。ただ、実際には1,000万円で登記する以上、上記の仮登記のままでは本登記ができません。

> 保全仮登記に係る権利の表示がその保全仮登記に基づく本登記をすべき旨の本案の債務名義における権利の表示と符合しない

↓

> 仮処分の債権者の申立て

↓

> 仮処分命令を発した裁判所は、その命令を更正し、更正決定が確定したときは、裁判所書記官は保全仮登記の更正の登記を**嘱託**しなければならない（民保60Ⅰ・Ⅲ）

　この場合、裁判所に申し立てて仮登記を更正してもらうのです（更正登記を嘱託してもらいます）。
　裁判所によって保全仮登記を作ってもらったので、それを直すのも裁判所の仕事になります。
　間違っているのが分かったとしても、当事者から申請することができません。

☑ 1　保全仮登記について、仮処分債権者と仮処分債務者は、保全仮登記の登記事項を本登記における登記事項とする更正の登記を共同で申請することができる。〔17-20-エ〕 ×

2　Aを所有権の登記名義人とする不動産について、Bの根抵当権の設定登記請求権を保全するために所有権の処分禁止の仮処分の登記及び極度額を2000万円とする根抵当権の保全仮登記がされている場合において、当該保全仮登記に基づく本登記をすべき旨の本案の債務名義においてその極度額が1000万円とされたときは、AとBは、共同して、当該保全仮登記の極度額を1000万円とする更正の登記を申請することができる。〔29-24-ア〕 ×

◆ 処分禁止の仮処分の論点と結論 ◆

保全する権利 （原告がやりたい登記）		仮処分のパターン	遅れる登記を抹消 できるか？	職権で仮処分の登記 を抹消する場合は？
所有権についての 登記請求権		「**処分禁止仮処分**」 の登記のみ	抹消できる	遅れる登記を 抹消した場合
所有権以外の	移転登記請求権 抹消登記請求権			
	保存登記請求権 設定登記請求権 変更登記請求権	「**処分禁止仮処分**」 ＋「**保全仮登記**」	原則不可	保全仮登記の 本登記をした場合

　所有権以外については、処分禁止仮処分に加えて保全仮登記がされる場合もあれば、処分禁止仮処分しかされない場合があります。

　「権利が発生」する場合は保全仮登記までして、順位を確保してあげます。一方、**「権利が移転」「消滅」する場合は、処分禁止仮処分のみ**だと考えましょう（細かい例外は、後々押さえましょう）。

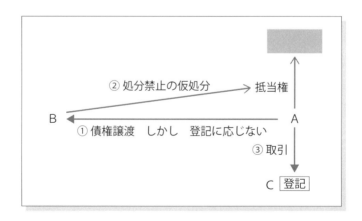

　Aがある不動産に抵当権を持っています。この抵当権に基づく債権をBに債権譲渡しているのですが、Aが登記に応じません。

　Bとしてみれば、これを二重譲渡されたら困るので、仮処分を仕掛けました。「他の人に抵当権を売ってもらっては困る」と仮処分をかけるのですが、その仮

処分はどこに向かっていますか。

　これは土地に向かっていません。Bは抵当権を処分してほしくないので、抵当権に仮処分をかけるのです。

　では、どんな登記がされるのでしょうか。

　今回は「権利が移転」しているケースなので、処分禁止の仮処分のみがされます。次の登記簿を見てください。

順位番号	登記の目的	受付年月日	権利者その他の事項	
1	抵当権設定	（略）	原因 抵当権者	（省略） （登記事項一部省略） （住所省略）　　　　　A
付記1号	1番抵当権処分 禁止仮処分	（略）	原因 債権者	○年○月○日○○地方裁判所仮処 分命令 （住所省略）　　　　　B
付記2号	1番抵当権移転	（略）	原因 抵当権者	○年○月○日債権譲渡 （住所省略）　　　　　C
付記3号	1番抵当権移転	（略）	原因 抵当権者	○年○月○日債権譲渡 （住所省略）　　　　　B
2	1番付記2号抵 当権移転抹消	（略）	原因	仮処分による失効
3	1番付記1号仮 処分登記抹消	（余白）	仮処分の目的達成により○年○月○日登記	

　Aはやはり裏切って別の人に債権譲渡をして登記をしています（それが付記2号です）。

　更にその後、Bが民事訴訟で勝ちました。その時にやるのが、2番の登記と付記3号の登記です。

　まず、2番の登記でC名義を消します。それで、AからBへ移転ができるようになります（ここが付記3号です）。

　ここでは遅れる登記を消しているので、仮処分の抹消は職権でやってくれるのです（ここが3番の登記です）。

　まとめると、「処分禁止の登記だけされる」「遅れる登記は消せる」「遅れる登記を消した場合、仮処分は職権抹消される」となっています。

つまり、**所有権で説明した内容と、同じ結論になる**のです。

これで到達！　　　合格ゾーン

☐　不動産の所有権の一部についての処分禁止の仮処分の登記の嘱託をすること
　　ができる（昭30.4.20民甲695号）。〔30-12-オ（6-14-2、59-24-5）〕

　　★AがBに対して所有権3分の1を売却したところ、Aが登記に協力しない場
　　　合、「Aの所有権のうち3分の1処分禁止」という仮処分を求めることがで
　　　きます。

☐　仮登記に基づく本登記を禁止する処分禁止の仮処分の登記をすることはでき
　　ない（昭30.8.25民甲1721号）。〔6-14-1〕

　　★処分禁止の仮処分は、処分を禁じることができます。すでに入っている仮登
　　　記について、本登記をすることは新たな処分ではないため、禁じることがで
　　　きません。

第3章　区分建物の登記

「専有部分だけ」の処分をした場合に、それが有効か
どうか、そして登記ができるのかということが頻繁に
問われます。
ここは理屈もありますが、暗記の要素が強いところで
す。理解が苦しいところは積極的に覚えましょう。

権利部（甲区）			
順位番号	登記の目的	受付年月日	権利者その他の事項
1	所有権保存	（略）	所有者　　（住所省略）　甲野一郎
2	所有権移転	（略）	原因　　　年月日売買 所有者　　（本店省略）　株式会社根本住建
3	所有権敷地権	余白	建物の表示 　　　　文京区小日向二丁目1番1の102 一棟の建物の名称 　　　　ダイアモンドマンション 　　　　令和5年12月1日登記

　まず区分建物の登記の特徴を説明します。

　上に載っているのが土地の登記簿です。1番が地主さん、2番がマンション業
者が用地買収をした登記だと思ってください。

　この後マンションを建てます。

　そして、マンションが建った後、それを敷地権化すると宣言し、登記をします
（3番の登記のことです）。

　この敷地権である旨の登記をすると、もう土地の登記は動かせません。

　マンション完成後、専有部分と一緒に土地は切り売りしますが、土地の登記は
一切動かせないのです。

この敷地権である旨の登記をすると、マンションの一部屋ごとに土地の権利が書かれるようになります。

次の登記簿を見てください。

表　題　部（専有部分の建物の表示）			不動産番号	（省略）
家屋番号	小日向二丁目1番1の102		余白	
建物の名称	102号		余白	
①種類	②構造	③床面積　㎡	原因及びその日付［登録の日付］	
居宅	鉄筋コンクリート造1階建	1階部分　　85 ｜ 00	令和5年12月1日新築［令和5年12月1日登記］	
表　題　部（敷地権の表示）				
①土地の符号	②敷地権の種類	③敷地権の割合	原因及びその日付［登録の日付］	
1	所有権	100分の1	令和5年12月1日敷地権［令和5年12月1日］	
所有者　文京区小日向一丁目1番1号　　株式会社根本住建				

権利部（甲区）				
順位番号	登記の目的	受付年月日	権利者その他の事項	
1	所有権保存	（略）	原因　　年月日売買 所有者　（住所省略）　　　A	
2	所有権移転	（略）	原因　　年月日売買 所有者　（住所省略）　　　α	

これがあるマンションの102号室の登記簿です。

真ん中あたりにある「表題部（敷地権の表示）」という部分を見てください。102号室は、土地の権利を100分の1持っていることを公示しています。

甲区の2番を見てください。これが公示する内容は2つあります。

① 　102号室の所有権を取得したということ。

② 　**土地の権利100分の1も取得した**ということ。

マンションの登記の特徴はここにあります。**建物に登記をすることによって、土地の登記もしたと扱う**のです。

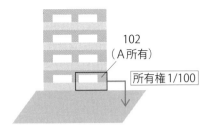

```
不動産の表示
    一棟の建物の表示
    所　　　　　在　　文京区小日向二丁目1番地1、同番地2
    建物の名称　　ダイアモンドマンション

    専有部分の建物の表示
    家 屋 番 号　　小日向二丁目1番1の102
    建物の名称　　102号
    種　　　　　類　　居　宅
    構　　　　　造　　鉄筋コンクリート造一階建
    床　面　積　　一階部分　85.00平方メートル

    敷地権の表示
    所在及び地番　　文京区小日向二丁目1番1
    地　　　　　目　　宅地
    地　　　　　積　　430.00平方メートル
    敷地権の種類　　賃借権
    敷地権の割合　　2000分の50
```

102号室をAさんが買いました。

この場合、Aが買ったものは102号室だけじゃありません。土地の権利も買っています。そのため、申請書の不動産の表示には、建物102号室だけでなく、土地についても書く必要があります。

このように**敷地権の表示を書くのが基本**ですが、どんな登記でも敷地権を記載するわけではありません。

抵当権の設定に関して、敷地権が賃借権の場合は敷地権の表示は不要である。

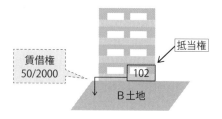

賃借権
50/2000

抵当権

102

B土地

　今回、土地の権利が賃借権の状態で、102号室に抵当権を設定しました。抵当権の設定は102号室にしかできません。**賃借権には抵当権の設定ができない**からです。そのため、102号室に抵当権を設定した場合の申請書には、敷地権の表示は入れません。

問題を解いて確認しよう

1　敷地権が賃借権である敷地権付き区分建物について、抵当権の設定の登記を申請するときは、当該賃借権の目的である土地の所在、地番、地目及び地積を申請情報として提供しなければならない。　　　　　　　　　　〔19-20-エ（60-17-4、22-20-ウ）〕　　　×

ヒトコト解説

1　敷地権の賃借権に抵当権の効力が及ばないので、敷地権のことを申請書に記載する必要はありません。

☐ 「平成18年7月8日敷地権」と記録されている場合において、専有部分のみについて、平成18年7月12日に、平成18年7月2日売買を原因とする所有権移転仮登記の申請をすることができる。この場合の申請書には、敷地権の表示を記載することを要しない（昭58.11.10民三6400号）。〔23-15-ウ〕

> ★上記の申請は建物にのみ効力がある登記なので、敷地権を申請情報にすることは不要になります。

 覚えましょう

区分所有者は、原則として、専有部分と敷地利用権とを分離して処分することはできない（区分22条1項本文）。

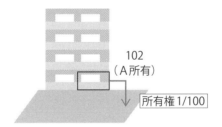

専有部分と敷地権は、まとめて処分しなさい、バラして処分してはいけないということで一体処分の原則、分離処分禁止の原則と呼ばれます。

建物だけを買った場合、この原則に反するので無効となり、建物だけに抵当権を設定しても、この原則に反するので無効となります。

ただ、一体処分の「原則」と言っているところから、例外も多数あるのです。その例外が一大論点です。

専有部分だけ（又は敷地権だけ）について、一定の処分をしてしまった。

（1）その処分は有効か？　無効か？

（2）登記申請は可能か？

（3）建物のみの付記登記が職権でされるのか？

この場合、3つの判断が必要になります。

まず、それが有効か無効かを判断します。その上で無効だったら、もちろん登記はできません。

有効の場合、次は登記ができるかを判断してください。有効でも登記ができない場合があるのです。

そして、最後に建物のみの付記が入るかということを判断してください。

まず、上記の（1）（2）の論点に絞って事例を紹介していきます。

行為	有効か無効か	登記申請ができるか
土地収用法に基づく収用により敷地のみ所有権を取得する	有効	不可

土地収用法に基づいてマンションの土地だけが収用で持っていかれました。

これが有効か無効かというと、有効です。

なぜ土地だけ収用したのでしょう。なぜ建物も「土地」収用法に基づいて収用しなかったのでしょうか。

無理言うな、と思いませんか。

だって、名前が「土地」収用法なのですから、建物を収用するのは制度上無理です。そのため、土地だけの収用を有効にしています。

ただ気を付けるのは、これが登記できるかどうかです。

結論から言えば、**土地について移転登記はできません。**

敷地権である旨の登記が入っていると、移転登記は受理されないとなっている

のです。ここの理屈は難しいので、理解するのは諦めて、移転登記はダメと覚えてください。

行為	有効か無効か	登記申請ができるか
遺産分割により専有部分のみ所有権を取得する	無効	

父親がマンションを残して死にました。

兄弟で、兄貴が建物、弟が敷地の権利を取得する。こんな遺産分割協議をしたのです。

これは無効です。

やろうと思えば、「兄貴が建物と敷地を取得する」「弟が建物と敷地を取得する」というような一体処分ができます。

「一体処分をしようと思えばできる」のに**「一体処分をしなかった」**ということで、無効扱いにします。もちろん登記はできません。

行為	有効か無効か	登記申請ができるか
専有部分のみの（根）抵当権設定 ※敷地上の既設定（根）抵当権の追加設定として、新築された区分建物の専有部分を目的とする場合	有効	本登記も可能

前提として、建物だけに抵当権を設定する、土地だけに抵当権を設定するというのは無効です。ただ、それが有効になるという場面もあるのです。

マンション業者が土地買収をした後に、土地に抵当権を設定しています。おそらく、マンション業者が建築費用を借りて、担保を設定したのでしょう。

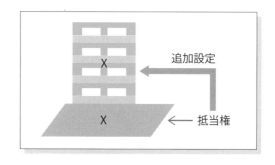

　そして、マンション業者が建物を建てて敷地権である旨の登記をしました。
　その後、このマンションに対して、抵当権を追加設定したのです。
　（マンション建築費用が莫大であるため、土地だけでは担保として足りなかったと思われます。）

　確かに建物だけに設定していますが、これは有効としています。
　というのは、結果的には、土地・建物の両方に設定している状態にしているからです。
　事後的に、「土地建物の両方に抵当権が設定されている状態」を作り上げているので有効としたのです。

　そして、登記申請ができるかというと、**なすべき登記は「設定」であるため登記申請もできます。**

　事例は抵当権でしたが、**これが純粋共同根抵当権でも許されます。**
　ただ、これが**累積式共同根抵当権だった場合は許されません。**
　累積式の場合は、別個独立バラバラの権利なので、一体処分という扱いにはならないからです。

行為	有効か無効か	登記申請ができるか
敷地についての地上権・地役権の設定	有効	本登記も可能

敷地だけ地上権を設定する、もしくは地役権を設定するということは認められます。

「建物にも地上権を設定しろ」というのは無理なので、土地だけに設定するのが認められます。

　そして、なすべき登記は地上権の設定、地役権の設定となり、**移転登記ではないので、登記も可能**です。

行為	有効か無効か	登記申請ができるか
専有部分についての賃借権設定	有効	本登記も可能

　例えばアパートを借りたことがある方、みなさんはアパートという建物だけの賃貸借契約をしていたのです。

　土地、使いますよね。

土地は使うけど、賃貸借契約は建物だけにしているのです。

建物だけ賃貸借すれば、土地も使える、これが不動産取引の常識です。

　マンションもそこは同じで、建物だけ賃貸借契約をすれば、自分のマンションを貸せる、土地まで貸す契約をする必要はありません。

　だから建物だけ貸したとしても、有効としています。

　そしてなすべき登記は、賃借権設定登記で、**移転登記ではないので本登記も可能**です。

　ちなみに、これまで移転登記はダメだと説明したのですが、1つ気を付けてほしい事案があります。

行為	有効か無効か	登記申請ができるか
敷地利用権が賃借権の場合、土地の所有権についての譲渡契約	有効	本登記も可能

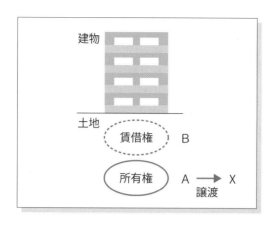

マンション業者Bはマンションの用地を買うことができず、地主Aとの賃貸借契約で賃借権を設定して、マンションを建てました。

そして、賃借権が敷地権である旨の登記をしました。

この場合、**マンションと賃借権は一体処分しろと要求されます。**

ただ、**土地の所有権については、縛りがかかりません。**そのため、土地の所有権だけを売っても有効ですし、移転登記も可能です。

縛りが付いているのは、マンションの所有権と土地の賃借権です。

そこについては別個独立して移転登記をすることはできませんが、**土地の所有権については、縛りが付いていない**ので、移転登記まで可能なのです。

ここまでの説明は、基本的に敷地権である旨の登記が入った後にされている行為と思ってください。

行為	有効か無効か	登記申請ができるか
敷地権が発生した後の専有部分の所有権だけの譲渡契約	無効	
敷地権が発生する前の専有部分の所有権だけの譲渡契約	有効	仮登記までなら可

　敷地権である旨の登記が入った後、専有部分だけを買った場合は、もちろん無効です。だから登記申請はできません。

　敷地権である旨の登記がされる前に、専有部分だけを売り買いしました。これは有効ですし、この時点であれば登記申請もできます。

　ただ、放っといたら敷地権である旨の登記が入ってしまったのです。
　すると、**もう移転登記は受け付けられません**。そのため、売買契約は有効でも移転登記をすることができません。

　では、どうすれば移転登記を入れられるのでしょうか。
　敷地権である旨の登記が入っていると移転登記が受け付けられないので、**敷地権である旨の登記を抹消すれば、移転登記をすることができる**のです。
　ただ、この敷地権である旨の登記の抹消は、マンションの住人全員の登記識別情報が必要です。
　これを集めるのは、**非常に大変で、時間がかかる**でしょう。

　登記するまで時間がかかるため、その間に二重譲渡されるリスクがあります。そこで**仮登記までは認める**ことにしました。
　「仮登記をして順位をキープしていいよ。順位をキープした上でじっくり登記識別情報を集めてください」という感じです。

行為	有効か無効か	登記申請ができるか
敷地権が発生した後の専有部分への抵当権設定	無効	
敷地権が発生する前の専有部分への抵当権設定	有効	本登記も可能

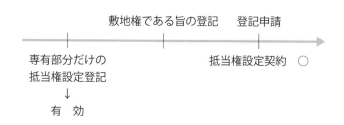

敷地権である旨の登記が入る前に、専有部分だけに抵当権を設定する、これは有効です。

その後、敷地権である旨の登記が入ると、**もう移転登記を受け付けられません**が、今回なすべき登記は、抵当権の設定登記です。

そのため、抵当権の設定は、本登記まで可能です。

問題を解いて確認しよう

1　敷地権付き区分建物の表題部所有者Aが死亡した場合において、その共同相続人であるB及びCの間で「区分建物はBが取得し、敷地権はCが取得する」旨の遺産分割協議がされたときは、B及びCは、当該遺産分割協議に基づいて、区分建物及び敷地権についてそれぞれ所有権の移転の登記を申請することができる。〔19-20-イ〕　　×

2　敷地権付き区分建物について、敷地権が生じた日の前の日を登記原因日付として、建物のみを目的とする所有権移転仮登記の申請をすることは可能で、かつ、建物のみに関する旨が付記される。〔15-19-エ改題〕　　○

3　甲区分建物の登記記録の表題部の「敷地権の表示」欄中「原因及び日付」欄に「平成17年4月1日敷地権」と表示されているときに、敷地権が地上権である場合、敷地権の目的である乙土地のみについて平成17年7月1日売買を登記原因とする所有権移転の登記を申請することができる。〔9-19-エ改題〕　　○

| 4 | 甲土地（規約敷地）について、その所有権につき敷地権である旨の登記がされる前に、土地収用法による収用の裁決がされていたが、その後、敷地権である旨の登記がされた場合、その状態で所有権移転登記の申請をすることができる。〔11-14-ウ改題〕 | × |
| 5 | 敷地権付き区分建物の敷地権の目的である土地について、区分地上権設定の登記の申請は、することができる。〔2-18-2（11-27-イ、19-20-ウ、24-19-5）〕 | ○ |

------ ×肢のヒトコト解説 ------

1 遺産分割をして区分建物と敷地を別々に処分することは、分離処分禁止に該当するので無効です。

4 収用は土地にしか生じないため有効となりますが、なすべき登記は移転登記のため登記ができません。

 2周目はここまで押さえよう

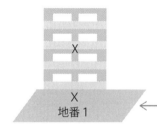

根抵当権
極　度　額　　1,000万円　→　1,500万円 ×
債権の範囲　　手形取引　　→　変更○
債　務　者　　B

　区分建物が建つ前に、土地に対して根抵当権を設定しています。
　マンション建築後、債権の範囲を変更することは一体処分の原則に反しないでしょうか。

　つまり、「土地の根抵当権だけでなく、建物の根抵当権の変更登記をしないとアウト」になるのでしょうか。

　建物に根抵当権はありませんよ。
　土地にしか根抵当権がない以上、土地の根抵当権の変更登記だけするのは何の問題もないはずです。

ただ、極度額の変更をする場合は話が変わります。

　先ほどの状態で、土地に対する極度額を500万円増額する行為は、なぜか、土地に対する500万円の設定行為と考えられています。
　土地に対してだけ、根抵当権を設定するのは一体処分に反するので、この増額変更登記は許されていないのです。

　ここは、理屈を理解しようとしないで、「極度額増額はNG」と無理くり覚えてください。

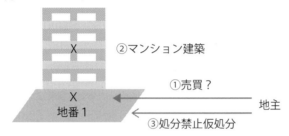

　マンション業者Xが、マンション用地を地主から買い、その後マンション建築をしました。
　ただ、ここで地主が「自分は売ったつもりはない。土地を返せ」と訴えたようです（売ったかどうかでもめたのでしょう）。

　ここで地主は民事訴訟のカタが付く前に、処分をしないように処分禁止の仮処分を申し立てます。「そこは自分のものだから、処分しないように」という内容の仮処分をしかけるのです。

　この仮処分は土地だけにすることになります。地主は建物に対しては「自分のものだ」という利害がないので、建物に処分禁止仮処分をすることはできません。

　こういった事情があるため、敷地利用権のみの帰属を争う場合には、一体化後の敷地のみを目的とする仮処分を許しています。

1 根抵当権設定の登記のされた土地については、敷地権である旨の登記がされた後であっても、債権の範囲の変更の登記の申請をすることができる。 ○

〔5-25-2（10-13-イ、18-25-イ）〕

2 A所有の甲土地の所有権を目的として根抵当権の設定登記がされた後に、甲土地の所有権を敷地権の目的とするA所有の乙区分建物の表示に関する登記及び甲土地の所有権に敷地権である旨の登記がされた場合、甲土地の根抵当権の極度額増額の変更登記は、その増額の変更契約の日付が、甲土地が敷地権の目的となった日より前であるか、後であるかを問わず、申請することができる。〔10-13-ア〕 ×

3 敷地権付き区分建物についての処分禁止の仮処分の登記は、当該敷地権が生じた後に当該仮処分がされた場合には、当該区分建物のみ又は当該敷地権の目的である土地のみを目的とすることはできない。〔19-20-オ〕 ×

これで到達！ **合格ゾーン**

☐ 敷地権付き区分建物のみを目的とする質権設定の登記であっても、当該建物の敷地権が生じた日よりも前の日を登記原因の日とする場合は、その申請をすることができる（73Ⅲ但書）。〔23-15-ア（24-19-2）〕

★敷地権化する前に行っているので、実体上有効です。また、なすべき登記は「設定」登記なので登記は可能です。

☐ 甲土地について、その所有権が敷地権である旨の登記がされる前に、担保不動産競売開始決定がされていたが、その後、敷地権である旨の登記がされた場合、その状態で差押えの登記の嘱託をすることができる。〔11-14-オ〕

★敷地権化する前に担保不動産競売開始決定がされていれば、その競売は有効です。そして、なすべき登記は移転登記ではないので、登記も可能です。

☐ 敷地権である旨の登記がされている土地について、敷地権を目的とする一般
の先取特権の保存の登記を申請することはできない（73Ⅱ）。〔23-15-イ〕

> ★一般の先取特権は、債務者の総財産の上に当然に生ずる担保物権なのです。
> そのため、区分建物の場合、一般先取特権は専有部分と敷地権の「両方に」
> 当然に発生するため、「あえて片方だけに登記すること」を禁止した条文と
> 考えてください。

建物のみに効力がある登記を申請した場合
原則　建物のみに関する付記が入る
例外　賃借権の登記
　　　特別先取特権の登記

建物だけに効力が生じても、例外的に登記ができる場面がありました。
その場合、少々特殊な登記簿が出来上がります。

＜専有部分の登記記録＞

権利部（甲区）			
順位番号	登記の目的	受付年月日	権利者その他の事項
1	所有権保存	（略）	（省略）
2	所有権移転仮登記	（略）	（省略）
付記1号	余白	余白	余白
	2番登記は建物のみに関する	余白	令和○年○月○日付記

上記の登記簿は、建物だけに所有権の仮登記を入れたという事案です。
この場合、付記1号を職権で入れてくれます。

「建物に登記をすれば、建物と土地に効力が生じる」ので、**この付記1号が無
いと、土地・建物の両方に仮登記が入っていると見られてしまいます。**
そこで登記官が付記1号「建物のみに関する付記」と入れてくれるのです。

＜専有部分の登記記録＞

権利部（乙区）			
順位番号	登記の目的	受付年月日	権利者その他の事項
1	抵当権設定	（略）	（登記事項一部省略） 抵当権者　（本店省略）　株式会社豊崎銀行
付記1号	1番登記は建物の みに関する	余白	令和○年○月○日付記
2	賃借権設定	（略）	（登記事項一部省略） 賃借権者　（住所省略）　X
3	不動産保存先取特 権保存	（略）	（登記事項一部省略） 先取特権者（住所省略）　Y

これも建物だけに効力が生じた内容を登記したものです。

基本的には、付記1号で建物のみに関する付記というように入ります。

例外が2つあります。**賃借権と特別先取特権（不動産工事・不動産保存）の登記**です。

これに関しては、付記1号が無くても、誤解を生じません。

建物登記簿に賃借権と入っている。

→　**建物だけ借りれば事が済むことは不動産取引の常識**。

→　**だから建物だけ借りたということは見てわかる**。

建物の方に不動産保存先取特権と入っている。

→　これを見たとき、建物と土地の両方が壊れてから、両方を直した。

→　建物と土地の両方に先取特権が発生した。

とは読まれません。

建物だけ壊れたから直したのだろうな、と読まれます。

そのため、こちらも付記1号は入りません。

建物のみに関する付記の論理は、少々難しいです。

だから、**付記が入らないケースを覚えて、あとは全部入ると処理したほうが楽に問題が解ける**でしょう。

1 敷地権付き区分建物について、敷地権が生じた日の前の日を登記原因日付として、建物のみを目的とする抵当権設定登記の申請をすることは可能で、かつ、建物のみに関する旨が付記される。

〔15-19-イ改題（22-20-ア）〕　〇

2 敷地権付き区分建物について区分建物のみを目的とする不動産工事の先取特権の保存の登記が申請されると、その登記に建物のみに関する旨の記録が付記される。〔22-20-イ改題〕　✕

3 区分建物に敷地権の登記がされている場合に、その区分建物のみを目的として、敷地権の登記をした後にされた賃貸借契約を原因とする賃借権の設定の登記を申請することはできない。

〔7-23-ア改題（24-19-4）〕　✕

✕肢のヒトコト解説

2 特別先取特権の登記をする場合は、建物のみに関する付記は入りません。

3 賃借権の登記をすることができます。この場合は、建物のみに関する付記は入りません。

これで到達！　合格ゾーン

□ 抵当権の設定の登記がされた土地を敷地として区分所有の建物が新築され、敷地権の登記がされた後に、敷地について設定された抵当権の被担保債権と同一の債権を担保するために区分建物のみを目的として設定された抵当権の登記が申請されると、その登記に建物のみに関する旨の記録が付記される（規123Ⅰ但）。〔22-20-エ〕

★区分建物と土地の両方に同じ抵当権が登記されることになるので、「建物のみに関する付記」を登記するのは変ではないかと思うところですが、厳密には土地と建物の登記の内容は異なります（登記の目的、申請の受付の年月日及び受付番号）。そのため、建物の抵当権の登記には、建物に関する旨の記録が付記されます。

☐ 区分建物の所有権及び当該区分建物の敷地である土地の所有権の共有持分に
ついてそれぞれ抵当権の設定の登記がされた後に、敷地権である旨の登記が
された場合において、これらの抵当権の登記の目的、申請の受付の年月日及
び受付番号並びに登記原因及びその日付が同一であるときは、当該土地の所
有権の共有持分についてされた抵当権の登記は、登記官が職権で抹消しなけ
ればならない。〔27-21-イ〕

★敷地権化する前に、土地と建物に共同抵当権が設定され、別々の登記が入っ
ていたところ、敷地権化した事例です。もし土地と建物の内容が同じ場合は、
土地の登記は抹消します（敷地権化後は、建物の登記だけで公示することが
可能だからです）。

第4章 破産手続に関する登記

ここでは破産手続全体が問われるということはほぼなく、その手続の中の「任意売却」という部分がよく問われます。
添付情報の特別ルールがありますので、そこを意識して学習してください。

順位番号	登記の目的	受付年月日	権利者その他の事項	
1	所有権保存	（略）	所有者	（住所省略）　A
2	破産手続開始	（略）	原因	年月日東京地方裁判所破産手続開始決定

　ある人が破産をしました。

　破産をすると、その人は、**自分の財産のすべてについて、財産処分権が無くなります**（破産管財人に権限が移ります）。

　そして、所有者はAだけど、**Aの財産処分権が無くなっていることを公示するために**、破産という登記を入れることにしているのです。

　これは、破産手続をとった裁判所が主導的にやってくれます（嘱託登記ということです）。

　ただ、上記のような破産登記は、自然人が破産した場合は入りますが、**法人が破産した場合は入りません**（根抵当権の元本確定登記の箇所で学んだ内容です）。

　この破産という登記が入った後の登記を説明しましょう。

　破産が入った後、すべての財産は競売にかけられます。財産を競売にかけて売り、そして債権者に配当していきます。

ただ、普通に売買契約で売ることもできるのです。

破産管財人

> 長男が破産しました。このままじゃ、長男が持っている家は競売にかけられて売られますよ。
> 借金の肩代わりができないのであれば、せめて長男の物件を買ってあげて、住まわせてはどうですか？

このように縁故関係者に売ることが多いのです。競売にかけずに売る、こういうのを任意売却と呼びます。

✊Point

任意売却とは、債権者と債務者の合意によって、競売によることなく担保不動産を任意に定めた価格で売却することをいう（平成20年記述式試験）。

この任意売却、1つ縛りがあります。

破産法第78条（破産管財人の権限）
2　破産管財人が次に掲げる行為をするには、裁判所の許可を得なければならない。
　①　不動産に関する物権、登記すべき日本船舶又は外国船舶の任意売却

この売却の契約交渉は誰がするのかというと、破産者の財産は、破産管財人が管理しますので、破産管財人が行います。この破産管財人が、この不動産を買ってくれるＡの親族と交渉するわけです。

競売で売り買いをするのであれば、公正な値段まで引き上がります。
ですが、単なる売買契約だと値段がまともになる保証がありません。

> 息子に住まわせてやりたいんだ。
> もう少し安くしてくれないか？

Ａの親族にいいように言いくるめられたり、情にすがられたりして、**不当に安い値段になってしまう**ということも起きかねません。

そこで、**裁判所が値段をチェックする**ことにしているのです。値段をチェックした上でOKが出れば、買えることになります。

ではその買った後の登記簿を見ましょう。

順位番号	登記の目的	受付年月日	権利者その他の事項	
1	所有権保存	（略）	所有者	（住所省略）　A
<u>2</u>	<u>破産手続開始</u>	<u>（略）</u>	<u>原因</u>	<u>年月日東京地方裁判所 破産手続開始決定</u>
3	所有権移転	（略）	原因 所有者	年月日売買 （住所省略）　B
4	2番破産手続開始 登記抹消	（略）	原因	年月日売却

3番で所有権移転と入ります。また、4番で破産手続の登記を消すことになります（これによって、破産財団から外れていることが公示できます）。

ここまで、誰が登記をするのかというと、
2番：裁判所が嘱託で登記します。
3番：当事者が申請します。
4番：3番が申請で入ったのを確認して、裁判所が嘱託します。

では、3番の登記申請書がどのようになるかを見ましょう。

```
                    登記申請書

  登記の目的      所有権移転
  原   因       令和6年6月29日売買
  権 利 者       Ｂ
  義 務 者       Ａ
  破産者A破産管財人  弁護明子
  添 付 情 報     登記原因証明情報　印鑑証明書
                許可証明情報      住所証明情報
                代理権限証明情報
```

　申請人の義務者はＡですが、**実際に動くのは破産管財人**です。そのため、肩書きを付けて破産管財人の名前も申請情報に入れます。

　また、添付情報ですが、裁判所の許可を付けます。先ほど説明した値段のチェックをしたという許可書です。

　そして、**本件は、登記識別情報が要らない登記**です。

> 裁判所の許可がある
> →　真実性が高くなる
> →　登記識別情報が要らない

　この論理は、頻繁に出てくるので、覚えておくと便利です。

　そして印鑑証明書ですが、破産管財人のものが必要です。
　申請構造を考えれば、
「義務者がＡ→代理するのが破産管財人→そして司法書士に頼む」という復代理構造です。
　復代理の場合は、真ん中の人の印鑑証明が必要であるため、破産管財人のものを付けることになります。

1　破産管財人が裁判所の許可を得て、破産財団に属する破産者所有の不動産を売却し、その所有権の移転の登記を申請する場合には、破産者の登記識別情報を記載した書面を申請書に添付することを要しない。〔7-25-オ（18-18-イ、24-16-エ）〕　　○

2　破産管財人において破産財団に属する不動産を任意売却した場合の所有権移転の登記の申請書には、破産管財人の印鑑証明書を添付することを要する。〔3-15-1（12-27-イ）〕　　○

3　破産管財人が破産財団に属する不動産を任意売却し、所有権移転の登記を申請する場合は、裁判所の許可を証する情報を提供することを要する。〔オリジナル〕　　○

これで到達！　合格ゾーン

破産管財人が破産者所有の不動産を任意売却してその所有権移転の登記を申請する場合において、登記義務者である破産者の登記記録上の住所と現在の住所が異なるときは、25条7号により却下されることとなるので、その前提として、破産者の住所の変更の登記を申請することができる（登研454-133）。〔4-24-4〕

★破産管財人は、破産財団の管理及び処分をなす権限を有している（破78Ⅰ）ため、このような登記の申請をすることができます。

破産手続開始決定の登記がある不動産に対し、その開始決定前に根抵当権の設定の仮登記を申請することに関する設定者の承諾を得ていた場合であっても、破産手続開始決定後に、当該設定者の承諾を証する情報を提供してする、破産手続開始の前の日を登記原因の日付とする根抵当権の設定の仮登記の申請は、受理されない（平5.2.4民三1181号）。〔29-25-ア〕

★破産した設定者には処分権はないため、その設定者が作成した承諾書では登記手続を取ることはできません。

第5章 執行文が必要な登記

判決による登記の判決書には、執行文を付けないのが原則です。ただ、条件がついている場合や承継があった場合は別です。

特に承継があった場合に、承継執行文がいるかどうかが頻繁に問われます。

※この部分は民事執行法を勉強してからでないと理解が上手くいきません。民事執行法を勉強してから読むようにしてください。

（本来）

債務名義成立（受訴裁判所）　　　　　　　　強制執行の申立（執行裁判所）

判決
AはBに対して
金100万円支払え。

執行文付与（受訴裁判所）

判決
AはBに対して
金100万円支払え。

**この債務名義により
BはAに強制執行できる。**

　債務名義ができた後に、この**債務名義で強制執行していいか、これを作ったところにチェックさせる**ことにしています。

　例えば、確認判決だったら強制執行はできません。また、控訴・上告されている場合は、基本的には強制執行はできません。

　民事執行をしたい人は、債務名義がでた後に、強制執行できるのかを裁判所に見せてチェックを受けさせることにしました。

このチェックを受けて、大丈夫なら「やっていいよ」というゴーサインが書かれます（具体的には、判決書の末尾に一筆書かれます）。

この一筆書かれたものを、強制執行をする裁判所に提出すれば、強制執行が可能になります。

では、これは判決登記で必要なのでしょうか。

そもそも**判決登記というのは、民事執行**です。

どんな民事執行かというと、無理やり登記をする、という民事執行ではなく、**無理やり意思を出させるという民事執行**です。

民事執行法第177条（意思表示の擬制）
　意思表示をすべきことを債務者に命ずる判決その他の裁判が確定し、又は和解、認諾、調停若しくは労働審判に係る債務名義が成立したときは、債務者は、その確定又は成立の時に意思表示をしたものとみなす。

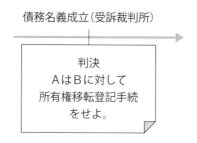

債務名義成立（受訴裁判所）

判決
AはBに対して
所有権移転登記手続
をせよ。

判決という債務名義が成立しました。

この後、ゴーサインを取って民事執行手続に入るのかというと、判決による登記では、判決書に執行文を入れる必要はありません。

判決が確定した時点で、意思擬制がされていて、民事執行が終わっているからです。

では次の判決も見てください。これはどうでしょうか。

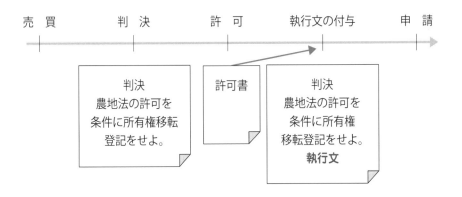

```
          判決
    農地法の許可を条件に
    所有権移転登記をせよ。
```

これは、判決が確定した時点で意思擬制はされていません。

条件が入っているからです。

このように**条件が入っている場合は、判決確定後に手続が必要**になります。

判決が出た時点、この時点ではまだ意思擬制はされていないので登記はできません。

その後許可が出たら、執行文をもらう手続に入ります。

具体的には、その許可書を裁判所に出す。

→　裁判所に出すと判決書に執行文を入れる。

→　この紙を持っていけば、登記所で判決登記が可能になる。

登記申請の際には、農地法の許可書は要りません。

裁判所に出しているということもあるし、**判決書に執行文が付いていることで許可があったのだろうと、登記官が読み取ってくれる**からです。

司法書士試験では、「この判決文には執行文が要りますか、要りませんか」が問われます。

1つ練習しましょう。次の判決文を見てください。

判決

甲が丙に対し令和5年6月30日までに金5,000万円を支払ったときは、丙は乙に対し、別紙目録記載の不動産につき、令和6年6月1日売買による所有権移転登記手続をする。

これは今すぐ登記ができますか。

判決に条件が付いているため、今すぐは登記はできません。これも先ほどと同じように、執行文をもらわないと判決登記はできません。

原則として、執行文は不要ですが、今すぐ登記ができない条件が付いている場合は、その条件を立証して、執行文をもらわないと判決登記はできません。

もう1つ、執行文が必要になる場面があります。それは承継があった場合です。

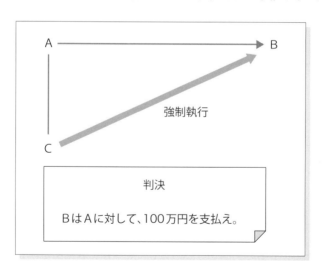

例えば、AがBにお金を貸していて、AがBを訴え、判決が取れました。ただ、この後Aが死亡したため、相続人のCがBに対して強制執行することになりました。

ただ、この判決文でCは強制執行できません。

この**判決文には、AとBの名前が書いてあり、Cの名前が載っていない**からです。

そのため、Cは判決を出したところに行って、自分はAの相続人だということを示して、下記のような執行文をもらうのです。

```
判決

BはAに対して、100万円を
支払え。

この債務名義により、CはB
に対して、強制執行できる。
```

このように**判決文に載っている人と、現実に強制執行したい人が食い違う**場合にも執行文が必要になります。

これを承継執行文といいます。

一般的には、判決文と現実の当事者が違ったら、承継執行文をもらって「承継人が執行する」「承継人に対して執行する」ことになります。

ただ、不動産登記では、修正が入ります。

👉 **Point**

権利者側の承継	承継執行文の付与は問題とならない。
義務者側の承継	承継執行文の付与が問題となる。 ただし、権利者が義務者の承継人に実体上対抗できないときは、承継執行の余地がない。

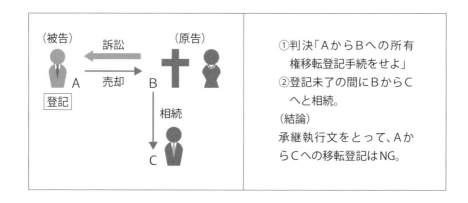

①判決「AからBへの所有
　権移転登記手続をせよ」
②登記未了の間にBからC
　へと相続。
（結論）
承継執行文をとって、Aか
らCへの移転登記はNG。

　AがBに売ったのですがAが登記に応じないので、BがAを訴え、判決が出ています。これを登記しないでいたら、Bが死んでCが相続しました。

　登記が欲しいのは現在の所有者C、登記を持っていかれるのはA、そして、判決文を見ると「AからBに移転登記をせよ」と書いています。
　現実の当事者と判決文の当事者で、人が違っています。
　ただ、この場合に**承継執行文をもらって、AからCへと移転登記をすることはできません**。

　所有権の登記をAからCに持っていく、これがまずいのです。
　中間省略登記になってしまっています。
　本来なすべき登記は、1件目がAからBへの移転登記、2件目がBからCへの移転登記です。この通りにやる必要があります。

　1件目のAからBへの移転登記について検討すると、登記をもらうのはB、持っていかれるのはAです。
　判決文と当事者が一致しているので、承継執行文は不要です（ちなみにBは死んでいますから、Bの相続人のCが、相続人による登記で行うことになります）。

　このように不動産登記では、**権利者側に承継があった場合は、承継執行文をもらって、Cへダイレクトに登記することができません**。

では義務者側に承継があった場合はどうでしょうか。

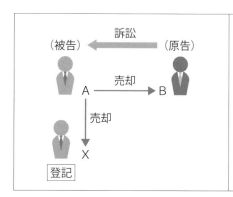

①判決「AからBへの所有権移転登記手続をせよ」
②その登記未了の間に、AからXに売買があり、Xが登記している。
（結論）
承継執行文をとって、XからBへの移転登記はNG。

AがBに売りました。Aが登記に応じないので、BがAを訴え、Bが勝ちました。その後登記しないでいたら、AがXに売って、Xが登記をしたという事例です。

登記が欲しいのはB、持っていかれるのはXです。

判決文と当事者が食い違いますね。

では、承継執行文をもらって、XからBに移転登記ができるのでしょうか。

BはXに民法上負けているため、できません。

この事例は、よくよく見ると、**Aを起点とした二重譲渡になっています。二重譲渡でXが登記をしていますから、Xの勝ち**です。

そのため、負けたBがXから登記を奪うことはできません。

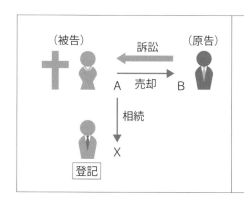

①判決「AからBへの所有権移転登記手続をせよ」
②その登記未了の間に、AからXに相続があり、Xが登記している。
（結論）
承継執行文をとって、XからBへの移転登記はOK。

先ほどと同じ事例で、AからXへ（売買ではなく）相続で移転しているところが違います。

対抗関係で相続が出たら、AXをひと括りにして処理するのでした。つまり、AXという人格がBに売ったという処理をします。

すると、**AXとBは対抗関係ではなく、当事者の関係**になります。そのため、**Bは登記なくして、Xに対抗できます**ので、先ほどと違って、承継執行文をもらって、XからBへ移転登記することが可能です。

「権利者側については承継執行文が絶対ダメ、義務者側については対抗できるかどうかで判断する」

このような基準で問題を解いていきましょう。

問題を解いて確認しよう

1	Bは、「BがAに対して100万円を支払うのと引換えに、Aは、Bに対し、代物弁済を原因とする所有権移転登記手続をせよ。」との確定判決を得た。この場合、Bは、執行文の付与を受けることなく、当該判決により所有権移転登記を申請することができる。〔15-13-4〕	×
2	Aが所有権の登記名義人である甲土地につき農地法所定の許可があったことを条件としてBに対して所有権の移転の登記手続を命ずる確定判決に基づき、Bが単独で当該所有権の移転の登記を申請する場合には、添付情報として当該許可があったことを証する情報を提供すれば、当該判決について執行文の付与を受けていなくても、当該登記を申請することができる。〔26-16-ア〕	×
3	農業委員会の許可を条件として所有権の移転の登記手続をするよう命ずる判決に基づいて登記権利者が単独で登記を申請する場合には、申請書に農業委員会の許可書を添付しなければならない。 〔7-14-1（3-29-オ）〕	×

4 　甲名義の不動産について、甲から乙への所有権移転登記手続を命ずる × 判決が確定した後、乙への移転登記前に乙が丙に当該不動産を贈与した場合、丙は乙の承継人として承継執行文の付与を受けて、直接甲から丙への所有権移転登記の申請をすることができる。

〔5-14-オ（9-13-エ、12-26-4、15-13-3、19-15-ウ、22-24-ア）〕

5 　「甲は乙に対し、別紙目録記載の不動産について所有権移転登記手続を × せよ」との判決が確定したところ、事実審における口頭弁論終結前に甲は当該不動産を丙に売却し登記を経由していた。乙は当該判決に「甲の特定承継人丙に対する強制執行のため乙にこれを付与する」との執行文の付与を受けて、所有権移転登記の申請をすることができる。

〔5-14-エ（12-26-1、19-15-エ）〕

< ヒトコト解説 >

1 　「支払うのと引換えに」と条件が付けられています。そのため、条件成就執行文が必要です。

2 　「農地法所定の許可があったことを条件として」と条件が付けられています。そのため、条件成就執行文が必要です。

3 　申請書に、農地法の許可書の添付は不要です（執行文をもらう段階で裁判所に出しています）。

4 　権利者側の承継なので、承継執行文は認められません。

5 　甲から乙、丙への二重譲渡関係になっています。二重譲渡関係で負けた方は、承継執行文をとることはできません。

第6章 信託の登記

近年、２年に１回は出題される頻出分野です。
信託をするとどういったことが起きるのか、なぜ登記
するのかという必要性を押さえたうえで、信託登記の
特殊性を覚えるようにしましょう。
そして、信託をする場面、信託が変わる場面、信託を
抹消する場面のどの部分を読んでいるのかを意識する
ようにしましょう。

第1節 信託の登記

信託とは、**自分の財産の運用を他の人に任せて、収益をあげてもらうこと**です。

甲野二郎は土地を持て余しています。

真ん中に乙野一郎がいます。彼は、土地活用のプロです。そこで、甲野二郎は彼にこの土地を託します。

「甲土地を使って儲けてほしい。儲けが出たら、Ｘに渡してくれ」と頼んだようです。これが信託です。

信託をすると、関係者には肩書きが付きます。

甲野二郎のように**頼んだ人を委託者**と呼びます。乙野一郎のように**頼まれた人を受託者**と呼びます。最後に**お金がもらえる人、これを受益者**と呼びます。

一文字ずつ違うので気を付けてください（ちなみに委託者と受益者は同じこと

もあります)。

では、これによって何が起きるのでしょうか。

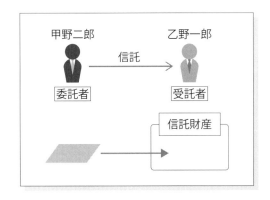

委託者が持っている土地が信託によって、受託者に移ります。つまり所有権が受託者に移転するのですが、これは受託者の個人財産とは別の信託財産として入ってきます。

これは、**強制執行できないバリアに入った**ということを意味します。甲野の債権者が強制執行することはできませんし、乙野の通常の債権者も強制執行できません。

乙野の不動産になっているけど、強制執行ができない、これは、不動産登記で公示すべきですよね。

順位番号	登記の目的	受付年月日	権利者その他の事項
2	所有権移転	(略)	原因　　　令和○年○月○日売買 所有者　　(住所省略)　甲野二郎
3	所有権移転	(略)	原因　　　令和○年○月○日信託 受託者　　(住所省略)　乙野一郎
	信託	余白	信託目録第○号

それが上記の3番の「信託」という登記です。これで強制執行ができないことを公示します。

ちなみに、信託の契約内容はかなり細かく決めることができ、これも登記簿に載せたいところです。ただ、非常に量が多いので、**登記簿には信託目録としか載**

せません。

　目録の内容を全部書くと、登記簿が非常に読みづらくなってしまうので、信託目録の番号だけを登記簿に載せることにして、あとは目録番号から目録を取り寄せて、細かい内容を見ることになります。

```
                    登記申請書

登記の目的    所有権移転及び信託
原    因    年月日信託
権  利  者    （信託登記申請人）　乙野一郎
義  務  者    甲野二郎
添 付 情 報    登記原因証明情報　登記識別情報
            印鑑証明書　住所証明情報
            代理権限証明情報
            信託目録に記録すべき情報

課 税 価 格    金1,000万円
登録免許税    信託分　金4万円
            移転分　登録免許税法第7条第1項第1号
```

　では、この登記簿を作るための申請書を見ていきます。

　ここですが、**一括申請という扱い**になっています。3番の登記は、所有権移転の部分と信託の部分、2つの登記をしていて、この2つの登記は、**必ず一括申請しなければいけない**としています。

　次に原因ですが、これは物権変動を起こした原因を書きます。今回の物権変動は信託行為によって起きたので、年月日信託と書きます。

　そして申請構造は、権利者・義務者と書いているので共同申請の構造をとっていますが、この共同申請は、所有権移転の部分を指しています。

　実は、もう1つの登記の信託の部分は、単独申請という扱いになっています。

信託登記
→　設定・変更・抹消のすべて単独申請

　応用が効く考え方なので、しっかりと覚えておきましょう。

ちなみに、今回の登記申請は単独申請と共同申請の登記を一緒にやっていたこ
とになります。

課税価格、登録免許税を見てください。信託については1000分の4を取りま
すが、所有権移転については取りません。

所有権移転登記の登録免許税は、1000分の20と高額です。これから運用し
たいのに、高額な税金を課すと運用やめようかなと思われるかもしれません。
「できるだけ低コストで始めさせたい」ということから、非課税の扱いにして
います。

順位番号	登記の目的	受付年月日	権利者その他の事項	
2	所有権移転	（略）	原因 所有者	令和○年○月○日売買 （住所省略）　甲野二郎
3	所有権移転（合有）	（略）	原因 受託者	令和○年○月○日信託 （住所省略）　乙 （住所省略）　丙
	信託	余白	信託目録第○号	

これは甲野二郎が、2人に頼んだといった場合です。

ポイントは3番、持分という文字がありますか？

信託で2人に預けると、2人の共同所有になります。この**共同所有形態は、合
有です**。

▶**Point**

合有状態

→　清算まで持分が表れない共同所有状態

→　不動産登記簿に持分を登記しない

他に信託と入る場面が3つあります。これから、その3つを見ましょう。

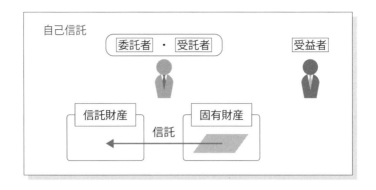

　ある人は財産を持っているのですが、将来のことを考えて信託をしようと思っています。

　ある土地は駐車場として確実に収益が取れる物件でした。そこで、その土地を信託して、収益を確実に出し、強制執行できないようにしておこうと思ったのです（老後の資金や、子供の教育資金のための収益を考えています）。

　ただ、預けるといっても、他人に預けるとお金がかかります。

　そこで、**自分の財産を信託し、受託者を自分にして自分で運用することにしました**。これが自己信託と呼ばれるものです。

　この自己信託にはいくつか縛りがあります。

　その1つに、初めは委託者と受益者が同じでも、**後々には委託者と受益者を別人にしなければいけません**。例えば、受益者を子供にするとかです。

　こうしないと、財産隠しの手法として使われかねません。

　「使うのは自分、収益をもらうのも自分。でも強制執行ができない」これができれば、財産隠しとして多くの人が悪用するでしょう。そこで、委託者と受益者は別人にすることを要求しているのです。

　また、この自己信託は、**書面にして証拠を残しなさいという要式行為**にしています。

順位番号	登記の目的	受付年月日	権利者その他の事項
2	所有権移転	（略）	原因　　令和○年○月○日売買 所有者　（住所省略）　甲野二郎
3	信託財産となった旨の登記	（略）	原因　　令和○年○月○日自己信託 受託者　（住所省略）　甲野二郎
	信託	余白	信託目録第○号

　登記簿を見てください。3番の冒頭に信託財産となった旨の登記が入っています。所有権移転は生じていませんよね（甲野二郎から全く動いていませんからね）。これは**所有権の変更扱い**なのです。

　そして、信託という登記もされ、この2つの登記は先ほどと同じく、**同時申請の義務があります**。

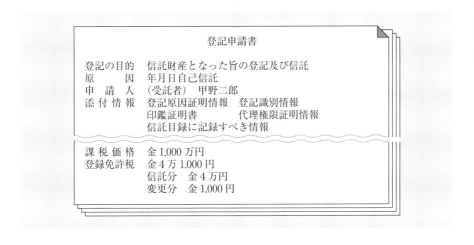

```
                    登記申請書

   登記の目的　信託財産となった旨の登記及び信託
   原　　因　年月日自己信託
   申　請　人　（受託者）　甲野二郎
   添付情報　登記原因証明情報　登記識別情報
           印鑑証明書　　　　代理権限証明情報
           信託目録に記録すべき情報

   課税価格　金1,000万円
   登録免許税　金4万1,000円
           信託分　金4万円
           変更分　金1,000円
```

　登記の目的は、「信託財産となった旨の登記及び信託」、原因が「年月日自己信託」となります。

　そして、申請人ですが、**所有権の部分は単独申請**です。他に利害を持つ人がいないからです。また、**信託の部分も単独申請**です。

　そのため、今回の申請は、完全な単独申請になります。

　添付情報で気を付けてほしいのが、**登記識別情報と印鑑証明書が必要**という点です。今回は単独申請にもかかわらず、登記識別情報と印鑑証明書を要求してい

るのです。

　自己信託の登記自体は、所有権登記名義人自身が行うべきです。他人が勝手にできてしまっては困ります。そこで、**本当に所有権登記名義人が申請したのかを登記識別情報と印鑑証明書でダブルチェックするとしている**のです（所有権保存登記の抹消、仮登記の抹消で仮登記名義人自身が申請する場合も同じ趣旨で添付させています）。

　次に登録免許税です。信託分は取りますし、もう１つ所有権変更の部分も登録免許税を取ります。移転登記は税金が高いのでコストを下げたいという要請から、非課税にしましたが、**変更登記は登録免許税が1,000円と低額なので、非課税にはしません**。

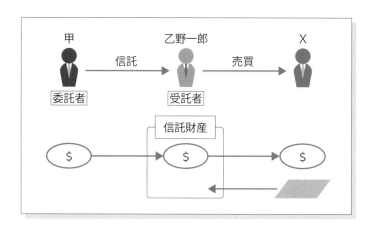

　甲が乙野一郎に「お金」を信託していたところ、このお金を使って、乙野はXがもっている土地を買うことにしたのです。
　その土地を買うことにより、信託財産からお金をXに渡します。そして、Xから土地が移転してきますが、これは、もちろん、**信託財産の枠に入ります**。

```
                    登記申請書
  登記の目的   所有権移転及び信託財産の処分による信託
  原   因   年月日売買
  権 利 者   （信託登記申請人）乙野一郎
  義 務 者   X
  添付情報   登記原因証明情報　登記識別情報　印鑑証明書
            住所証明情報　代理権限証明情報
            信託目録に記録すべき情報
  課税価格   金 1,000 万円
  登録免許税  金 24 万円
            信託分　金 4 万円
            移転分　金 20 万円
```

　目的は、「所有権移転及び信託財産の処分による信託」と書きます。物権変動が生じた原因は売買なので、原因は「年月日売買」と書きます。

　所有権移転の部分は共同申請、信託の部分は、乙野一郎の単独申請です。

　ここで2つの登記をしていますが、

　「所有権移転及び信託財産の処分による信託は、**同時申請の義務がない**」のです。

　Xは、この信託とは関係がありません。上記の申請書にXの押印を要求した場合、納得しているXもいるかもしれませんが、「自分は売っただけなのに、この信託って何なんだ」と、この登記申請を拒む人もいるでしょう。

　そこで、この信託については「別に申請していいですよ」としているのです。

　ただ、別に申請していいですよとしているけど、乙野一郎が、信託登記を入れないということもありえます（自分の財産と見せかけようとするのです）。

　それでは周りの関係者は、かなり怒りますよね。

> **99条（代位による信託の登記の申請）**
> 　受益者又は委託者は、受託者に代わって信託の登記を申請することができる。

　受託者が信託登記をやらなかったら、**委託者なり受益者が代わって登記申請できます**よとしています。

もともと信託登記は単独申請でできますので、受託者に代位して１人で、信託の登記を入れることが可能です（この**代位を１人でできるようにするため、もともとの信託登記を単独申請にしている**のです）。

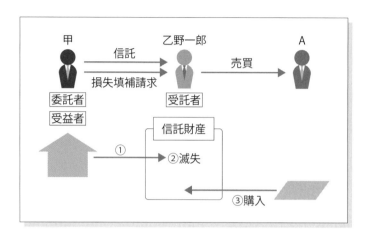

　甲が乙野一郎に建物を信託しました。その建物を乙野一郎がしくじって燃やしてしまいました。甲は乙野一郎に対し、損失填補請求、何とかしろと請求できます。

　そこで、受託者乙野一郎は、同じ値段の投資物件を買うのです（もちろん自腹です）。自腹で投資物件を買ったのが、上の図のＡとの売買契約です。

　Ａとの売買契約で、投資物件を手に入れたら、**この物件は信託財産に入ります。**

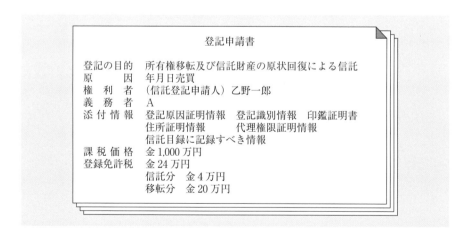

所有権移転が生じた原因は売買なので、原因には売買と書きます。また、権利者義務者の共同申請となりますが、これは所有権移転の部分です。そして、信託登記については、受託者乙野一郎の単独申請です。

　今回の義務者Aは、信託とは関係ありませんので、この所有権移転と信託の登記には、**同時申請の義務はありません**。

　最後になりますが、登録免許税を見てください。先程の登記と今回の登記は、登録免許税を信託分だけでなく、**移転分も課税しています**。

　両方とも**既に信託が始まっている**からです。信託を始める時に安くしたいという発想だったので、既に信託が始まっている事例では非課税にする必要はありません。

　ここまでをまとめた図表を下に用意しました。ぜひ、活用してください。

 覚えましょう

		信託行為による場合	自己信託による場合（信託3③）	信託財産の「処分」による場合（信16）	信託財産の「原状回復」による場合（信40）
信託登記手続	申請構造	単独申請	単独申請	単独申請	単独申請
	申請人	受託者	受託者	受託者	受託者
	登録免許税	課税	課税	課税	課税
信託登記以外の登記の登録免許税		非課税	課税	課税	課税
同時申請の義務		○（98Ⅰ）	○	×	×

1 信託の登記の申請については、受託者を登記権利者、委託者を登記義務者とする。〔61-18-ア（7-17-ア、21-20-ア）〕　×

2 受託者が信託財産によって買い入れた不動産につき信託の登記を申請する場合には、受託者は、信託目的により拘束を受け、形式的には不利益を受ける立場に立つが、受託者を登記権利者とし、委託者を登記義務者として、その申請をしなければならない。〔16-15-ア〕　×

3 自己信託の方法による信託がされた場合、当該信託による権利の変更の登記の申請は、受託者が単独ですることができる。〔21-20-イ〕　○

4 信託財産たる金銭によって、第三者から買い受けた不動産について受託者が所有権の移転の登記を受けたときは、受益者は受託者に代位して単独で信託の登記を申請することができる。
〔7-17-オ（元-19-1、21-20-ウ、24-15-ア）〕　○

5 受託者が信託契約の本旨に反して信託財産である不動産を処分した場合において、受託者が受益者からの信託財産の原状回復の請求に基づき当該不動産を買い戻したときは、受益者は、受託者に代位して、所有権移転登記及び信託財産の原状回復による信託の登記を申請することができる。〔14-25-イ〕　○

6 信託財産の原状回復による信託の登記は、受益者又は委託者が受託者に代位して申請することができ、この場合には、当該原状回復に係る所有権移転の登記の申請と同一の書面によらずに、信託の登記のみの申請をすることができる。〔16-15-イ〕　○

7 A及びBを共同受託者とする信託の登記を申請する場合、申請書にはA及びBの持分を記載しなければならない。〔12-25-1（令4-13-エ）〕　×

8 委託者から受託者に信託のために財産を移す場合における信託による財産権の移転の登記については、登録免許税が課されない。
〔24-27-エ（29-27-エ）〕　○

9 自己信託による権利の変更の登記を申請する場合において、信託財産に属する不動産に関する登記名義人の登記識別情報を提供することを要する。〔オリジナル〕　○

━━━ ✕肢のヒトコト解説 ━━━

1, 2 信託の登記は、受託者の単独申請です。

7 受託者が複数の場合の共同所有は、合有となります。合有では持分は出てきません。

```
1/3    2/3
 B      A  ──────────────────→ C
              ①A持分移転及び信託
```

② 　Bが持分放棄
→ 　BからCへの「B持分移転及び信託」の申請

　AB共有の不動産につき、Aの持分がCに信託されました（Aの持分が信託財産になります）。これによって、所有者はBCになります。

　その後、Bが持分放棄をしました。持分放棄をすると、その持分は他の共有者に移りますが、現在の共有者はCなので、Cに移転登記をします。
　そして、持分放棄で持分が移転するだけでなく、その持分が信託財産に入るのです。

　そのため、なすべき登記は「B持分移転及び信託」となります。

☑ 1　A・B共有の不動産のAの持分について、Cを受託者とする持分移転及び信託の登記がされた後に、Bが自己の持分を放棄した場合、関係者は、Aへの持分移転の登記及びCの信託の登記を申請することができる。〔12-25-2〕　　×

　 2　A及びBを所有権の登記名義人とする土地につき、Aを委託者、Cを受託者とするAの持分の移転の登記及び信託の登記をした後、Bがその持分を放棄した場合、信託の登記の申請と同時に、BからCへのBの持分の移転の登記を申請することができる。〔27-27-イ〕　　○

第8編　その他の登記 ◆ 第6章　信託の登記

☐ 信託による所有権の移転の登記を申請するときは、受益者となる者の住所を
証する情報を提供することを要しない。〔令2-16-5〕

> ★信託による所有権移転登記で名義人となるのは、受託者なので、受託者の住
> 所証明情報が必要になります。

☐ 法人格なき社団を受益者として信託の登記をすることはできない（昭59.3.2
民三1131号）。〔12-25-4〕

> ★受益者は信託登記を代位の形式で登記申請することができます。権利能力な
> き社団を受益者になるのを認めると、権利能力なき社団が代位登記を申請す
> ることになるためです。

第2節 受託者の変更による登記

順位番号	登記の目的	受付年月日	権利者その他の事項	
2	所有権移転	（略）	原因 所有者	令和○年○月○日売買 （住所省略）甲
3	所有権移転	（略）	原因 受託者	令和○年○月○日信託 （住所省略）乙
	信託	余白	信託目録第○号	
4	所有権移転	（略）	原因 受託者	令和○年○月○日受託者変更 （住所省略）丙

　受託者の乙が辞めて、丙に代わったようです。この場合、4番で所有権移転だ
け入ります。

　信託内容は変わらないので、3番で入っている信託は消されないし、4番で新
たに信託という枠も入りません。**信託財産に入ったまま移転している**と考えまし
ょう。

順位番号	登記の目的	受付年月日	権利者その他の事項
2	所有権移転	（略）	原因　　　令和○年○月○日売買 所有者　　（住所省略）　甲
3	所有権移転 （合有）	（略）	原因　　　令和○年○月○日信託 受託者　　（住所省略）　　乙 　　　　　（住所省略）　　丙
付記1号	信託	余白	信託目録第○号
	3番合有登記名義 人変更	（略）	原因　　　令和○年○月○日受託者乙任務 　　　　　終了 受託者　　（住所省略）　　丙

　乙丙2人に預けて、信託してもらっていたら、乙が辞めて、丙だけになったようです。

　なすべき登記は、乙丙→丙だけになっているので移転登記と考えるのが素直です。つまり、乙「持分」移転登記です。ただ、信託で共有になった場合は、合有扱いなので、**持分という概念がありません**。

　移転登記という理屈が取れないため、「**何番合有登記名義人変更**」という変更登記扱いにしているのです。

◆ なすべき登記 ◆

	変更の態様	なすべき登記
①	受託者の員数が1人	所有権移転登記
②	受託者の員数が複数	合有登記名義人変更

　結局は、もとの受託者が1人だったのか、それとも複数人いたのか、ここで移転登記か、変更登記かが変わってきます。

　次に申請構造です。上記の登記は、原則は共同申請で行うのですが、単独申請で行う場合もあります。

単独申請になる退任原因（主なもの）
受託者の死亡
後見開始の審判
保佐開始の審判
破産手続開始の決定

　こういった辞め方の場合、辞めた人に共同申請してほしいと頼んでも無理そうですね。このような**共同申請を期待できない辞め方の場合は、その人抜きでの単独申請**で行います。

　この四角枠の中で1つ注目してほしいのが、受託者の死亡です。

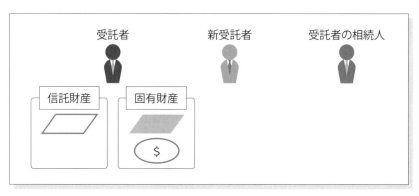

　信託財産（預かったもの）、固有財産（自分自身のもの）を持っている状態で、受託者が死にました。

　この場合、どの財産が誰のところにいくのでしょうか。

　固有財産については、もちろん、死んだ受託者の相続人にいきます。

　一方、信託財産については、相続人にはいきません。死亡したことによって、受託者は辞めたことになるので、新受託者に信託財産が引き継がれます。**信託財産は相続の対象ではない**ことを理解しておいてください。

問題を解いて確認しよう

1	共同受託者の一人が任務を終了した場合には、残存する共同受託者を登記権利者とし、任務が終了した共同受託者を登記義務者として、信託財産についての所有権移転の登記を申請しなければならない。〔16-15-ウ〕	×
2	信託の登記のある不動産につき、受託者の死亡によって相続が開始したときは、その相続人から相続登記を申請することができる。〔元-24-1 (14-25-オ)〕	×
3	受託者の辞任による所有権の移転の登記は、新受託者を権利者、前受託者を義務者として、共同で申請しなければならない。〔23-21-エ〕	○

×肢のヒトコト解説

1 受託者が複数いるので、なすべき登記は合有登記名義人変更登記になります。

2 相続財産ではないので、相続人に移転登記することはできません。

これで到達！　　合格ゾーン

☐ 信託の受託者の任務が解任によって終了し、その後に新受託者が選任された場合における受託者の交替による所有権の移転の登記の登記原因日付は、前受託者の任務が終了した日となる（信託75Ⅰ・56Ⅰ⑥）。〔20-15-イ〕。

★たとえば、5月1日に受託者が解任され、6月1日に新しい受託者が選ばれた場合、新しい受託者は権利義務を5月1日から前受託者から承継します。権利義務の空白期間を作らないよう、信託法にみなし規定が設けられているのです。

☐ 受託者である法人（A）が消滅会社、法人（B）が存続会社とする合併があった場合、新受託者である法人が単独で、法人の合併による権利の移転の登記を申請する（信託56Ⅰ④参照）。〔27-27-ア〕

★相続と異なり、合併があった場合には受託者の任務終了とはならず、新しい法人が受託者の立場をそのまま引き継ぎます。

◆ 信託目録の記載事項 (97) ◆

①委託者、受託者及び受益者の氏名又は名称
②受益者の指定に関する条件又は受益者を定める方法の定めがあるときは、その定め
③信託管理人があるときは、その氏名又は名称及び住所
④受益者代理人があるときは、その氏名又は名称及び住所
⑤受益証券発行信託であるときは、その旨
⑥受益者の定めのない信託であるときは、その旨
⑦公益信託であるときは、その旨
⑧信託の目的
⑨信託財産の管理方法
⑩信託の終了の事由

　こちらには信託目録の記載事項を載せています。信託目録に何を書くか、目録で何を決めるかという話です。まずは①番だけしっかり押さえてください。
　委託者・受託者・受益者の氏名または名称、これは目録に記載します。

受益者の氏名又は名称及び住所を登記することを要しない場合
① 受益者の指定に関する条件等の定めがあるときは、その定め
② 信託管理人があるときは、その氏名or名称及び住所
③ 受益者代理人があるときは、その氏名or名称及び住所
④ 受益証券発行信託であるときは、その旨
⑤ 受益者の定めのない信託であるときは、その旨

　受益者を登記しない場合があります。例えば、受益者がまだ決まっていない場合には登記しようがありません（上記①）。

　他の場合を紹介します。

> 信託管理人があるときは、その氏名or名称及び住所

　受益者の定めのない信託、例えば、まだ生まれていない子を受益者とした信託では、信託管理人を定めることになります（受益者の代わりに受託者を監督するのです）。

　この場合は、受益者を登記する必要はありません。

> 受益者代理人があるときは、その氏名or名称及び住所

　受益者が多数に及ぶことが予定されているような信託では、受益者の代理人を指定することができます。多数の人が権利行使するより、誰かに絞った方が効率的だからです。

　この場合も、受益者を登記する必要はありません（多数いるので、登記したら登記簿が見づらくなります）。

> 受益証券発行信託であるときは、その旨

　受益権を売りやすくするために証券化できます。この場合は、受益者がコロコロ変わるので、受益者を登記する必要はありません。

受益者の定めのない信託であるときは、その旨

　受益者を決めない信託も認められます。例えば、相続人のない者が自己の
死亡後におけるペットの世話を第三者に行ってもらおうとする場合において、
その世話に要する費用等を必要に応じて支出するための信託を設定するよう
な場合です。
　この場合は、受益者がいないので、受益者を登記する必要はありません。

☑ 1	受益者に受益者代理人があるときは、当該受益者の氏名又は名称及び住所に加え、受益者代理人の氏名又は名称及び住所を登記しなければならない。〔21-20-エ〕	×
2	受益者の定めのない信託である場合は、受益者の定めに関する登記事項はない。〔21-20-オ〕	×
3	甲土地について、受益者の定めのない信託として所有権の移転の登記及び信託の登記を申請する場合には、受益者の定めのない旨を信託目録に記録すべき情報として提供しなければならない。〔30-25-オ〕	○
4	甲土地についてAを受益者、Bを信託管理人とする所有権の移転の登記及び信託の登記を申請する場合において、Bの氏名又は名称及び住所を登記したときは、Aの氏名又は名称及び住所を登記することを要しない。〔29-26-エ〕	○

次に、この目録の内容が変わった場合、どのような申請をするかを説明します。

 **覚えましょう**

	手続	補足
原則	受託者による単独申請 （103 I）	
例外	①裁判所書記官又は主務官庁の**嘱託** （102 I・II）	・裁判所又は主務官庁が受託者を解任した場合 ・信託管理人（97 I ③）を解任した場合（信託128 II・58 IV）
	②登記官の**職権** （101）	・受託者の変更による移転登記 ・合有登記名義人変更登記の申請があったとき ・受託者の氏名（名称）・住所についての変更・更正登記の申請があったとき

原則は受託者の単独申請です。信託という欄、これを作る場合、変える場合、潰す場合も受託者の単独申請です。

ただ、例外的な場面がいくつかあります。

①裁判所や主務官庁が嘱託してくれる場合

受託者が悪さをしている場合、裁判所でクビにすることがあります。クビにした場合、**目録の変更を自分たちでやってくれるとは思えない**ので、裁判所なり、役所なりが代わりに申請します。

②受託者変更があった場合

受託者変更で登記申請があれば、**目録を変えるべきことは、登記官にもわかるため**、目録の変更を別個申請することは不要になります。

例外２つは意識しておいてください。これ以外は全部原則どおりの処理です。

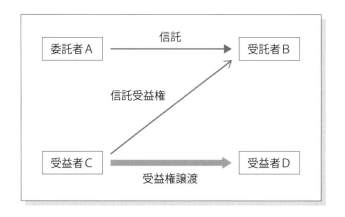

AがBに信託を頼み、受益者をCとしていたところ、このCが、受益権自体をDに売っています。

受益権を売れば、受益者は変わります。

この手続は、**受託者の単独申請になります**（例外に該当しないからです）。

③受益者の変更による移転登記等があった場合、

受益者について移転があったり、名変事由があった場合には、

登記簿の変更、信託目録の変更が必要になります。

ただ、登記簿の変更の申請をすると、

登記官「信託目録の変更は、こちらでやっておきます」という感じで勝手にやってくれるのです。

問題を解いて確認しよう

| 1 | 信託の受益権の譲渡がされたことにより受益者が変更した場合には、受託者は信託の変更の登記の申請をしなければならない。〔7-17-ウ〕 | ○ |
| 2 | 受益者が信託受益権を売買により譲渡したときは、受託者は、信託受益権の譲渡証明書を添付すれば、単独で信託の変更の登記を申請することができる。〔14-25-ウ（22-22-カ、23-21-ア）〕 | ○ |

3 委託者の地位を移転したことによる委託者変更の登記は、受託者を権利者、前委託者を義務者として、共同で申請することができる。　×

〔23-21-オ〕

4 裁判所が信託管理人を解任した場合には、受託者は、その変更を証する書面を添付して信託の変更の登記を申請しなければならない。　×

〔16-15-エ〕

5 Aを受託者とする所有権の移転の登記及び信託の登記がされている甲土地について、Aが住所を移転したことによる所有権の登記名義人の住所についての変更の登記を申請する場合には、Aは、信託目録に記録されている受託者の住所についても変更の登記を申請しなければならない。〔29-26-ア〕　×

------ ×肢のヒトコト解説 ------

3 受託者の単独申請で行います。

4 裁判所から目録の変更が嘱託されます。

5 目録は職権で変更してくれるので、申請は不要です。

第4節　信託登記の抹消の登記

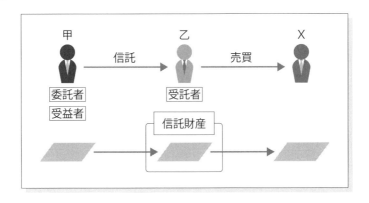

甲が乙に信託し、乙がこの財産で運用していたところ、これをXに売り払うことにしました（売ってしまってもいいという信託内容の場合もあります）。

所有権は、もともとは甲のところにあって、これが乙に移って信託財産の枠に入り、それを売ったことにより信託財産の枠から外れてXに移ることになります。

順位番号	登記の目的	受付年月日	権利者その他の事項
2	所有権移転	（略）	原因　　　令和○年○月○日売買 所有者　　（住所省略）　甲
3	所有権移転	（略）	原因　　　令和○年○月○日信託 受託者　　（住所省略）　乙
	信託	余白	信託目録第○号
4	所有権移転	（略）	原因　　　令和○年○月○日売買 所有者　　（住所省略）　X
	3番信託登記抹消	余白	原因　　　信託財産の処分

4番を見てください。所有権が移ったことと、信託財産から外れたことが公示されています。

信託財産から外れた時に、信託登記の抹消の申請をします。

ここでの登記のポイントは2点です。

 覚えましょう

① 必要的一括申請（令5Ⅲ）
② 信託登記の抹消は単独申請

① 上の4番の所有権の移転と抹消は一緒にやりなさいということです。
② 所有権の移転は共同申請ですが、信託の抹消部分は、受託者の単独申請です。とにかく信託の登記は、作るも変えるも潰すも単独申請なのです。

では、他にどんな時に信託の抹消登記が要るか、代表例をご紹介します。

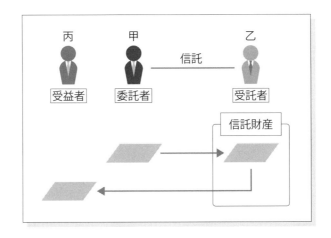

　丙が受益者、甲が委託者で乙に信託を頼んだ後、信託が終わったという場合の図になっています。

　土地の流れを見てください。

　甲から乙に行って、信託財産の枠に入ります。そのあと信託が終われば、受益者に財産が移ります。**移転すると、信託の枠から外れるので、信託の抹消登記が必要**になります。

　申請書の一部が載っています。

　権利者は不動産を取得する受益者で、義務者は所有権を移転した乙になっています。この権利者義務者の部分は、所有権移転の部分です。

　信託登記の抹消については、受託者乙の単独申請です。

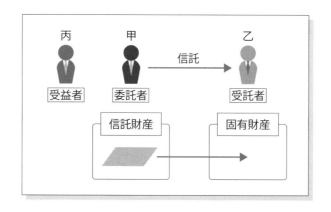

　信託で預けたあと、もう十分儲けたので、この財産を受託者に報酬の代わりにあげようということになりました。

　その結果、今まで信託財産の枠に入っていた財産が、乙の固有財産へと移り、信託財産の枠から外れるのです。

　この時、どのような登記が必要になるのでしょうか。

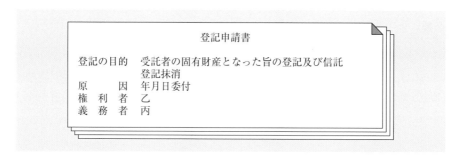

　乙から所有権は動いていないため、所有権移転ではなく、**所有権の変更登記が**必要になります。そして、信託財産の枠から外れるので、**信託登記の抹消が必要**です。

　申請人ですが、権利者が乙になるのはいいとして、**義務者が受益者の丙になる**のがポイントです。

　何事もなく、信託が普通に終わっていれば、その財産は受益者にくるはずだったのに、**受託者の固有財産にされれば、受益者のところにこなくなります**。そのため、義務者は受益者になるのです。

ただ、受益者は信託目録には出てきますが、登記簿上には名前が出てこないので、受益者は登記識別情報を持っていません。

そのため、この申請の義務者は丙ですが、**登記識別情報は添付する必要はありません**（104条の2第2項後段）。

問題を解いて確認しよう

1	Bを受託者とするAからBへの所有権移転登記がされている不動産が、BからCに売却された場合、BからCへの所有権移転登記を申請するには、まずAを登記権利者、Bを登記義務者として信託の登記の抹消を申請しなければならない。〔11-24-イ〕	×
2	信託の終了による信託の登記の抹消は、受託者が単独で申請することができる。〔23-21-ウ〕	○
3	信託財産に属する不動産を受託者の固有財産に属する財産とした場合において、受託者の固有財産となった旨の登記及び信託の登記の抹消を申請するときは、申請人は、所有権の登記名義人である受託者に通知された登記識別情報を提供しなければならない。〔24-16-オ〕	×

×肢のヒトコト解説

1　受託者の単独申請で行います。

3　義務者は受益者となり、登記識別情報は不要です。

これで到達！　　　　合格ゾーン

☐ 委託者のみを受益者とする信託の登記がされている不動産を受託者から受益者に移す所有権の移転の登記を申請するときには、登録免許税は課されない（登録税7 I ②）。〔17-18-ア〕

★委託者かつ受益者のAから、Bに信託された後に信託が終了しました。この場合、Bから受益者のAに移転登記をしますが、ここは非課税です。そもそも、信託を始めるときのAからBへの移転登記が非課税だったので、もとの持ち主のAに戻す時も非課税とすることにしました（受益者がA以外の者だった場合は課税されます）。

第7章 抹消回復

ここは択一メインの論点で、出題数も多いところではありません。
出題のメインは、この登記の「申請人」「利害関係人」となるので、ここを中心に押さえておけば受験対策としては十分でしょう。

「間違って登記した」ものを直すではなく、「間違って抹消した」ものを直す登記を見ていきます。

【甲区には「乙野二郎」が所有者として登記されている】

順位番号	登記の目的	受付年月日	権利者その他の事項	
1	抵当権設定	（略）	原因	令和5年10月1日金銭消費貸借同日設定
			債権額	金1,000万円
			利息	年8％
			損害金	年15％
			債務者	（住所省略）　　　　北田冬子
			抵当権者	（住所省略）　　　　甲野一郎
	抵当権設定	（略）	原因	令和5年10月1日金銭消費貸借同日設定
			債権額	金1,000万円
			利息	年8％
			損害金	年15％
			債務者	（住所省略）　　　　北田冬子
			抵当権者	（住所省略）　　　　甲野一郎
2	1番抵当権抹消	（略）	（手順省略）	
3	1番抵当権回復	（略）	原因　　　錯誤	

2番で抵当権の抹消登記が入っているのですが、物件を間違っていました。

他の物件の抵当権を消すべきだったのに、この物件の抵当権を**間違って消してしまった**のです。

この場合、2番の抹消登記を抹消しても、元の1番が自動的に戻るわけではな

いのです。3番で別個に1番抵当権回復という登記を入れて、その上でもう1回、1番の登記を入れ直す必要があります。

　つまり、**3番で「回復するぞ」ということを宣言して、もう1回、同じ登記簿を作る**のです。

　この抹消回復登記は、択一についてしか出ないと思っていいでしょう（記述では1度も出たことはありません）。
　申請書は、参考程度に見るようにしてください。

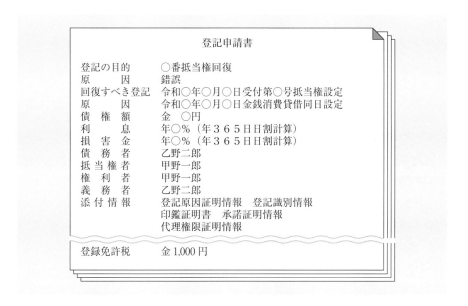

登記申請書

登記の目的	○番抵当権回復
原　　　因	錯誤
回復すべき登記	令和○年○月○日受付第○号抵当権設定
原　　　因	令和○年○月○日金銭消費貸借同日設定
債 権 額	金　○円
利　　　息	年○％（年365日日割計算）
損 害 金	年○％（年365日日割計算）
債 務 者	乙野二郎
抵 当 権 者	甲野一郎
権 利 者	甲野一郎
義 務 者	乙野二郎
添 付 情 報	登記原因証明情報　登記識別情報
	印鑑証明書　承諾証明情報
	代理権限証明情報
登録免許税	金1,000円

　原因は錯誤となります。ここは抹消登記、更正登記と同じです。
　その後、回復すべき登記を冒頭に入れて、復活したい登記簿を全部記載します。
　申請人ですが、今回の事例は共同申請になっていますが、**必ずしも共同申請とは限りません**。次の登記記録の2つを見比べてください（4番の回復登記の申請人に注目してください）。

2	抵当権設定	抵当権者　　A
3	２番抵当権抹消	
4	２番抵当権回復	

← 権利者 抵当権者
　 義務者 設定者

2	所有権移転	原因　相続 所有者　　　A
3	２番所有権抹消	権利者　乙
4	２番所有権回復	

← 申請人 相続人

　結局もともとの登記を共同申請で作ったか、単独申請で作ったかで変わってきます。

　共同申請で作ったものは、共同申請で復活させて、**単独申請で作ったものは、単独申請で復活**させるのです。

　ちなみに、抵当権の回復の事例ですが、義務者は設定者になっていますが、所有者が設定時と変わっていれば（所有権移転などがあって所有者が変わっている）、現在の所有者が義務者になります。

　申請書に戻ってください。添付情報は、添付の要件どおり当てはめていけば大丈夫です。承諾書だけ気を付けて判断してください。

　これは、必要的承諾の承諾書になります。

1	抵当権設定　　　甲
2	抵当権設定　　　乙
3	１番抵当権抹消

→ ここを抹消回復するときは、乙が利害関係人

　１番がいなくなって、乙の順位は上がっています。１番に上がったにもかかわらず、**甲が復活してくれば、乙の順位は落ちてしまいます。**そこで、乙の承諾

なければ復活できないとしています。

　ただ、承諾したからといって、2番の乙が抹消されるわけではありません。あくまでも「復活していいよ」という承諾であって、自分の登記を消していいよという承諾ではないことに注意をしてください。

問題を解いて確認しよう

1	教授：ある登記が不適法に抹消された場合に、抹消された登記の回復のほかに、これを是正する方法がありますか。 学生：抹消登記自体が不適法の場合には、抹消登記の抹消を申請することもできます。〔14-26-ア〕	×
2	2番抵当権の設定登記がされた後、1番抵当権の設定登記が債務弁済を原因として抹消されたが、その後、その弁済が無効であるとして抹消された1番抵当権の回復の登記を申請する場合には、2番抵当権登記名義人の承諾書を添付することを要する。〔4-28-5〕	○
3	抹消された抵当権の登記の回復の登記を申請する場合、当該抵当権の登記の抹消後に所有権の移転の登記をした現在の所有権の登記名義人は、登記上の利害関係を有する第三者に該当しない。〔21-17-エ改題〕	○
4	賃借権の設定の登記の回復を申請するときには、当該賃借権の設定の登記の登記事項を申請情報の内容としなければならない。〔31-22-ア〕	○

×肢のヒトコト解説

1　抹消登記を抹消しても、元の登記が戻ってくるわけではありません。この場合は、抹消回復登記が必要です。

第8章 質権・先取特権に関する登記

択一でのみ出題されている論点です。登記事項は何かという点が頻繁に問われます。質権は抵当権との比較で覚える、先取特権は先取特権ごとの類型ごとに覚えるようにしてください。

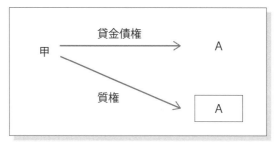

　甲がＡにお金を貸し、Ａの不動産に質権を設定しました（不動産質権になります）。

　この場合の登記簿は、下記のようになります。

順位番号	登記の目的	受付年月日・受付番号	権利者その他の事項	
1	質権設定	令和○年○月○日第○号	原因	令和○年○月○日金銭消費貸借同日設定
			債権額	金○万円
			存続期間	令和○年○月○日から○年
			利息	年○％
			特約	質権者は質物を使用収益できない
			債務者	（住所省略）　　　　　　Ａ
			質権者	（住所省略）　　　　　　甲

　質権は、何が登記されているのかが中心に出題されていますが、これは、抵当権と比較しながら学習するのが効率的です。次の図表を見てください。

◆ 質権と抵当権の登記事項の比較 ◆

	抵当権	質権
必要的登記事項 （令別表55イ）	①登記の目的 ②登記原因及びその日付 ③債権額 ④債務者の表示 ⑤抵当権者の表示	①登記の目的 ②登記原因及びその日付 ③債権額 ④債務者の表示 ⑤質権者の表示
任意的登記事項 （令別表55ロ）	①利息に関する定め ②賠償額の定め ③債権に付された条件 ④民法370条但書の定め ⑤抵当証券発行の定め ⑥権利消滅の定め	①利息に関する定め ②民法375条2項に規定する損害の賠償額の定め ③債権に付された条件 ④民法370条但書の定め ⑤権利消滅の定め ⑥違約金 ⑦存続期間 ⑧被担保債権の範囲を縮小する別段の定め ⑨目的不動産の使用収益権を有しない旨の定め（注） ⑩目的不動産の管理費用の支払その他の負担に任じない旨の定め

(注) 使用及び収益をすることができる旨の定めではない

　必要的登記事項とは、必ず登記すべき内容で、

　任意的登記事項とは、特約があったときに登記する内容を指します。

　抵当権と質権は、両方とも契約で設定する担保権であるため、登記事項はかなり似通ってきます。以下、この2つが違う点（かつ重要部分）を列挙していきます。

> 抵当証券発行の定め

　抵当証券は、名前のとおり、抵当権にしか発行できないので、質権では登記事項になっていません。

> 違約金

　質権には以下のような条文があります。

> **民法第346条（質権の被担保債権の範囲）**
>
> 　質権は、元本、利息、**違約金**、質権の実行の費用、質物の保存の費用及び債務の不履行又は質物の隠れた瑕疵によって生じた損害の賠償を担保する。ただし、設定行為に別段の定めがあるときは、この限りでない。

　これがあるため、遅延損害金以外にも違約金という罰金を取ることが認められています。

> 存続期間

　不動産質権には、抵当権と異なり存続期間が設けられています。不動産質権者が不動産を使用することになり、「他人が不動産を使用していることはあまり望ましくない」ということから、最長10年の期間制限が設けられているのです（抵当権を設定しても、抵当権者は不動産を使用しないため、抵当権では登記事項になっていません）。

> 目的不動産の使用収益権を有しない旨の定め

　不動産質権者は、質権の対象不動産を使用収益できることとされています。そのため、使用収益を望まない質権者は、特約で「使用収益をしない」旨を定めておくことが可能で、それが登記事項になっています。

　使用収益ができる旨が登記事項ではなく、

　使用収益をしない旨が登記事項なのに注意してください。

（原則が使用収益できる、なので例外の場合を登記するのです。）

1 質権の登記であっても、抵当権の登記であっても、利息に関する定めがない場合には、その旨を登記する必要がある。　　　　　　　　　　　　　　〔17-22-ア（令4-23-イ）〕 ×

2 質権の登記においては、違約金の定めがあるときはその定めを登記することができるが、抵当権の登記においては、違約金の定めがあるときでもその定めを登記することができない。〔17-22-イ（30-23-イ）〕 ○

3 質権の登記であっても、抵当権の登記であっても、債権に付した条件があるときは、その条件を登記することができる。　　　　　　　　　　　〔17-22-エ（令4-23-ウ）〕 ○

4 質権の登記においては、賠償額の定めがあるときはその定めを登記することができるが、抵当権の登記においては、賠償額の定めがあるときでもその定めを登記することはできない。〔17-22-オ〕 ×

5 質権設定登記の申請書には、債務者の氏名又は名称及び住所、債権額、存続期間、利息、違約金についての定めがあるときはその定めを記載することができる。〔5-20-5改題〕 ○

6 質権の設定登記において、「存続期間の定めがあるときは、その定め」及び「質権の目的である不動産の用法に従い、その使用及び収益をすることができる旨の定めがあるときは、その定め」は登記事項となる。　　　　　　　　　　　　　　　　　　　　〔25-23-3改題〕 ×

7 不動産質権の設定契約において、存続期間を定めなかった場合、存続期間の定めがない旨を質権の設定の登記の申請情報の内容とすることを要しない。〔オリジナル〕 ○

×肢のヒトコト解説

1 利息は抵当権・質権ともに任意的登記事項です。

4 抵当権の登記についても、損害の賠償額の定めを登記できる。

6 使用収益ができる旨が登記事項ではなく、使用収益権を有しない旨が登記事項です。

第8編　その他の登記 ◆ 第8章　質権・先取特権に関する登記

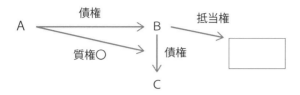

　質権を刺すことができるのは、「動産、不動産、その他の権利（債権）」です。そのため、上記のようにＢＣ債権に質権を設定することができます。

　それにより、Ｂの持っている抵当権に影響がでるので、登記申請が必要になります。

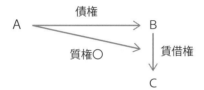

　では、Ｂが持っている賃借権に担保権を設定できるでしょうか。刺す担保権が質権であれば、可能です（質権は債権に対して刺すことができるからです）。

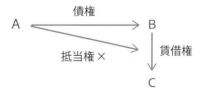

　上記のように、賃借権に抵当権を刺すことはできません。抵当権の対象は、所有権・地上権・永小作権と限定されているからです。

☑1	登記された賃借権を目的とする質権の設定の登記の申請をすることができる。〔8-21-イ改題（10-15-ア）〕	○
2	賃借権の設定の登記がされている賃貸借契約に、賃借権の譲渡又は転貸をすることができる旨の特約があっても、当該賃借権を目的とする質権の設定の登記の申請をすることはできない。〔23-17-イ〕	×
3	抵当権の被担保債権に対する質権の設定の登記の申請はすることができない。〔8-24-3〕	×
4	地上権については、これを目的とする抵当権設定登記をすることができるが、賃借権については、これを目的とする抵当権設定登記はもとより、質権設定登記もすることができない。〔9-16-イ〕	×

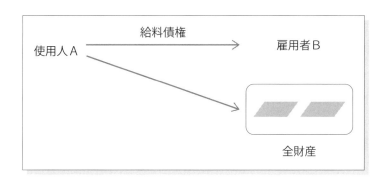

使用人Aが雇用者Bに、給料の債権を持ちました。これにより、AはBの全財産に先取特権という担保権を持ちます。

これは、**一般先取特権というもので、全財産に担保権が発生するという先取特権のことを指します。**

もし、この全財産の中に不動産があれば、先取特権の負担があることを登記することになります。

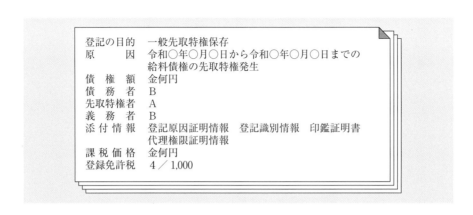

```
登記の目的    一般先取特権保存
原    因    令和○年○月○日から令和○年○月○日までの
             給料債権の先取特権発生
債 権 額    金何円
債 務 者    B
先取特権者    A
義 務 者    B
添 付 情 報    登記原因証明情報  登記識別情報  印鑑証明書
             代理権限証明情報
課 税 価 格    金何円
登録免許税    4／1,000
```

原因に設定という文字が入りません。先取特権は設定契約で発生するものではなく、**債権が発生すれば自動的に発生する担保権であるため**です。

また、**登記事項に利息が入っていません。**先取特権では、利息については優先弁済が認められないためです（例外はありますが、後述します）。

先取特権には他にも、動産に対してだけ発生する先取特権（動産先取特権）、不動産に対してだけ発生する先取特権（不動産先取特権）があります。

ここでは、不動産先取特権を３タイプ紹介します。

（1）不動産保存の先取特権

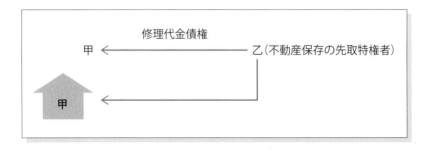

甲の家を乙が修理し、乙から甲に修理代金債権が発生しました。

すると、自動的に直した家に先取特権が生まれます。これが、不動産保存の先取特権です。

(2) 不動産工事の先取特権

①増築・附属建物の新築

　甲の家を乙が工事して、家を増築したため、工事代金債権が発生します。

　すると、自動的に工事した家に先取特権が生まれます。これが、不動産工事の先取特権です。

　この不動産工事の先取特権ですが、不登法では3つの分類に分けて学習してください。

②宅地造成

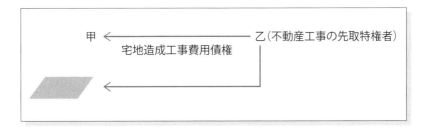

　甲の土地を乙が宅地造成して、工事代金債権が発生しました。すると、自動的に造成した土地に先取特権が生まれます。

③建物新築

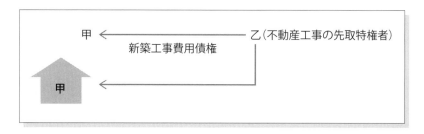

甲の家を乙が新築したため、工事代金債権が発生しました。すると、自動的に**新築した家に**先取特権が生まれます。

こちらの申請書は下記のとおりになります。

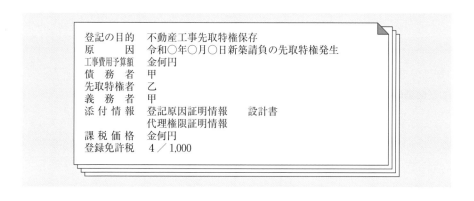

債権額ではなく、「工事費用予算額」が登記事項とされています。これは、不動産工事**先取特権が工事着手前に登記することが要求されている**ため

× 実際にかかった金額

○ 工事着手前に「これぐらいかかるだろう」と考えた見積額

を登記することにしているのです。

また、**登記識別情報・印鑑証明書を添付しない**というのもポイントです。

工事着手前に登記するため、**現時点で建物がなく、登記簿もありません。**そのため、登記識別情報をもらっていないので添付しようがないし、所有権登記名義人が生まれていないため、印鑑証明書の添付も不要となっています。

そして、**設計書を添付するのも工事の登記の特色です**。これは、実際に建物が建つのかという信ぴょう性を確保するために要求しています（**建てるつもりもないのに、登記するのを防ぎたい**）。

(3) 不動産売買の先取特権

売買代金債権

甲 ←――――――――― 乙（不動産売買の先取特権者）
（買主） （売主）

甲 ←

乙が甲に家を売り、家を渡しました。この場合、留置権は主張できませんが、売った家に先取特権は生まれます。これが、不動産売買の先取特権です。

登記の目的	不動産売買先取特権保存
原　　因	令和○年○月○日売買の先取特権発生
債権額	金○円
利　　息	年○％
債務者	甲
先取特権者	乙
義務者	甲
添付情報	登記原因証明情報　代理権限証明情報
課税価格	金何円
登録免許税	4／1,000

この登記は、売買による移転登記（乙→甲）と同時にすることが要求されています。上記の申請をする際には甲名義になっていないのです。

そのため、**義務者甲は登記識別情報をもっていませんし、所有権登記名義人になっていないので、印鑑証明書を添付することもしないのです**（ここは、買戻特約の登記と似ているので、そちらも復習してください）。

登記事項に「利息」が入っていることに気づいたでしょうか。先取特権では利息まで優先弁済権がないのが原則ですが、売買の先取特権だけは例外です。**売買代金の金額が高額になることから、利息についても優先弁済権を与えることになっています。**

以上について、まとめた表を次に記載します。これで整理、記憶をするようにしてください。

◆ 先取特権の保存登記申請手続の比較 ◆

添付情報；○＝提供要　×＝不要

		登記事項		添付情報		
	登記時期	優先弁済量 (83 I ①)	債務者 (83 I ②)	登記識別情報	印鑑証明書	特殊な添付情報
一般先取特権保存登記	定めなし	債権額		○	○	
不動産保存先取特権保存 (民326)	保存行為完了後直ちに (民337)			○	○	
先取特権保存 不動産工事 i 増築・附属建物の新築	工事着手前 (民338)	工事費用の予算額	債務者	○	○	設計書・図面
先取特権保存 不動産工事 ii 宅地造成				○	○	
先取特権保存 不動産工事 iii 主たる建物の新築				×	×	設計書・図面
不動産売買先取特権保存 (民328)	売買による所有権移転登記等と同時 (民340)	債権額及び利息 (民328)		×	×	

問題を解いて確認しよう

1	不動産工事の着手後に不動産工事の先取特権保存の登記を申請することはできない。〔オリジナル〕	○
2	所有権を売買したことによる所有権移転の登記及び不動産売買の先取特権保存の登記は同時に申請しなければならない。〔オリジナル〕	○
3	主たる建物の新築工事の先取特権保存の登記を申請する場合、登記義務者の登記識別情報を提供することを要しない。〔オリジナル〕	○
4	不動産工事の先取特権の保存の登記の申請書には、工事費用の予算額を記載することを要する。〔59-14-2〕	○
5	不動産工事の先取特権の保存登記において、「債務者の氏名又は名称及び住所」及び「利息に関する定めがあるときは、その定め」は登記事項となる。〔25-23-2改題〕	×
6	不動産売買の先取特権の保存の登記を申請する場合には、申請書に利息に関する定めを記載することができる。〔57-14-1〕	○
7	雇用契約における使用者が所有権の登記名義人である不動産について、労働者の当該使用者に対する退職金債権を被担保債権とする一般の先取特権の保存の登記を申請するときは、当該使用者の印鑑に関する証明書を添付することを要しない。〔30-18-ウ〕	×

×肢のヒトコト解説

5　利息に関する定めは、不動産売買の先取特権以外では登記事項ではありません。

7　所有権登記名義人が義務者なので、印鑑証明書が必要です。

第9章 工場財団に関する登記

工場抵当権という特殊な制度を見ていきます。
工場抵当には２タイプあるのですが、特に工場財団抵
当について多くの時間をとって学習してください。

　工場経営者に融資をして、工場に抵当権を設定する場面です。工場の担保価値には、工場という建物自体の価値もありますが、それ以上に中にある機械に高い価値があることがあります（建物はぼろくても、中に精密機器があるようなことはザラにあります）。

　ここで、**通常通り抵当権を設定すると、設定時の機械には抵当権の効力が及びますが、設定後の機械には抵当権の効力が及びません。**これは、**機械が工場における従物であるためです**（民法の知識、「従物に抵当権の効力が及ぶのか」を復習してください）。

抵当権設定後の機械にも抵当権の効力を及ぼしたい場合は、工場抵当という手

法が取れます（工場抵当法という特別ルールに基づいた設定です）。

　このルールに基づいて設定登記をすると、下記のような登記記録になります。

順位番号	登記の目的	受付年月日・受付番号	権利者その他の事項
1	抵当権設定	令和○年○月○日 第○号	原因　令和○年○月○日金銭消費貸借同 　　　日設定 （登記事項一部省略） 抵当権者　　フタバ銀行株式会社 工場抵当法　第3条第2項目録作成

　第3条第2項目録作成という登記事項を見てください。

　これは、別名、**機械器具目録と呼ばれる**もので、**ここに記載している機械であれば、設定時にある機械でも、設定後にある機械でも抵当権の効力が及ぶ**ようになるのです。

Point

　工場抵当法2条による抵当権の設定の登記をした後、新たに備え付けた機械等に、抵当権の効力が及んでいることを第三者に対抗するためには、当該登記をした抵当権についての工場抵当法3条の規定による目録（機械器具目録）について、その備え付けによる記載の変更の登記を申請することを要する。

　・当該機械器具目録の記載の変更の登記は、所有者の単独申請による（工抵3Ⅳが準用する工抵38）。

　・変更後の表示を機械器具目録に記録するための情報を提供しなければならない（工抵3Ⅳ・39）。

　・抵当権者の同意を証する情報又はこれに代わるべき裁判があったことを証する情報を提供しなければならない（工抵3Ⅳ・38Ⅱ）。

　工場抵当権を設定したあとに、工場内の機械が増えたり、減ったりすることがあります。この場合、機械器具目録の内容を変える手続が必要になります。

　この手続を行うのは工場所有者です。工場所有者は新しい機械器具目録を作って持っていくことになります。

そして、**機械が増える・減ることについては、抵当権者に大きな利害があるの**で、**抵当権者から「その内容の変更で構いません」といった承諾をもらう必要が**あります。

問題を解いて確認しよう

1	甲土地について工場抵当法第2条による抵当権の設定の登記がされている場合において、その後、新たに機械を甲土地に備え付けたときは、当該抵当権の登記名義人及び甲土地の所有権の登記名義人は、当該抵当権の変更の登記を共同して申請しなければならない。〔26-27-イ〕	×
2	工場抵当の目的となっている建物に工場の所有者が所有する機械を新たに備え付け、当該機械に工場抵当の効力が及んだことにより、機械器具目録の記録の変更の登記を申請するときは、変更後の表示を機械器具目録に記録するための情報を提供しなければならない。〔31-27-ア〕	○
3	機械器具目録に記録された機械の一部が滅失したことにより、機械器具目録の記録の変更の登記を申請するときは、抵当権者の同意を証する情報又はこれに代わるべき裁判があったことを証する情報を提供しなければならない。〔31-27-イ〕	○

─(×肢のヒトコト解説)─

1 工場所有者の単独申請です。

これで到達！ 合格ゾーン

☐ 機械器具目録に記録された機械、器具等を全て廃止したときは、工場抵当権の登記において、機械器具目録の記録を抹消する抵当権の変更の登記を申請することを要する（昭35.5.16民甲1172号）。〔31-27-ウ〕

★機械器具目録に記録された機械、器具等を全て廃止することにより、工場抵当から普通の抵当権へ変更します。この場合、登記記録中「工場抵当法　第3条2項目録作成」部分を抹消する変更登記を申請します。

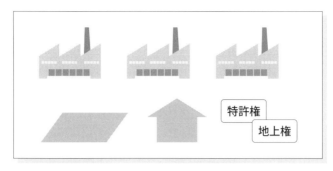

　一つの企業を構成する土地、建物、機械器具等は1つ1つで独立しているというよりもお互いが結合して効用を発揮し、担保価値をもっていることが多いです（例えば、ある土地の上に工場があるから、その土地の価値が上がっている等）。そのため、これを**個々に分離して設定しても、価値は大きく低下してしまうこと**があります。

　企業を構成する土地建物機械器具等を担保として事業資金を調達するには、**企業設備を一体にした担保が求められた**ため、工場抵当法という特別ルールが作られました。

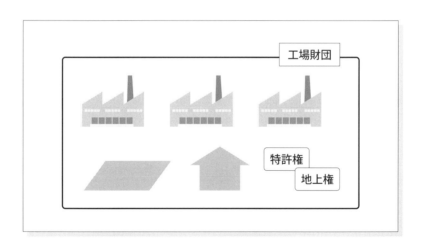

　具体的には、上記のように土地・建物・権利等を一体にした工場財団というものを作ります。

　そして、**この財団に対して抵当権を設定するという形式をとる**のです。

（財団をつくるのが目的ではなく、**抵当権を設定するために財団を作ったと考え**

てください。）

　この場合の登記ですが、不動産登記とは別の、工場財団登記簿というものが作られます。

　ただ、不動産登記と同じような形式で作られています（表題部・甲区・乙区から作られています）。

（ネットで、「工場財団登記簿」で検索してみれば、実物が出てくると思います。）

　具体的には以下のようなことが登記されます。

> 表題部
> →　どこの工場のものか、工場財団を所有している会社の主たる営業所の場所等が登記されます。
> 権利部（甲区）
> →　工場財団の所有者が登記されます。
> 権利部（乙区）
> →　（根）抵当権が登記されます。

　この登記は、**乙区で抵当権を登記するために存在する**ものです。表題部・甲区は、乙区をつくるためにある登記なのです。

Point

工場財団登記簿への所有権保存登記後、6か月以内に、抵当権設定の登記がなされないときは、当該所有権保存登記は、失効する（工抵10・48Ⅰ）。

工場財団について設定された抵当権の登記が全て抹消された場合、6か月以内に新たな抵当権設定の登記を申請しなければ、工場財団が消滅してしまうため、6か月以内に新たな抵当権設定の登記を申請しなければならない（工抵8Ⅲ）。

　まさに、工場財団制度は、乙区の抵当権の登記を作るための制度であることがわかる規定です。**乙区の抵当権の登記がない期間が6か月あると、この制度は失効する**のです。

財団目録の構成
- ・　表紙
- ・　土地の部
- ・　建物の部
- ・　工作物（建物を除く）の部
- ・　機械器具等の部

　工場財団の登記簿に記載の項目だけでは、工場財団に何が入っているかが分かりません。そのため、**工場財団の中身を公示する制度として工場財団目録**というものがあります。

工場財団目録の記録の変更登記	
意義	工場財団目録の記録に変更が生じた場合には、所有者は、遅滞なく、工場財団目録の記録の変更の登記を申請しなければならない（工抵38Ⅰ） →　単独申請のため、登記識別情報の提供は不要
特殊な添付情報	抵当権者の同意を証する情報（又はこれに代わる裁判があったことを証する情報）（工抵38Ⅱ）

　工場財団抵当権を設定したあとに、工場内の機械が増えたり、減ったりすることがあります。この場合、工場財団目録の内容を変える手続きが必要になります。

　ここの**手続は、先ほどやった機械器具目録の場合と同じです**（条文が準用されています）。所有者による単独申請で行うのですが（単独申請なので、登記識別情報は不要です）、利害を持っている抵当権者の同意が必要になります。

1 工場財団の所有権保存の登記がされた後、6か月以内に当該工場財団 を目的とした抵当権設定の登記がされなかった場合、当該工場財団の 所有権保存の登記は効力を失う。〔オリジナル〕　○

2 工場財団について設定された抵当権の登記が全て抹消された後、当該 工場財団について新たに抵当権の設定の登記を申請する場合には、抵 当権の設定の登記が全て抹消されたときから6か月以内に申請しなけ ればならない。〔26-27-ウ〕　○

3 抵当権設定の登記がされた工場財団に属する賃借権を工場財団より分 離する旨の工場財団目録の記録の変更の登記の申請書には、抵当権者 の同意書又はこれに代わるべき裁判の謄本を添付しなければならない。 〔62-24-2〕　○

4 所有権の保存の登記がされた工場財団に、当該工場財団の所有者が所 有する機械を新たに所属させる旨の工場財団目録の記録の変更の登記 を申請するときは、当該工場財団の所有権の登記名義人に通知された 登記済証又は登記識別情報を提供しなければならない。〔31-27-エ〕　×

――――――――――――　✕肢のヒトコト解説　――――――――――――

4　単独申請なので、登記識別情報は不要です。

2周目はここまで押さえよう

◆ 工場図面　添付の要否 ◆

	工場図面を添付の要否
工場財団の所有権の保存の登記を申請する 場合	要 （工抵規21、工場抵当22）
工場財団目録の記録の変更の登記を申請す る場合	工場図面に変更があるとき → 要（工抵規34 I）
抵当権の設定の登記を申請する場合	不要

工場図面を添付する場面をまとめた表です。初めに工場を作る際に「工場の位置を表した地図」を添付し、工場が増えたりして地図に変更がある場合には、新しい図面を添付します。

一方、工場財団に抵当権設定登記をする際には、図面の添付は不要です。工場の位置状態は、所有権保存登記の際（もしくは変更後の）図面をみればわかるためです。

✓ 1　工場財団目録に記録された土地を分筆した結果、工場財団に属する土地の地番、形状及び長さに変更が生じたことにより、工場財団目録の記録の変更の登記を申請するときは、変更後の工場図面を提供しなければならない。〔31-27-オ〕　　○

2　工場財団を目的とする共同担保としての抵当権の追加設定の登記の申請をするときに、その申請情報と併せて工場図面を登記所に提供しなければならない。〔令3-16-エ〕　　×

◆ 工場財団の処分 ◆

	工場財団に対して抵当権の設定	工場財団そのものを譲渡	工場財団に対して賃借権の設定
実体上の可否	可（工抵14Ⅱ）	可（工抵14Ⅱ）	抵当権者の同意を得れば、可（工抵14Ⅱ但書）
工場財団の登記簿に登記することの可否	可	可	不可

上記の図表は、工場財団が作られたあとの、権利変動についてまとめた図表です。論点は、実体上できるか、**それが登記できるかの2点**です。

工場財団に対して抵当権の設定

実体上、これは可能ですし、登記もできます。もともとは、抵当権を設定するための制度ですから、当たり前です。

工場のオーナーが変わる場合です。実体上これは可能ですし、甲区で移転登記することで登記もできます。

工場財団に対して賃借権の設定

工場をレンタルする場合です。これは経営者が変わることから、抵当権者に利害がでてくるため、抵当権者の同意が必要です。

そして、**抵当権者の同意があったとしても、乙区に賃借権の登記をすることはできません**。工場財団抵当は、乙区に抵当権を入れるための制度のため、賃借権を入れることを予定しないからです。

問題を解いて確認しよう

1	工場財団組成物件を総括して売買した場合、その工場財団所有権移転の登記をすることはできない。〔オリジナル〕	×
2	工場財団の所有権の登記名義人が当該工場財団について賃貸借契約を締結した場合には、当該工場財団の抵当権者の同意があっても、当該工場財団について賃借権の設定の登記を申請することはできない。〔26-27-エ〕	○
3	工場財団の所有権の登記名義人及び当該工場財団の賃借人が共同して申請する、当該工場財団を目的とする賃借権の設定請求権保全の仮登記はすることができない。〔30-12-ウ改題〕	○

──(×肢のヒトコト解説)──

1 工場のオーナーが変わった場合、甲区で移転登記することは可能です。

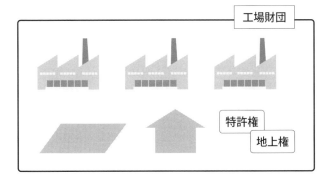

　工場財団に入ると、その財団の1つ1つを処分することはできません。財団に入ることによって、処分禁止の効力を受けるのです。

　処分禁止を受けていることは、公示されます。次の登記記録を見てください。

順位番号	登記の目的	受付年月日	権利者その他の事項
1	所有権保存	（略）	所有者　　株式会社根本商事
2	（略）	（略）	年月日受付
3	本物件は工場財団に属した	（略）	年月日登記

　3番が「処分禁止を受けている」公示になります。

　ちなみに、この「工場財団に属した登記」は、所有権かそれ以外の権利かで実行される形態が異なります。

　所有権　　　→　主登記で実行
　所有権以外　→　付記登記で実行

　ここは、差押え・仮差押え・仮処分という処分禁止をする場合と同じ結論になります。

工場財団の組成物件は、原則としてその処分が制限されているが、例外的に、抵当権者の同意を得て賃貸をすることは認められており、工場財団に属する不動産についての賃借権設定の登記も申請することができる。

本来、組成物件は処分ができないのですが、貸すことは可能です（ただ、担保価値が下がるかもしれないので、抵当権者の同意が必要です）。

　この場合、その不動産登記に賃借権の登記をすることができます。

個々の物件　→　抵当権者の同意があれば賃貸○　→　不動産登記に登記○
財団全体　　→　抵当権者の同意があれば賃貸○　→　財団登記に登記×

　工場財団、賃貸、と問われたら、上記のどちらを聞いているのかを意識しましょう。

✓**1**　工場財団の組成物件である土地については、抵当権者の同　　×
　　　　意があれば、地上権設定の登記を申請することができる。
　　　　　　　　　　　　　　　　　　　　　　　　　〔オリジナル〕

　2　工場財団に属した旨の登記がされている甲土地の所有権の　×
　　　　登記名義人が甲土地について賃貸借契約を締結した場合に
　　　　は、その工場財団の抵当権者の同意があっても、甲土地に
　　　　ついて賃借権の設定の登記を申請することはできない。
　　　　　　　　　　　　　　　　　　　　　　　　　〔26-27-オ〕

　3　地上権が工場財団に属した旨の登記は、付記登記で実行さ　○
　　　　れる。〔2-24-イ改題〕

　総論部分の細かい論点を見ていきます。単純暗記が多いところなので、一度で覚えようと頑張りすぎず、何度も見ながら、問題で確認しながらそのうち「覚えていた」という状態を目指しましょう。

～官公庁・自治体からの嘱託登記は省略できる情報があります～

第1章　嘱託登記・職権登記

　ここからはすべて択一のみの出題と考えていいところです。まずは、裁判所や役所が登記を行う嘱託登記というものを見ていきます。
　添付情報・登録免許税の特別ルールが多数でてきますので、理由付けをしながら押さえていきましょう。

第1節　嘱託登記

```
                    登記嘱託書

登記の目的　　所有権移転
原　　　因　　年月日売買
権　利　者　　千葉県
義　務　者　　A
添 付 情 報　　登記原因証明情報
　　　　　　　承諾証明情報（印鑑証明書付）
登録免許税　　登録免許税法第4条第1項
```

千葉県が私人から不動産を買ったという事例です。

特徴は、添付情報と申請人にあります。

まず申請人ですが、これは**千葉県による単独申請**です。そのため、**登記識別情報と印鑑証明書が付けられません**。

ただ、それでは危険性があるので、Aに承諾書を書いてもらいます。これは**登記識別情報に代わる承諾書というもの**です（74条2項保存の承諾書と同じ趣旨です）。

添付情報に住所証明情報が無いことに気付いたでしょうか。

なぜ住所証明情報を添付するのか、その趣旨を思い出してください。実在性の確認と、正しい住所の公示という点でした。

千葉県というのは実在します。

また、**申請書に住所が載っていない**（官公署には、住所という概念が無いのです）**ので、正しい住所の公示という必要性もない**ため、住所証明情報は要らないのです。

最後に登録免許税の部分を見てください。

非課税です。国が国に税金を払っても意味がありません。

そして、非課税の場合は、申請書には課税しない根拠条文を書くことになります。

では、次は官公署が義務者になる場合を見ます。次の申請書を見てください。

```
                    登記嘱託書

   登 記 の 目 的   所有権移転
   原      因    年月日払下
   権  利  者    A
   義  務  者    財務省
   添 付 情 報    登記原因証明情報
                住所証明情報
   課 税 価 格    金○○円
   登 録 免 許 税   金○○円
```

財務省が持っている不動産を私人が払い下げてもらった場合の申請書です。

これも**官公署**（この例では財務省）**による単独申請**です。そのため、**登記識別情報と印鑑証明書の添付は不要**です。

ただ、**住所証明情報は必要**です。

今回、**不動産を取得するのは私人なので**、実在性と、正しい住所は立証すべきです。

また、登録免許税ですが先ほどと違って、私人が取得しているので課税されます。

◆ 登記の嘱託手続の開始・構造 ◆

官公署が登記権利者 （ex. A→国）	官公署が登記義務者 （ex. 国→A）
登記義務者（ex. A）の承諾を得て、官公署が嘱託する （116Ⅰ；×共同申請）	登記権利者（ex. A）の請求を待って、官公署が嘱託する （116Ⅱ；×共同申請）

官公署が権利者側でも義務者側でも、**単独申請**です。

そして、どちらにしても、私人からの意思表示がなければできません。**官公署は、黙って勝手に嘱託登記できません**（私的自治の原則から言えば当然ですよね）。

添付情報のまとめを下記に掲載しますので、活用してください。

◆ 嘱託登記手続 ◆

添付情報；添付必要→○・不要→×、登録免許税；課税→○・非課税→×

論点　　　　　　　　　　　　態様	官公署が 「登記権利者」	官公署が 「登記義務者」
登記原因証明情報	○	○
登記義務者の承諾を証する情報	○	×
登記義務者の登記識別情報（22）	×	×
登記義務者に関する印鑑証明書	×	×
住所証明情報	×	○
登記原因についての第三者の承諾証明情報等	×	×
登録免許税	×	○

下から2行目に登記原因についての承諾証明情報というのがあります。農地法の許可など、いろんな許認可を考えてください。

嘱託登記は、**許認可があったことを確認した上で行うようになっています。**

そのため、登記申請ではその立証を要求していません（官公署がチェックしているから、登記所で、もう1回チェックはしないということです）。

	登記識別情報の通知の相手方	
	官公署が登記義務者側	官公署が登記権利者側
原則	「官公署」に通知 （遅滞なく、官公署は登記権利者に通知） （117）	通知がされない （21但書、規64 I ④本文）
例外	通知がされない （官公署が、登記権利者の申出に基づいて、登記識別情報の通知を希望しない旨の申出をした場合） （規64 I ①括弧書）	「官公署」に通知 （官公署が、あらかじめ登記識別情報の通知を希望する旨の申出をした場合） （規64 I ④括弧書）

まず官公署が義務者側の場合を見てください。これは基本通りなのですが誰に通知しているかという点に注目してください。

私人がもらうパスワードを、官公署に通知します。 官公署が登記申請手続をとっているので、官公署にパスワードを教えて、官公署が私人に連絡します。

一方、**官公署が権利者側の場合、登記識別情報は通知しません。官公署が登記識別情報をもらっても、使う場面がほとんどないから**なのです。

そのため、官公署が権利者側の場合は、登記識別情報は基本通知しないとし、欲しいと希望してきた場合のみ通知するとしています。

原則と例外が、「官公署が登記義務者側」の場合と逆になっていますので注意してください。

1	官庁又は公署が登記義務者として所有権の移転の登記を嘱託し、その登記がされた後、解除を登記原因として当該所有権の移転の登記の抹消を嘱託する場合には、登記義務者についての所有権に関する登記識別情報の提供は要しない。〔22-19-オ〕	○
2	市町村が登記義務者となって所有権の移転の登記を嘱託する場合には、登記権利者の住所を証する情報の提供を要しない。〔19-12-ア〕	×
3	国又は地方公共団体が登記権利者又は登記義務者として登記所に嘱託する登記については、登録免許税が課されない。〔58-27-1 (24-27-イ)〕	×
4	官公署は、公売処分をした場合において、登記権利者の請求があったときは、遅滞なく、当該公売処分による権利の移転の登記を登記所に嘱託しなければならない。〔29-15-ウ〕	○
5	官公署が登記義務者として所有権の移転の登記を嘱託するときは、登記権利者の承諾を証する情報を提供しなければならない。〔29-15-ア〕	×
6	国又は地方公共団体が登記権利者となる権利に関する登記を官庁又は公署が単独で嘱託する場合には、登記義務者の登記識別情報を提供することを要しない。〔令4-16-オ (7-25-ア、29-15-オ)〕	○

×肢のヒトコト解説

2　権利者が私人なので、住所証明情報は必要です。

3　官公署が義務者側になるときは、登録免許税が必要です。

5　官公署が義務者の場合には、承諾書は不要です。

官庁又は公署が登記義務者として登記を嘱託した場合において、登記が完了すると、登記識別情報の通知は、登記官から官庁又は公署に通知されるが、当該通知を受けた官庁又は公署は、登記権利者となった登記名義人に登記識別情報を通知しなければならず、この場合、登記権利者から特別の委任を受ける必要はない（117）。〔22-19-ウ〕

★司法書士が登記識別情報を受け取る場合には、登記申請とは別に登記識別情報を受け取る委任が必要です。一方、官庁が申請する場合は、そういった委任がなくても当然に登記権利者のために登記識別情報を受け取ることができます。

登記の申請は、①電子情報処理組織を使用する方法、又は②申請情報を記載した書面を提出する方法のいずれかにより行うことができる（1①・②）。そして、このことは、嘱託による登記の手続においても同様である（16Ⅱ）。
〔28-25-エ〕

★申請人が申請する場合と同様、嘱託登記の場合も、書面で申請すること、オンラインで申請することが認められています。

第9編 不動産登記法 総論 ◆ 第1章 嘱託登記・職権登記

　職権登記をする場面はここまで多く見てきましたが、ここからは今まで触れてこなかった職権登記で、本試験で問われやすいものをピックアップして説明します。

◆ 職権更正と職権抹消の手続の比較 ◆

	職権更正（67 II）	職権抹消（71 II）
対象となる登記	登記の錯誤又は遺漏がもっぱら登記官の過誤による場合	25条1号、2号、3号又は13号の却下事由に該当する登記が完了してしまったことを登記官が発見したとき
利害関係人ある場合	承諾があれば可	可
事前通知	不要	要
法務局長の許可	要	不要
事後通知	要	不要

（注）25条1号、2号、3号又は13号

25①	申請に係る不動産の所在地が当該申請を受けた登記所の管轄に属しないとき。
25②	申請が登記事項（他の法令の規定により登記記録として登記すべき事項を含む。）以外の事項の登記を目的とするとき。
25③	申請に係る登記が既に登記されているとき。
25⑬	前各号に掲げる場合のほか、登記すべきものでないときとして政令（令20）で定めるとき。

対象となる登記

　「登記官が名前を間違えて登記した」など、登記所側のミスで誤った登記をした場合には、登記所側が直してくれます。これが職権更正です。

　一方、管轄に属しない登記をなぜか登記所側が登記してしまった、留置権を登記してしまった、すでに登記されている物件をもう一回登記してしまったという場合、この登記は無効です。こういった無効な登記は職権で抹消できます。これが職権抹消です。

利害関係人ある場合

職権更正の場合、利害関係人が承諾している場合には更正登記が入れられますが、承諾が取れない場合は、申請人からの申請がないと更正登記ができません。

一方、職権抹消の場合、**登記されている登記はそもそも無効な登記なので、**利害関係人がいても、抹消することは可能です。

事前通知・事後通知・法務局長の許可

職権抹消の場合、いくら無効な登記でも事前に登記名義人に連絡をして異議がなければ、抹消登記をします。抹消後に連絡はもうなされません。

一方、職権更正の場合には、事前連絡をせずに法務局長の判断を仰ぎます。更正をしても問題ないか、上司の確認を取ったうえで更正登記をします。更正登記が終わった後に、「こちらのミスで間違った登記になっていました。もう直しています」旨のお知らせをします。

問題を解いて確認しよう

1 不動産登記法上、登記官は、一定の場合には、職権で権利に関する登記を抹消又は更正することがあるが、職権による登記の抹消がされるのは、管轄違いの登記又は登記事項以外の事項の登記を目的とする登記がされている場合に限られ、一方、職権による登記の更正がされるのは、登記官が、権利に関する登記に登記官の過誤による錯誤又は遺漏があることを発見した場合に限られる。〔27-17-ア〕　×

2 職権による登記の抹消又は更正をするに当たり、登記官は、あらかじめ、登記権利者及び登記義務者に対して、職権による登記の抹消又は職権による登記の更正をする旨を通知する。〔27-17-イ〕　×

3 職権による登記の抹消又は更正の対象となる登記について登記上の利害関係を有する第三者が存在する場合、登記官は、当該第三者の承諾を得ずに、職権による登記の抹消又は更正をすることができる。〔27-17-ウ〕　×

───────────────── ✕肢のヒトコト解説 ─────────────────

1　職権抹消は、二重登記のときにも可能です。

2　事前通知は職権抹消の場合にのみ行います。

3　職権更正は利害関係人の承諾が必要です。

2周目はここまで押さえよう

順位番号	登記の目的	受付年月日	権利者その他の事項
1	抵当権設定	（略）	（登記事項一部省略） 抵当権者　（本店省略）B株式会社
付記1号	1番抵当権の 2番抵当権へ の順位譲渡	（略）	原因　　　年月日順位譲渡
2 ⌈1⌋ 付1	抵当権設定	（略）	（登記事項一部省略） 抵当権者　（本店省略）C株式会社

・1番の抹消　→　1番付記1号は職権抹消
・2番の抹消　→　1番付記1号は職権抹消
・1番を第2順位、2番を第1順位とする順位変更の登記→1番付記1号は職権抹消しない

　　1番の登記を抹消すると、1番にくっついている付記1号は生き残れない
ため、職権抹消されます。

また、2番を抹消した場合も、付記1号の「1番抵当権の2番抵当権への順位譲渡」の目的は成立しなくなるので、職権抹消されます。

一方、「1番を第2順位、2番を第1順位とする順位変更の登記」をすると、論理的には「1番抵当権の2番抵当権への順位譲渡」は無意味になりますが、高度な実体判断が入るため、登記官が職権で抹消することはなく、申請で抹消することになります。

登記簿の形式だけで判断できるのか、実体判断が必要になるのかで結論が異なっていると考えるといいでしょう。

順位番号	登記の目的	受付年月日	権利者その他の事項
1	根抵当権設定	(略)	(登記事項一部省略) 根抵当権者(住所省略)　甲
付記1号	1番根抵当権一部移転	(略)	原因　　　年月日一部譲渡 根抵当権者(住所省略)　乙
付記2号	1番根抵当権優先の定め	(略)	原因　　　年月日合意 優先の定　甲7・乙3の割合

・1番の抹消　　　　　　→　1番付記1号・付記2号は職権抹消
・1番付記1号の抹消　→　1番付記2号は職権抹消しない

1番を抹消すると、1番にくっついている付記1号、付記2号は生き残れないので、職権抹消されます。

一方、1番付記1号を抹消しても、1番付記2号は、「1番にくっついている」のであって、「1番付記1号にくっついている」のではないので、生き残ります（実体判断をすれば、付記2号は残せないところですが、その実体判断に伴った職権抹消はなされません）。

✔1　1番抵当権から2番抵当権への順位の譲渡の登記がされた　　○
　　　後、2番抵当権の登記が抹消された場合、当該順位の譲渡
　　　の登記は、登記官の職権により抹消される。〔21-16-3〕

☑ 2 1番抵当権から2番抵当権への順位の放棄の登記がされた後、1番抵当権を第2順位、2番抵当権を第1順位とする順位の変更の登記がされた場合、当該順位の放棄の登記は、登記官の職権により抹消される。〔21-16-4〕　×

3 確定前の根抵当権について、根抵当権者AからBへの一部譲渡による根抵当権の一部移転の登記とともに、優先の定めの付記登記がされた後、根抵当権の一部移転の登記が抹消された場合、当該優先の定めの付記登記は、登記官の職権により抹消される。〔21-16-2、令3-14-エ〕　×

第2章 申請手続

ここでは添付情報、登録免許税、代理申請の補足をしていきます。主に択一だけで出題される部分なので、覚えるのは後回しにしてもいいところです。

第1節 添付情報の補足

これまでの登記についての補足をしていきます。まずは添付情報の補足です。

規55条（添付書面の原本の還付請求）
　添付情報の原本還付とは、登記申請書に添付した書類について、原本とともに、原本に相違なき旨を記載した謄本を添付して、その原本について申請人が還付を受けることをいう。

添付情報というのは名前の通り、添付して出してしまうため、基本は戻ってきません。

ただ、売買契約書や農地法の許可書は、他で使いたいから返してもらいたい人もいるでしょう。しかし登記所側にも、後日の資料として残しておきたいという要望があります。

そこで**原本とコピーを一緒に出したら、後で原本を返してあげる**という制度を作ったのです。これが原本還付という制度です。

この原本還付ですが、どんな登記申請でも還付を請求できるわけではありません。次の図表を見てください。

オンライン申請における原本還付の可否	×
半ライン申請における原本還付の可否	○
書面申請（磁気ディスクで提供した添付情報）における原本還付の可否	×

オンライン申請、これはデータで添付情報を送っていた場合です。データで送っていた場合は、**自分の手元に元データが残っている**はずなので、返せと言う必要はありません。

ただ、いわゆる半ライン申請（後でやりますが）の場合には、添付情報を紙で出しているので、これは返してと言えます。

また、書面申請では、実は磁気ディスクで添付情報を出すこともできます。
この場合も、やはり自分のところに元データが残っているので、返せと言う必要はありません。

覚えましょう

原本還付が認められないもの
① 所有権登記名義人または登記識別情報を提供できない所有権以外の権利の登記名義人が、登記義務者として申請書に押印した印鑑に係る印鑑証明書
② 所有権登記名義人または登記識別情報を提供できない所有権以外の権利の登記名義人が、登記義務者として委任状に押印した印鑑に係る印鑑証明書
③ 第三者の同意書・承諾書の印鑑に係る印鑑証明書
④ 裁判所書記官作成の印鑑証明書
⑤ 当該申請のためのみに作成された委任状その他の書面
⑥ 偽造された書面その他の不正な登記の申請のために用いられた疑いがある書面

どんな添付情報でも原本還付ができるというわけではありません。
⑤　委任状は、登記申請以外で使うことがまずありません。**「他で使うから返してくれ」**という趣旨に合わないので、これは返しません。

⑥　偽造していることが分かった場合、**警察に連絡して捜査してもらうことになる**ので、これも返しません。

難しいのが①から④です。

基本は、**印鑑証明書は原本還付できない**と思ってください。

昔はできたのですが、偽造事件が多かったため、平成17年の不動産登記法改正の時に、ほぼすべてダメとしました。

原本還付ができる場合が、いくつかあります。数が少ないので、覚えるといいでしょう。

 覚えましょう

　下記の印鑑証明書は、原本還付請求OK
　①住所を証する情報として印鑑証明書を添付する場合
　②遺産分割協議書に押印した印鑑についての印鑑証明書
　③資格者代理人による本人確認情報に添付した職印に係る印鑑証明書
　④登記識別情報の有効証明請求の際に添付する印鑑証明書

①住所を証する情報として印鑑証明書を添付する場合

　印鑑を立証するために添付しているわけではないので、原本還付を認めています。

②遺産分割協議書に押印した印鑑についての印鑑証明書

　遺産分割協議書というのは、いろんな場面で使います（銀行で預金の引き出し、その他諸々の手続）。そのため　登記所で印鑑証明書を取りあげてしまうと、**他のところで使う時に、また新たに印鑑証明書が必要になるのは酷だから**というのが、背景にあるのではないかと思います。

③資格者代理人による本人確認情報に添付した職印に係る印鑑証明書（後に説明します）

　これは、司法書士の印鑑についての印鑑証明書を指しています。**司法書士の印鑑については返してあげても問題はありません。**

④登記識別情報の有効証明請求の際に添付する印鑑証明書

　これと比較するのは失効申出です。失効申出については原本還付ができません。

1　国又は地方公共団体が登記権利者となって権利に関する登記を嘱託する場合に提供する登記義務者の承諾書に添付した印鑑証明書については、原本の還付を請求することができる。〔19-16-イ〕　×

2　相続を原因とする所有権の移転の登記を申請する場合に提供する遺産分割協議書に添付した相続人の印鑑証明書については、原本の還付を請求することができる。〔19-16-ウ〕　○

3　登記義務者の登記識別情報を提供することができないため、申請代理人である司法書士が作成した本人確認情報を提供して登記を申請する場合には、当該本人確認情報に添付した司法書士の職印に係る印鑑証明書については、原本の還付を請求することができる。〔19-16-エ〕　○

4　株式会社と取締役との間の利益相反行為に当たる行為を原因として登記を申請する場合に提供する取締役会議事録に添付された取締役の印鑑証明書については、原本の還付を請求することができる。
〔19-16-オ（25-15-エ、令2-26-ウ）〕　×

5　1件の登記の申請のためにのみ作成された委任状について、原本還付の請求をすることはできない。〔オリジナル〕　○

6　書面によって登記識別情報の失効の申出をした場合には、その申出に当たって提供した印鑑に関する証明書の原本の還付を請求することができる。〔26-13-オ改題〕　×

7　書面によって登記識別情報が有効であることの証明の請求をした場合には、その請求に当たって提供した印鑑に関する証明書の原本の還付を請求することができる。〔26-13-オ改題〕　○

×肢のヒトコト解説

1, 4, 6　印鑑証明書は原本還付できないのが基本です。

□ Aが、Bを抵当権者とする抵当権の設定の登記を申請する場合において、前所有者からAへの所有権の移転の登記が完了したときにAに対して通知された登記識別情報を記載した書面を添付したときは、当該書面の原本の還付を請求することができない。〔29-17-オ〕

★登記識別情報が記載された書面が提出された場合において、申請に基づく登記を完了したときは、登記官は、当該書面を廃棄するものとする（不登規69Ⅰ）と規定されているため、この書面の還付を求めることができません。

□ 同一の登記所に対して、同時に二以上の申請をする場合において、各申請に共通する添付情報があるときは、当該添付情報は、一の申請の申請情報と併せて提供することで足りる（不登規37Ⅰ）。そして、この場合、当該添付情報を当該一の申請の申請情報と併せて提供した旨を他の申請の申請情報の内容としなければならない（不登規37Ⅱ）。〔30-14-オ〕

★添付情報の援用という書類省略のテクニックです。申請を2件以上行っている時に、2件目の申請書に「印鑑証明書は1件目の申請で添付しています。そちらを見てください」という趣旨の内容を書いておくと、2件目には印鑑証明書を添付する必要がなくなるのです。

◆ 作成後3か月以内の制限の有無 ◆

○：制限あり　×：制限なし

	添付情報	3か月制限の有無
印鑑証明書	① 独立の添付情報となる印鑑証明書（不登令16Ⅲ・18Ⅲ）	○
	② 他の添付情報の真正を担保する印鑑証明書	×
	③ 印鑑証明書に代わる署名証明書	×
	④ 印鑑証明書を住所証明情報として代用する場合	×
	⑤ 登記識別情報の失効を書面により請求する場合に必要となる印鑑証明書	○
	⑥ 登記識別情報の有効証明を書面により請求する際に必要となる印鑑証明書	○
代理権限証明情報	① 官公署が作成したもの（不登令17）	○
	② その他	×
会社法人等番号の提供を要しない場合において提供される登記事項証明書		○
本人確認情報に添付する、資格者代理人であることを証する情報		△
登記原因について第三者が許可し、同意し、又は承諾したことを証する情報		×
相続を証する情報として申請情報と併せて提供する戸籍謄本等		×

　この試験でよく問われるのが、作成後3か月以内が要求されるかという点です。たとえば、「代表取締役A」と分かる書類があったのですが、それが1年前の物だった場合、1年前はAが代表取締役ということはわかるけど、今は分かりません。

　このように重要な書類については、作成後3か月以内のものを持ってくることが要求されています。

> 印鑑証明書

　基本的には3か月が要求される。要求されないものを覚えましょう。

② 他の添付情報の真正を担保する印鑑証明書

　　→ 古い印鑑証明書でも、当時書いたことは分かります。

③　印鑑証明書に代わる署名証明書

　　→　署名証明書は、改印することがないので、古い物でも問題ありません。

④　印鑑証明書を住所証明情報として代用する場合

　　→　印鑑を立証するものでないので（住所証明書は３か月の制限はない）、古い印鑑証明書でも構いません。

　代理権限証明情報

　官公署が作ったもの（支配人の立証する登記事項証明や、親の法定代理権を立証する戸籍謄本など）は、「今でも代理権があるのかを立証する」趣旨で添付するので、古すぎるものは認められません。

　一方、当事者が作ったもの（たとえば、委任状など）はいつ作ったものでも構いません。

　会社法人等番号の提供を要しない場合において提供される登記事項証明書

　これは、代表取締役の代表権を立証するために添付するものです。「今でも代表権があるのかを立証する」趣旨のため、古すぎるものは認められません。

　本人確認情報に添付する、資格者代理人であることを証する情報

　司法書士の職印を立証するための印鑑証明書を添付する場合は、３か月制限がかかりますが、電子証明書の場合は、３か月制限はかかりません。

　登記原因について第三者が許可し、同意し、又は承諾したことを証する情報相続を証する情報として申請情報と併せて提供する戸籍謄本等

　いつ作ったものでも、「承諾した事実」や「親子関係があった事実」は分かるので、古い物でも構いません。

1	印鑑証明書を登記権利者の住所を証する書面にあてて申請書に添付する場合には、作成後3か月以内のものであることを要する。〔61-21-ウ（20-17-オ）〕	×
2	登記上の利害関係を有する第三者の承諾を得て、付記登記によってする地役権の変更の登記を申請する場合において、当該第三者の承諾を証する当該第三者が作成した書面に添付すべき印鑑に関する証明書は、作成後3か月以内のものであることを要しない。〔25-15-ア〕	○
3	官庁又は公署が登記権利者として所有権の移転の登記の嘱託をする場合に提出する登記義務者の印鑑証明書は、作成後3か月以内のものであることを要しない。〔22-19-ア〕	○
4	地方自治法第260条の2第1項の認可を受けた地縁による団体が登記義務者である場合に、当該団体の代表者の印鑑証明書として添付する市町村長が作成した印鑑証明書は、作成後3か月以内のものであることを要しない。〔23-26-オ〕	×
5	代理権限証明情報として未成年者の親権者であることを証する戸籍謄本を提供する場合には、当該戸籍謄本は、作成後3か月以内のものであることを要しない。〔23-25-2〕	×
6	本店移転を登記原因とする株式会社である登記名義人の住所の変更の登記の申請をする場合には、住所の変更を証する情報として提供する登記事項証明書は、作成後3か月以内のものであることを要しない。〔24-17-2〕	○
7	Aのために選任された不在者の財産の管理人が、Aを所有権の登記名義人とする不動産を家庭裁判所の許可を得てBに売却し、AからBへの所有権の移転の登記を申請する場合においては、その許可があったことを証する情報は、その作成の日から3か月以内のものを提供しなければならない。〔29-16-ア〕	×

×肢のヒトコト解説

1 住所を証する書面には、3か月制限はかかりません。

4 登記義務者が添付する印鑑証明書は、3か月の制限がかかります。

5 代理権限証明情報として添付する戸籍謄本は、3か月の制限がかかります。

7 許可があったことを証する情報には、3か月制限はかかりません。

これで到達！　合格ゾーン

□ 台風被害等により事務停止をした登記所に提供すべき作成後3か月以内の有効期限の期間を経過した印鑑に関する証明書について、当該登記所の事務停止中の期間を控除して取り扱う特例は認められない（昭34.12.16民甲2906号）。〔28-17-オ〕

> ★登記義務者が添付する印鑑証明書は3か月の制限がかかります。2週間、印鑑証明書が取れなかったという事情があったとしても、考慮しません（改めて取り直せばいいだけです）。

□ 申請情報と併せて添付する登記義務者の印鑑証明書は、作成後3か月以内のものでなければならない（不登令16Ⅲ・18Ⅲ）が、申請情報に記録された登記原因の発生の日以前に交付された印鑑証明書であっても、登記義務者の印鑑証明書として添付することができる。〔61-21-ウ（20-17-オ）〕

> ★4月1日に売買があって、5月1日に登記申請をする場合に、3月1日に入手した印鑑証明書（登記原因が発生する前に取得した印鑑証明書）は、問題なく使用できます。

第9編 不動産登記法 総論 ◆ 第2章 申請手続

第2節 登録免許税の補足

今度は登録免許税の補足です。まず、登録免許税をどのように納めるかを説明しましょう。

書面申請	①国に納付して、その領収証書を登記申請書に貼り付ける。 ②収入印紙を登記申請書に貼り付ける。
オンライン申請	①国に納付して、その領収証書を登記申請書に貼り付ける。 ②収入印紙を登記申請書に貼り付ける。 ③歳入金電子納付システムによる。

申請書に現金を付けて納付するではなく、上記の通り、日本銀行にお金を入れて、そのお金を入れた際の領収証書を貼り付けます。もしくは収入印紙を貼り付ける方法で納めます。

ただ、オンラインで申請した場合は、いわゆるオンラインシステムでの納付（歳入金電子納付システムといいます）もできます。

　オンラインで申請しても普通に領収証書・収入印紙で納めることもできる点には注意してください。オンラインを利用してお金をやり取りすることに抵抗がある人は、従来通りのやり方で、登録免許税を納めればいいのです。

　例えば申請書に印紙を貼り付けます。

　この申請書を提出すると、その時点で、次の図のように、消印が入ります（登記が入った時点ではなく、申請した時点で入ります）。

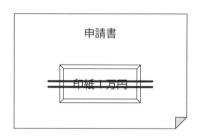

　問題は、この後に申請を取り下げた場合です。

　申請を取り下げた場合、申請書が返ってきます。この申請書と印紙は、上記のように消印が付いている状態で返ってくるのです。

👉 **Point**

取り下げた場合の処理

　（1）原則　　　現金還付

　（2）例外　　　再使用証明

取り下げた場合、納めていた登録免許税は、基本は「現金で返してくれ」ということになります。

ただ、例外的に**「もう1回同じ登記申請をする予定です。だからこの消印が付いた印紙をもう1回使わせてください」**と申し出ることができるのです。

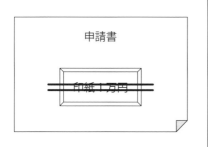

申請書

印紙1万円

再使用証明書

令和6年10月26日に登記申請をした登記申請書に貼付した印紙は、当登記所で再度使用することを認める。

東京法務局練馬出張所

取り下げた時に、その申出をして証明書をもらいます。「もう1回使っていいよっていう証明書」再使用証明書と呼ばれるものです。

これがあれば、**この登記所においては**、不動産登記、商業登記を問わず、**もう1回、この印紙が使えるようになります。**

◆ 還付手続・再使用証明の比較 ◆

登記申請の方式＼登記申請の結果		登記申請を取り下げた場合	登記申請が却下された場合
書面申請		還付手続又は再使用証明	還付手続
オンライン申請	登録免許税を収入印紙又は領収証書によって納付していた場合	還付手続又は再使用証明	還付手続
	登録免許税を歳入金納付システムを利用して納付していた場合	還付手続	還付手続

申請を取り下げた場合は、還付や再使用証明書をもらうことができます。一方、**申請が却下された場合は、還付という方法しかできません。**

申請が却下された場合は、申請書が返ってこないのです。申請書が返ってこない以上、それを再利用させてくれってことは無理なのです。

また、取り下げた場合といっても、もともとオンラインで登記申請をしている場合は、再使用証明をしてもらえない場合があります。

オンラインでの歳入金電子納付システムを利用して登録免許税を納めた場合です。

この場合は、**もともと印紙を貼っていない**ので、再使用させてくれということは無理なのです。

【再使用証明の手続】

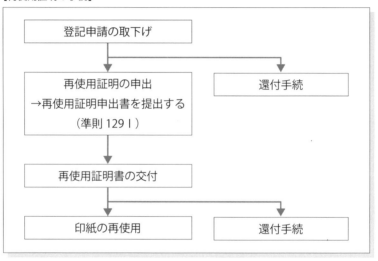

再使用証明の手続の流れを載せました。

取り下げるところからスタートです。取り下げた後は、還付手続するか、再使用をお願いするか選べます。

再使用をお願いした場合は、再使用証明書がもらえます。

ただ、**再使用証明書をもらっても、印紙を再使用する義務まではありません。**

やっぱり登記申請はやめるから、現金で返してくれということも可能です。

問題を解いて確認しよう

1 登記の申請が却下された場合には、申請書に貼り付けて消印された印紙の再使用の申出をすることができる。〔7-13-4〕　×

2 登記の申請が却下された場合には、申請書にはった収入印紙を再使用したい旨の申出をすることはできないが、登記の申請を取り下げた場合には、この申出をすることができる。〔16-25-ア〕　○

3 インターネットを利用した不動産の権利に関する登記の申請を取り下げた場合において、当該申請に係る登録免許税がインターネットバンキングにより納付されたものであるときは、当該取下げの日から1年内にインターネットを利用した登記の申請をするときに限り、再使用することができる。〔17-18-エ〕　×

4 不動産登記申請の取下げ時に再使用証明を受けた登録免許税の領収証書又は印紙は、同一の登記所における商業登記の申請をする際に使用することはできない。〔オリジナル〕　×

5 代理人が登録免許税の領収証書について再使用証明を受けた場合、同一事案につき依頼を受けた別の代理人が同一の登記所において登記を申請するときでも、申請書に当該再使用証明を受けた領収証書を貼り付けて使用することができる。〔オリジナル〕　○

×肢のヒトコト解説

1 却下された場合には、申請書が返ってこないので、印紙を再使用することが不可能です。

3 インターネットで納付しているので、印紙を使っていません。そのため、印紙を再使用するということがありえません。

4 登記所が同じであれば、商業登記で使用することは可能です。

これで到達！ 合格ゾーン

□ 申請情報に再使用証明を受けた登録免許税の領収証書又は印紙を貼り付けて登記の申請をしたが、当該登記の申請を更に取り下げる場合、重ねて再使用証明の申出をすることができる（昭43.1.8民甲3718号）。〔令3-27-エ〕

> ★申請 → 取下げ（＋再使用証明） → 申請 → 取下げ の際にも、もう1回再使用証明をもらうことができます。

□ 再使用証明を受けた印紙を使用して申請した登記の登録免許税の額が、再使用証明を受けた印紙の額より少額であるときは、当該登記の完了後にその差額について還付を受けることができる（昭42.6.13民甲864号）。
〔令3-27-オ〕

> ★登録免許税10万円分の再使用証明書をもらって行った登記申請が、登録免許税4万円の登記だった場合、後日、6万円の差額の還付を受けることができます。

□ 再使用証明のなされた印紙は1枚の貼用台紙に貼付されており、これを数件の登記申請に分割して使用することはできないと解される。〔16-25-イ〕

> ★登録免許税10万円分の再使用証明書をもらって、1万円の登記を別途10回分申請することはできません。1つの再使用証明を使ってできる登記申請は1件までです（この例の場合、1件再使用証明を使って申請し、残り9万円を還付することになるでしょう）。

◆ 登録免許税が免除される場合 ◆

	内容
4条1項	国及び非課税法人が、自己のために受ける登記
5条1号	国又は非課税法人が、これらの者以外の者に代位してする登記
5条2号	登記官等が職権に基づいてする登記で政令で定めるもの
5条4号	住居表示の実施又は変更に伴う変更の登記
5条5号	行政区画、郡・区・市町村内の町もしくは字又はこれらの名称の変更に伴う変更の登記
5条10号	墳墓地に関する登記

5条12号	登記官等の過誤による登記又は登記の抹消があった場合の当該登記の抹消・更正又は抹消した登記の回復の登記
7条	・信託行為による委託者から受託者への所有権移転登記等（委託者から受託者に信託のために財産を移す場合における財産権の移転の登記） ・委託者のみが信託財産の元本の受益者である信託の信託財産を、受託者から受益者に移す場合における財産権の移転の登記 ・受託者の変更に伴い、旧受託者から新受託者に信託財産を移す場合における財産権の移転の登記

こちらには、登記申請をしても登録免許税が課せられないもの（一部）をまとめています。本書でここまで触れていない部分を、下記で説明します。

5条1号

国が権利者の場合には、「国が国に税金を払っても意味がない」という理由から4条1項によって非課税にされますが、これと同趣旨なのが5条1号です。

AからBへの移転登記をBが行っていない場合に、Bの債権者の国（大抵が税金の未払いです）がBに代わって代位登記をする場合、実際に登記申請する国が、国に対して登録免許税を払う意味がないことから非課税になっています。

5条10号

墓の立っている土地を墳墓地といいます。これは、登録免許税だけでなく、固定資産税でも非課税となっています。

「墳墓地に関する登記」という表現となっているため、墓地を売買した場合の移転登記だけでなく、墳墓地に抵当権を設定する場合も非課税になります。

1	国が、登記権利者として不動産の所有権の移転の登記を嘱託する前提として、当該不動産について登記義務者が行うべき相続の登記を代位により嘱託した場合の登録免許税の額は、不動産の価額に1,000分の4を乗じた額である。〔21-24-エ〕	×
2	官公署が代位して、登記名義人の住所についての変更の登記を嘱託するときは、登録免許税は課されない。〔29-15-エ〕	○
3	所有権の登記名義人であるAから甲土地を買い受けた国が、Aに代位して嘱託する錯誤を登記原因とするAの住所の更正の登記の登録免許税は、1000円である。〔30-27-ウ〕	×
4	地目が墓地である土地についての相続を原因とする不動産の所有権の移転の登記の登録免許税の額は、不動産の価額に1,000分の4を乗じた額である。〔21-24-ウ〕	×

×肢のヒトコト解説

1, 3 国が代位する場合は非課税です。

4 墳墓地に関する登記は非課税です。

◆ 登録免許税が減額される場合 ◆

根拠条文 （登録税）	内容	税率・税額
13条1項	同時申請により、同一債権のために、数個の不動産についてする抵当権設定などの登記	1個の抵当権等の設定とみなし登録免許税が課せられる
13条2項	共同抵当権等の追加設定手続の登記	設定の目的である権利の件数1件につき、金1,500円
17条1項	定率課税の仮登記に基づく本登記	本来の税率から、仮登記の税率を控除する
17条4項	地上権・永小作権・賃借権・採石権（地役権以外の用益権）の設定登記のある不動産について、これらの権利の登記名義人が、当該不動産の所有権を取得して、所有権移転の登記を申請する場合	本来の税率に、50/100を乗じたもの

こちらには、登記申請をすると登録免許税が軽減されるものが載っています。

13条1項

A不動産とB不動産に共同抵当権（債権額1,000万）を設定した場合、登録免許税は1,000万×1000分の4のみ発生します。不動産が2個、3個であったとしても、優先弁済量は変わらないので、登録免許税は債権額に対して1回取るだけになっています。

ちなみに、A不動産とB工場財団に共同抵当権（債権額1,000万）を設定した場合、登録免許税は1,000万×1000分の2.5になります。工場財団に対する設定は、税率は低いのですが、その低い税率で処理するようになっています。

13条2項

A不動産に抵当権を設定した後に、B不動産に設定する場合には登録免税は1,500円で済みます。A不動産に設定時に1000分の4を払っているので、2個目からは安くするという趣旨でした。

17条1項

所有権移転仮登記で、1000分の10の登録免許税を払っていたものが本登記をする場合、本来の税率1000分の20全額の納付ではなく、仮登記で払った分を差っ引いて、1000分の10の納付で足ります。

17条4項

甲不動産に地上権をもっていたAが、甲土地の所有者からこの土地を買った場合、本来の税率1000分20の100分の50（つまり半分）の税率で足ります。これは地上権の設定をした時点で、その不動産に1000分の10という多額の登録免許税を払っているので、その後の税金を安くしようという趣旨です。

1　一つの登記所において、同一の債権を担保するために、不動産と工場財団を目的として共同抵当権の設定の登記を同時に申請する場合の登録免許税の税率は、これらの登記を一の抵当権の設定の登記とみなし、不動産を目的とする抵当権の設定の登記に係る税率と工場財団を目的とする抵当権の設定の登記に係る税率のうちの低い税率による。　〔19-17-エ（3-28-2）〕　〇

2　Aを賃借権者とする賃借権の設定の登記がされている甲土地（不動産の価額100万円）について、Aが甲土地を相続により取得した場合にする相続を登記原因とするAへの所有権の移転の登記を申請する場合の登録免許税の金額は、2,000円である。〔25-27-オ〕　〇

3　甲土地（不動産の価額100万円）の地上権の登記名義人が甲土地の所有権の共有持分3分の1を買い受けたことによる持分の移転の登記を申請する場合の登録免許税の金額は、3300円である。〔29-27-ウ〕　〇

4　同一の債権を担保するために、数個の不動産を目的とする共同抵当権の設定の登記を申請する場合において、当該登記の申請が、最初の申請以外のものであって、所定の証明書を提供してしたものであるときは、当該登記に係る登録免許税の税率は、当該登記に係る不動産に関する権利の件数1件につき1,500円である。　〔19-17-イ（53-26-3、23-15-エ）〕　〇

これで到達！　合格ゾーン

☐　A登記所の管轄に属する墓地甲について根抵当権設定登記を申請する場合には、登録免許税法5条10号により非課税となるが、その後にB登記所の管轄に属する宅地乙について墓地甲と共同根抵当とする根抵当権設定登記を申請する場合の登録免許税は、課税標準の金額に1,000分の4を乗じた額となる（昭50.8.6民三4016号）。〔17-18-イ〕

★13条2項の趣旨は、「設定時に1000分の4を払っているので、2個目からは安くする」でした。上記の事例の場合は、設定時は非課税（墓地に関する登記）であるため、この趣旨に当てはまりません。

◆ 登録免許税が還付される場合・還付されない場合 ◆

還付される場合	還付されない場合
① 二重登記（所有権登記済）の一方を職権で抹消した場合	① 所有権（全部）移転登記を所有権一部移転登記に更正する場合
② 二重登記（所有権登記済）の一方を申請で抹消した場合	② 相続人以外の者に対する「遺贈」を「相続」とする登記原因の更正の場合
③ 管轄を誤ってした登記が職権で抹消された場合	③ 抵当権の債権額を減額する更正登記をした場合
	④ 国がAに払い下げた土地を、誤ってB名義とする所有権移転の登記を嘱託した場合、錯誤を原因として当該登記を抹消した場合

(注) 登記完了後において、非課税または減免に関する証明書類を提出して登録免許税の全部または一部の還付を請求することは許されない（昭42.7.22民甲2121号）。

　一度登記したものが間違っていた場合、払った登録免許税は返ってくるのでしょうか。

　例えば、A→Bに移転登記が入ったあとに、間違いが判明し、

　A→1/3Bへ更正登記が入った場合には、2/3の分について払った登録免許税は返ってくるのでしょうか。

　原則、返ってきません。確かに間違っていたかも知れませんが、B名義で公示したという事実は変わりません。

　B名義で登記した事実がある以上は返還しないのです。

　ただ、例えば「留置権設定」という登記が入った場合はどうでしょう。

　そもそも、留置権は登記できません。

　仮に登記されても、それは無効な登記と扱われ、公示したことにはならないので、払った登録免許税は返ってきます。

　結局、「無効な登記だった場合は、返ってくる」と押さえればいいでしょう。

無効な登記となるのは、①管轄違い　②非登記事項　③二重登記の場合です。
下記の過去問はそれに該当するかどうかで判断するようにしてください。

---- 問題を解いて確認しよう ----

1	登記事件が管轄に属さないことを理由として、いったんされた登記が抹消された場合には、抹消された登記を申請した際に納付した登録免許税につき還付の請求をすることができる。〔16-25-エ〕	○
2	抵当権の債権額を減額する更正の登記がされた場合には、債権額の差額分に課税された登録免許税につき還付の請求をすることができる。〔16-25-オ〕	×
3	二重登記であることを理由に所有権保存の登記が抹消されたときは、その保存の登記を受けるために納付された登録免許税は還付される。〔57-24-1〕	○
4	学校法人が校舎の敷地として非課税であることを証する書面を添付することなく、登録免許税を納付して所有権の移転の登記を受けた場合には、その後に、当該非課税であることを証する書面を提出して当該登録免許税の還付を受けることはできない。〔24-27-ウ〕	○
5	国がAに払い下げた土地を、誤ってB名義とする所有権の移転の登記を嘱託した場合、錯誤を原因として当該登記を抹消しても、当該嘱託の際に納付された登録免許税は、還付されない。〔17-18-ウ〕	○

---(×肢のヒトコト解説)---

2　無効な登記にあたらないため、返ってきません。

第3節　代理人による申請

代理人の権限とはどこまででしょうか。

これは、「**登記申請をして、ちゃんとした登記を入れる**」ところまでです。

「登記申請代理権」があると「還付手続代理権」まで認められるか	×
「登記申請代理権」があると「登記識別情報の通知をうける代理権」まで認められるか	×

登記申請の代理権を持つ人は、当然に上記の代理権まではもらえていません。

登記を入れるところまでしか代理権がないため、税金の還付手続や、入れた後の登記識別情報を受け取る権限までは認められないのです。

「登記申請代理権」があると「取下代理権」まで認められるか	△

　これは取り下げる理由によって違います。

　取り下げる理由が補正のため、**登記申請を直すために取り下げるのであれば、それは代理権の範囲内**です。

　ただ、**登記申請を完全にやめるのであれば、代理権の範囲外**となります。

委任状

私は、○○市○○町二丁目１２番地 法務太郎に、次の権限を委任します。
1 下記の登記に関し、登記申請書を作成すること及び当該登記の申請に必要な書面と共に登記申請書を管轄登記所に提出すること
2 登記が完了した後に通知される登記識別情報通知書及び登記完了証を受領すること
3 登記の申請に不備がある場合に、当該登記の申請を取下げ、又は補正すること
4 登記に係る登録免許税の還付金を受領すること
5 上記１から４までのほか、下記の登記の申請に関し必要な一切の権限

令和６年２月１４日
○○郡○○町○○ ３４番地 甲 野 花 子 実印

　実際には登記申請の代理だけを頼むということはほとんどなく、上記のような委任状になることが多いです。

　登記申請の代理権だけでは他のことができないので、一気に委任してもらうのです。

　上記の中で、特に意識して押さえてほしいのが、登記識別情報の受領です。**「登記識別情報を受け取っていい」という委任がなければ、登記申請をした代理人といえども登記識別情報を受け取ることができません。**

1 登記の申請の代理人は、取下げについての代理権が特別に与えられていなくても、申請の不備を補正するため申請を取り下げることができる。〔6-27-エ（21-18-エ）〕　○

2 登記申請の取下げを登記申請の代理人によってする場合は、登記申請自体の取下げであっても、補正のためにする取下げの場合であっても、取下げのための特別な授権を要しない。〔オリジナル〕　×

3 登記の申請について委任を受けた代理人は、法定代理人が代理して登記を申請する場合と同様に、申請に係る登記が完了したときは、当然に登記識別情報の通知を受けることができる。〔19-21-ウ〕　×

─────────── ✕肢のヒトコト解説 ───────────

2 補正の取下げの場合には特別授権は不要ですが、登記申請をやめる場合には「取り下げてよい」という代理権が別途必要になります。

3 「登記識別情報を受け取ってよい」という代理権を別途もらわないと、登記識別情報を受け取る権限は認められません。

これで到達！ 合格ゾーン

☐ 却下された登記の申請の代理人は、審査請求についての代理権が特別に与えられていなければ、審査請求の代理をすることはできない。

〔6-27-エ（58-26-5、21-18-エ）〕

★司法書士の代理権は、登記申請～登記の実行までのものです。登記が却下されたあとの手続は、司法書士の代理権には含まれていません。

☐ 登記の申請について、登記権利者が登記義務者の代理人として登記を申請することができる（大14.9.18民事第8559号）。〔19-21-イ〕

★登記申請する行為は、民法上行為ではないことから、自己契約・双方代理を無権代理行為とみなす民法108条1項は適用されません（登記は実体の後始末に過ぎないので、問題ないと考えてもいいでしょう）。

☐ 委任代理人によって登記を申請する場合において、当該申請情報と併せて提供された委任状に複数の代理人が列記されているときは、特に共同代理の定めがない限り、各自単独で登記の申請を代理することができる（昭40.8.31民甲2476号）。〔19-21-ア〕

> ★複数人の司法書士に委任した場合、各司法書士は１人で代理ができます（誰かにトラブルがあっても、他の人だけで登記申請ができるようにしています）。

☐ 委任状には、委任の範囲を明確にするため、「登記の目的である不動産、登記すべき権利に関する事項、委任者及び受任者」が記載されていなければならないが、登記原因証明情報（61）を援用して委任の範囲を明確にできる場合には、上記の事項を全部記載する必要はない（昭39.8.24民甲2864号）。

〔28-14-ウ〕

> ★例えば「登記原因証明情報である平成何年何月何日付抵当権設定契約証書記載のとおりの抵当権の設定の登記」を委任する旨が記載されていれば、登記事項及び目的不動産の表示がなされなくとも委任状としての適格性が認められます。

17条（代理権の不消滅）
　登記の申請をする者の委任による代理人の権限は、次に掲げる事由によっては、消滅しない。
　① 本人の死亡
　② 本人である法人の合併による消滅
　③ 本人である受託者の信託に関する任務の終了
　④ 法定代理人の死亡又はその代理権の消滅若しくは変更

　１号の本人の死亡で説明します。

　民法では、「本人が死ねば代理権が消える」というルールになっていました。ただ、**本人が死んで代理権が消えるというルールは、民法ぐらいで、他の法令では、このルールを排除していることが多いのです。**

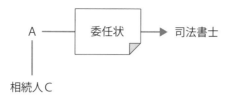

A ──→ 委任状 ──→ 司法書士

相続人C

　司法書士に委任状を渡した後、Aが死にました。民法のルールで処理すれば、代理権が無くなりますので、司法書士は相続人から委任状をもう1回もらい直すことになります。

　ただ、ここで揉めやすいのです。

父が実家を売っていたの!?
自分は反対だ。委任状なんて作らないよ。

こんな感じで揉めるケースが多かったのです。

　登記申請の代理というのは、**実体行為の後始末に過ぎないという面があります。**そこで「本人が死んでも、代理権は消滅しない」ので、「そのまま登記申請をしていい」としました。

　このルールの実益は、**委任状を流用して使えること**です。司法書士はAからもらった委任状をそのまま使って、登記申請を続行することが可能となります。

　ただ気を付けたいところは、委任状を流用できるだけであって、**登記申請が絶対できるという保証はありません。**

Point

死亡して3か月経過している
→　印鑑証明書は作成後3か月経過している
→　この委任状では登記申請不可

例えば、Aが所有権登記名義人で、今回の申請では義務者の立場にいたとします。

この場合、印鑑証明書が必要です。委任状に実印を押して、印鑑証明書を付けることになります。

ただ、死んでしばらくしてから登記申請をすることになりました。

そして**死後3か月経ってしまった**のです。その場合、**もうこの印鑑証明書は使えません**。

しかも死んでいれば、印鑑証明書は出せなくなるので、印鑑証明書を取り直すということもできません。

そのため、Aの委任状を使って登記申請はできません。

このように委任状が流用できるだけであって、必ずしも登記申請できる保証は無いということ、その点に注意しておいてください。

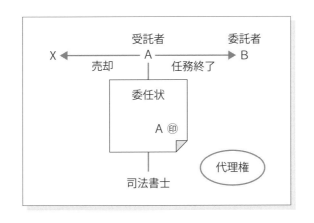

これは条文の3号にあたります。

BがAに信託で任せました。任せた後、Aはこの不動産を売り、司法書士に申請の委任をしたのです。

その委任をした後、Aの契約期間が切れて受託者ではなくなりました。この契約期間が切れたとしても、**司法書士の代理権は残ります**。

もし**代理権がなくなったとしても**、**委託者のBは同じ司法書士に頼むでしょう**。だったら二度手間にならないように、代理権は残し、委任状を流用できるように

したのです。

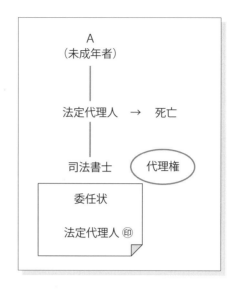

　これは条文の4号にあたる図です。

　未成年者がいて、その法定代理人が司法書士に頼んだあと、その法定代理人が死んでしまったようです。

　この場合、新しい法定代理人が選ばれたとしても、**たぶん、同じ司法書士に頼みます**。だったら代理権を消さなくていいだろうということで、代理権を残すことにしたのです。

　先ほどの事例は、復代理の形式になっています。下記の図を見てください。

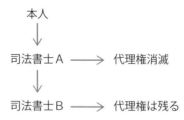

　上記も復代理構造です。AがBに頼んで委任状を交付し、このBが別のCに委任しています。

　ここで、Aの代理権が消滅してもBの代理権は残ります。

そのため、**今受け取っている委任状のまま登記申請ができます。**Bは本人から委任状を取り直す必要がありません。

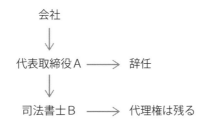

会社が不動産を売却し、それを司法書士に頼んだ後に、頼んだ代表取締役が辞任しました。
ここも復代理構造になっているのに気付いたでしょうか。

そのため、司法書士Bの代理権は残るので、**新しく選ばれた代表取締役から委任状を取り直す必要はない**ことになります。

問題を解いて確認しよう

1	AからBへの売買を原因とする所有権の移転の登記の申請を司法書士に委任していたBが、当該登記の申請前に死亡した場合には、当該司法書士は、Bの死亡後もその委任に基づいてAからBへの所有権の移転の登記を申請することができる。〔19-14-オ（6-27-ア、21-15-ア）〕	○
2	登記の申請を委任した信託の受託者Aの任務が終了した後、委任を受けた代理人Bが当該登記を申請する場合、Aが作成した代理権限を証する情報を提供して当該申請をすることはできない。〔オリジナル（19-21-オ）〕	×
3	登記の申請について当事者である未成年者の単独親権者から委任を受けた場合において、当該親権者が家庭裁判所から親権の喪失の審判を受けたときは、当該委任による代理人の権限は、消滅する。〔19-21-エ〕	×

4	書面申請により登記を申請する場合における委任者を登記義務者とする所有権の移転の登記の申請を司法書士が受任した後に、委任者が死亡したとき、死亡した委任者から受領していた印鑑証明書を添付することができ、この印鑑証明書は作成後3か月以内のものであることを要しない。〔21-15-オ改題〕	×
5	書面申請により登記を申請する場合における委任者を登記義務者とする所有権の移転の登記の申請を司法書士が受任した後に、委任者が死亡したとき、申請書には申請人として委任者の相続人の住所及び氏名を記載し、委任者の委任状に加えて、相続を証する情報と相続人から当該司法書士への委任状を添付しなければならない。〔21-15-エ改題〕	×
6	登記申請の委任を受けた代理人が更に当該登記申請を復代理人に委任した後に、最初の代理人が死亡した場合、復代理人が登記を申請するには、本人が直接復代理人に代理権を授与した旨の記載がある委任状を申請書に添付することを要しない。〔12-14-ア（21-15-イ）〕	○
7	司法書士Xが、株式会社の代表取締役Aから同社を申請人とする登記の申請について委任を受けた場合において、当該委任後にAが代表取締役を辞任したときは、Xは、当該委任に係る登記を申請することができない。〔28-14-イ〕	×

×肢のヒトコト解説

2 代理権が消滅しない事由の1つ、受託者の任務終了になります。

3 代理権が消滅しない事由の1つ、法定代理権の消滅になります。

4 代理権が消滅しなくても、印鑑証明書は3か月制限の規制がかけられています。

5 本人からもらっている委任状で登記申請ができます。相続人から委任状を取り直す必要はありません。

7 復代理構造で真ん中の権限が消滅しても、代理権は消滅しません。

第3章 登記手続

ここでは、登記手続の流れを確認したうえで、①登記の審査の部分 ②却下する部分、③登記後の後始末の部分を見ていきます。特に③では登記識別情報を通知する場面を見ますが、ここの出題が特に多いです。

第1節 登記の申請

登記申請
→ (1) 受付 (2) 審査 (3) 登記の実行 (4) 登記の完了後の手続
→ 却下・取下げ

登記手続の流れが載っています。

登記申請の受付をした後、登記の審査に入り、審査の後、登記ができれば登記を実行し、事後処理として、登記識別情報を渡すなどをしていきます。

この流れについて、いくつか補足をしましょう。

👆Point

- 登記官の審査は、申請された登記の申請情報及び添付情報をもとに行う
- 25条に列挙された却下事由に該当するか否かを審査するだけの形式的審査

まずは審査の部分です。これは俗に言う形式的審査権というものです。

形式的審査権というのは「**実体判断はできる**」けど、**見られる資料が限定されている**ことを意味します。

具体的に、見られる資料は、登記簿、申請書、添付情報に限定されていて、現

地を見に行ったり、呼び出して話を聞いたりということはできないのです。

> **24条（登記官による本人確認）**
> 　登記官は、登記の申請があった場合において、申請人となるべき者以外の者が申請していると疑うに足りる相当な理由があると認めるときは、次条の規定により当該申請を却下すべき場合を除き、申請人又はその代表者若しくは代理人に対し、出頭を求め、質問をし、又は文書の提示その他必要な情報の提供を求める方法により、当該申請人の申請の権限の有無を調査しなければならない。

　呼び出して、話を聞くことができないのが原則です。その例外が、この24条という条文です。

　例えば、Aを騙った別人が申請しているのではないかといった危険性がある場合、例外的に申請人等を呼び出して話を聞くことができます。

　ただ**調べることができるのは、申請権限があるかどうかという点だけ**です。登記申請が有効なのか、無効なのかということを呼び出して話を聞くことはできません。

　どんな時に、怪しいと思って呼び出すことができるのでしょうか。これも、できる場合が、限定されています。出題実績があるものをいくつか紹介します。

> 登記官が、登記識別情報の誤りを原因とする補正又は取下げ若しくは却下が複数回されていたことを知ったとき

　パスワード入力を何回も何回も間違えているような場合です。その状態は、本人でない可能性が高いですね。

> 登記官が、申請情報の内容となった「登記識別情報を提供することができない理由」が事実と異なることを知ったとき

　登記識別情報を持ってこられない理由が、本当は不通知（もらっていない）なのに、申請人が失効（もらったけど、失効させた）と申請してきた場合です。

　これは、怪しいですね。

不正登記防止申出があった場合において、登記の申請があったとき
（当該不正登記防止申出の日から３月以内に申請があった場合に限る。）。

たとえば、登記識別情報をなくした人が「自分のなりすましが来るかもしれない、調査して欲しい」という申出をすることができます（これを不正登記防止申出といいます）。

この後、その者を名乗るものが申請に来た場合、危険性が高いので調査をします。

問題を解いて確認しよう

1	登記官は、申請人の申請の権限の有無を調査するに際しては、申請人又はその代表者若しくは代理人に対し、出頭を求めることができる。〔20-18-イ〕	○
2	登記官が、登記識別情報の誤りを原因とする補正又は取下げ若しくは却下が複数回されていたことを知ったからといって、申請人となるべき者以外の者が登記の申請をしていると疑うに足りる相当な理由があるとは、認められない。〔20-18-ウ〕	×
3	登記官が、申請情報の内容となった登記識別情報を提供することができない理由が事実と異なることを知ったからといって、申請人となるべき者以外の者が登記の申請をしていると疑うに足りる相当な理由があるとは、認められない。〔20-18-オ〕	×
4	登記官が不正登記防止申出を相当と認めた場合において、当該不正登記防止申出の日から３か月以内に申出に係る登記の申請があったときは、当該登記の申請は、不正登記防止申出がされていることを理由として却下されることになる。〔令3-25-オ〕	×

---- ×肢のヒトコト解説 ----

2,3 ともに、相当な理由があると認められます。

4 本人確認調査が行われだけで、却下されるとは限りません。

これで到達！　　　　　合格ゾーン

> ☐ 電子情報処理組織を利用した申出や郵送による不正登記防止申出は認められ
> ていない（不登準則35Ⅰ参照）。〔28-25-オ、令3-25-エ〕
>
> ★**不正登記防止申出は、いろいろ事情を聴くため出頭主義が採用されています。**

25条（申請の却下）
①　申請に係る不動産の所在地が申請を受けた登記所の管轄に属しないとき
②　申請が登記事項以外の事項の登記を目的とするとき
③　申請に係る登記が既に登記されているとき

　登記官が、登記申請をチェックして、却下できる事由というのは25条に限定されています。

　この25条の条文は非常に長いので、無理にすべてを覚える必要はありません。

　ただ、1号、2号、3号は押さえておきましょう。

　1号　管轄が間違っている場合

　2号　登記事項でないものを登記した場合

　3号　二重登記といいます。1つの物件について2つの登記簿を作ってしまった場合

を指します。

　これらについては、**登記申請がされればもちろん却下ですし、仮に間違って登記が入っても、この登記は無効と扱います。** そのため、登記官が後でこの登記に気付けば、職権で抹消できるのです。

　逆に、これ以外の却下事由の場合で、気付かずに登記が入っても、この登記は有効であるため、職権で抹消することはできません。

　例えば、登録免許税を納付しないで登記申請をすれば却下されます（25条12号）。ただ、それに気付かないで登記が入っても、その登記は有効であるため、職権で抹消することができないのです。

そのため、登記が無効になる却下事由の代表例である、**上記１号から３号は覚えてください。**

取下げとは、申請人の意思により、登記申請を撤回すること。
登記申請の却下とは、登記申請がされ、25条で定められた却下事由に形式的に該当する場合に、その登記申請にかかる登記が実行されず、登記官の職権をもって、中断されること。

取下げというのは、登記申請を無かったことにする、登記申請をやめるという場合です。一方、却下というのは、25条に該当するため、登記申請を退けるという登記官の行為です。

取下げ、却下には手続の違いがあり、試験で多く出題されています。

	取下げ	却下
電子申請した場合	電子情報処理組織を使用して申請を取り下げる旨の情報を登記所に提供する方法（規39Ⅰ①）	登記が電子申請であっても、手続は書面による
書面申請した場合	申請を取り下げる旨の情報を記載した書面を登記所に提出する方法（規39Ⅰ②）	

書面申請だった場合は、取下げは書面で、オンライン申請だった場合は、取下げはオンラインで行います。**申請と同じ手続をとって本人の確認を取るため**です。

却下については、却下決定書という紙を渡して行います。これは登記申請が書面申請、オンライン申請問わず、却下の時は紙を使います。

	取下げ	却下
「書面申請」の場合において「還付」される書面	①申請書、及び ②添付情報（規39Ⅲ前段）	申請書は還付されない 添付情報のみ還付される （規38Ⅲ本文）

取下げ、却下があったら何が返ってくるのでしょうか。

取下げは申請行為自体が無かったことにするので、全部返ってきます。

一方、却下については添付情報のみ返ってきますが、本来は全部返したくないのです。

却下をした場合は、後に行政訴訟や国家賠償請求、審査請求などが来ることに備えて、その資料は残しておきたいのです。

ただ、添付情報が問題です。不動産登記の添付情報は、2度と手に入らないものが多いのです。

却下したら返さないとすると、次に登記申請をすることができなくなります。そのため、**次の登記申請ができるようにするために、添付情報だけは返すようにしている**のです。

商業登記まで勉強された人はぜひ商業登記の却下の場合と比較をしてください。**商業登記の添付情報は、会社で作ることが可能な処理がほとんどなので、添付情報も返しません。**

	取下げ	却下
登録免許税の還付方法	①現金還付（登録税31Ⅰ）又は②再使用証明（同Ⅲ）	現金還付（登録税31Ⅰ）のみ

取下げであれ、却下であれ登記が入らなかった以上、払ったお金は返すべきです。そこで、現金で還付することができますが、取下げについては現金還付だけでなく、再使用証明が可能です。

取下げの場合は、登記申請書が返ってくるので、その申請書に貼られた印紙をもう1回使うということが許されています。

一方、**却下の場合は、申請書が返ってこないので申請書に貼られた印紙を再使用するということができません。**

問題を解いて確認しよう

1	書面申請の方法で登記を申請した場合において、申請を取り下げるときは、申請の取下書を登記所に提出する方法のほか、法務大臣の定めるところにより電子情報処理組織を使用して申請を取り下げる旨の情報を登記所に提供する方法によることもできる。〔21-18-オ〕	×
2	登記の申請が却下されたときは、納付した登録免許税の還付を受けることはできない。〔21-18-イ〕	×
3	登記権利者及び登記義務者が共同して登記の申請をした場合において、当該申請を取り下げたときは、登記義務者は、登録免許税の還付を受けることはできない。〔24-27-ア〕	×
4	書面申請の方法で登記を申請した場合において、申請が却下されたときは、申請書は、還付されない。〔21-18-ア〕	○
5	Ａ：次に、電子申請によって不動産登記の申請をする場合において、登記識別情報を提供することができないことから事前通知の手続によるときは、書面申請の場合と同様に、書面で通知されるけれど、このほかに、電子申請であっても書面で行う手続にはどのようなものがあるかな。 Ｂ：却下決定書の交付や取下げの申出があります。〔20-27-ウ〕	×
6	代理人によらず申請人自らが電子申請をした場合において、登記官が当該電子申請を却下するときは、登記官は、書面により決定書を作成して、申請人ごとにこれを交付しなければならない。〔31-12-オ〕	○

×肢のヒトコト解説

1 書面で申請しているので、取下げは書面の必要があります。

2, 3 登記が入らなかったので、登録免許税の還付は請求できます。

5 却下は必ず書面で行いますが、取下げは異なります。

> ☐ 登記権利者及び登記義務者の双方から委任を受けた代理人によってされた登記の申請を却下する場合、当該決定書は、代理人に交付すれば足りる（不登規38Ⅰ）。〔21-18-ウ〕
>
> ★却下決定書は、申請人1人1人に渡すのが原則ですが、代理人という窓口がいればそちらに渡すことにしています。

第2節 登記の完了

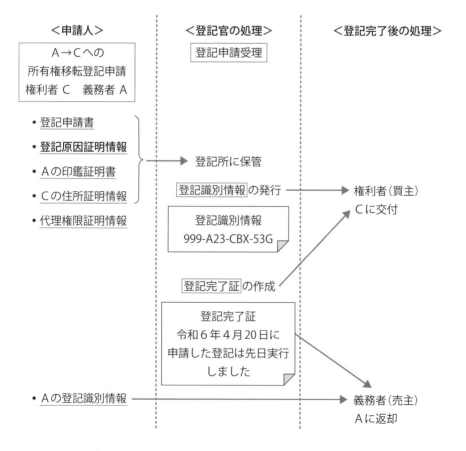

図の１番左には申請人が提出した書類、真ん中が登記官の処理、そして図の右側に登記後に渡す書類が書かれています。

　真ん中を見てください。
　申請書、添付情報は登記所に保管し、そして登記ができるとわかったら、パスワード（登記識別情報）を作って権利者に渡します。
　また、これとは別に、登記完了証というものを作ります。これは**「あなたの申請した登記申請は、登記しましたよ」というお知らせ**です。

　この**登記完了証は申請人の両方に渡します。**
　登記識別情報は、権利者に渡しますが、この登記完了証については、権利者と義務者の両方に渡します。**申請行為をした人に、終わったことを教えるのです。**

　ここでは、登記識別情報と登記完了証の話をしていきましょう。

> **21条（登記識別情報の通知）**
> 　登記官は、その登記をすることによって申請人自らが登記名義人となる場合において、当該登記を完了したときは、法務省令で定めるところにより、速やかに、当該申請人に対し、当該登記に係る登記識別情報を通知しなければならない。ただし、当該申請人があらかじめ登記識別情報の通知を希望しない旨の申出をした場合その他の法務省令で定める場合は、この限りでない。

　２つの条件をクリアした時に、登記識別情報の通知がされます。

 覚えましょう

　登記識別情報の通知がされる要件
　①登記の申請人であること
　②登記名義人となること

　１つは、**登記の申請行為をすること**です。
　申請行為をしない人には、登記識別情報はあげません。例えば、保存行為をした場合とか、債権者代位をした場合、申請行為という努力をしていない他の共有

者、債務者は登記識別情報がもらえません。

　もう1つは、**登記名義人となること**です。

所有者　（住所）　○○

共有者　（住所）　○○

地上権者（住所）　○○

このように登記簿に載ることをいいます。例えば、次の図を見てください。

1	根抵当権設定	（略）	原因 極度額 債権の範囲 債務者 根抵当権者	年月日設定 金1,000万円 ・・・・・・ （住所省略）　B （住所省略）　A
付記1号	1番根抵当権変更	（略）	原因 極度額	年月日変更 金2,000万円

　1番付記1号の登記をした後には、**登記識別情報は通知されません**。これは、1番付記1号には「根抵当権者（住所）○○」という登記になっていないからです。

1	所有権保存		所有者	（住所省略）　C
付記1号	1番所有権更正	（略）	原因 共有者	錯誤 （住所省略） 持分2分の1　　　　C （住所省略） 　　　　2分の1　　　　A

　1番付記1号で「共有者（住所）○○」と登記されるため、付記1号の登記の際に、**登記識別情報は通知されます**。

　ただ**通知されるのは、Aだけ**です。権利が増える人には登記識別情報を通知し、減る人には登記識別情報は通知しないのです。

2	所有権移転	（略）	原因 共有者	年月日相続 （住所省略） <u>持分3分の1</u>　　　　C （住所省略） <u>3分の2</u>　　　　A
付記1号	2番所有権更正	（略）	原因 A持分 C持分	錯誤 9分の4 9分の5

付記1号で**登記識別情報は出ません**。「所有者（住所）○○」「共有者（住所）○○」と載っていませんね。

この場合は権利が増えようが何だろうが、登記識別情報は通知されないのです。

問題を解いて確認しよう

1	AとBとの共有の登記がされた不動産について、Aのみを所有者とする所有権の更正の登記がされた場合には、Aに対して登記識別情報が通知されない。〔20-13-ウ〕	×
2	Aが、B及びCとともに、売買を原因とするBからCへの所有権の移転の登記を、売買を原因とするBからA及びCへの所有権の移転の登記に更正する登記を申請した場合、Aは登記識別情報の通知を受けることができる。〔17-13-エ改題（6-12-イ、22-13-イ）〕	○
3	Aの持分が2分の1、Bの持分が2分の1であるとの登記がされた共有不動産について、その持分をAは3分の1とし、Bは3分の2とする所有権の更正の登記がされた場合には、Bに対して登記識別情報が通知されない。〔20-13-オ〕	○
4	根抵当権の登記名義人Aが、根抵当権設定者Bとともに、極度額の増額による根抵当権の変更の登記を申請した場合、Aは登記識別情報の通知を受けることができる。〔17-13-オ（令3-17-オ）〕	×

--- ×肢のヒトコト解説 ---

1　権利が増えるAには登記識別情報が通知されます。

4　登記名義人が登場しないので、登記識別情報は通知されません。

◆ 登記識別情報の通知を要しない場合 ◆

①あらかじめの通知を希望しない旨の申出をした場合	
②登記完了後、一定期間を経過しても（30日）、申請人が登記識別情報をダウンロードしない場合（オンライン申請）	
③登記完了後、一定期間を経過しても（3か月）、申請人が窓口で登記識別情報通知書の交付を受けない場合（書面申請）	
④法第21条本文の規定により登記識別情報の通知を受けるべき者が、「官公署」である場合（規64Ⅰ④本文）	
例外	この場合であっても、当該官公署が、あらかじめ、登記識別情報の通知を希望する旨の申出をした場合は、官公署に登記識別情報が通知される

　先ほどの要件をクリアしても、登記識別情報が通知されない場合があります。

　もともと、申請情報で「自分は登記識別情報はいりません」と言っている場合は、登記識別情報は通知されません（上記の①）。

　また、一定の時期までに登記識別情報を受け取りにいかなければ、もう通知されないことになっています（いつまでも保管してくれるわけではないのです）。

　オンライン申請であれば30日、書面申請は3か月までに受け取りに行く必要があります（上記の②③）。

　そして、登記識別情報を受けるべき人が官公署の場合、登記識別情報は通知されません。官公署が義務者になっても登記識別情報を使う機会は、ほぼないためです。

　ただ、通知を希望した場合には通知がされます（こちらが上記の④にあたります）。

✓ 1　登記識別情報の通知を受けるべき者が、登記官の使用に係る電子計算機に備えられたファイルに登記識別情報が記録され、電子情報処理組織を使用して送信することが可能になった時から30日以内に自己の使用に係る電子計算機に備えられたファイルに当該登記識別情報を記録しない場合には、登記官は、登記識別情報を通知することを要しない。　　　　　　　〔24-14-ア〕　　　　　　　　　　　　　　　　　　　　　　　○

2 書面申請の方法により登記の申請をした場合において、登記識別情報の通知を受けるべき者が、登記完了の時から3か月以内に登記識別情報を記載した書面を受領しないときは、当該申請人に対し登記識別情報を通知することを要しない。〔オリジナル〕　　　　　　　　　　　　　　　○

3 官庁又は公署が登記権利者として所有権の移転の登記を嘱託した場合において、登記識別情報の通知を受けるためには、あらかじめその通知を希望する旨の申出をしなければならない。〔22-19-エ〕　　　　　　　　　　　　　○

これで到達！　　合格ゾーン

法定代理人（支配人その他の法令の規定により当該通知を受けるべき者を代理することができる者を含む。）によって登記の申請が行われている場合には、当該法定代理人に対して登記識別情報の通知がされる（不登規62Ⅰ①）。
〔29-18-オ〕

　★申請行為をしている者に登記識別情報を通知するという仕組みになっています。法定代理人が申請している場合は、その法定代理人に通知します（法定代理人はそれを本人等に渡します）。

登記識別情報は、法定代理人が代理して登記を申請するときは、当該法定代理人に通知される（不登規62Ⅰ①）。これに対して、委任を受けた代理人が登記識別情報の通知を受けるには特別の委任が必要であり、これがないときは原則どおり登記名義人となるべき申請人に通知される（不登規62Ⅱ）。
〔19-21-ウ〕

　★司法書士の代理権は、登記申請〜登記の実行までのものです。登記が入った後の手続は、司法書士の代理権には含まれていません。

```
登記完了証（書面申請）

次の登記申請に基づく登記が完了したことを通知します。
申請受付年月日
申請受付番号
登記の目的
登記の年月日
不動産
```

登記官は、登記の申請に基づいて登記を完了したときは、申請人に対し、登記完了証を交付することにより、登記が完了した旨を通知しなければならない（規181Ⅰ前段）。登記完了証は、「登記が完了したことを証明する」機能を有し、その後の登記申請で使用することはない。

　登記完了証とは、登記が終わったよというお知らせに過ぎません。この後、この書類を何か手続で使うことはありません。

```
権利者　　A
義務者　　B　　で登記申請
→　ABが登記完了証の交付を受ける
```
申請人が2人以上あるときは、その1人（登記権利者及び登記義務者が申請人であるときは、登記権利者及び登記義務者の各1人）に交付すれば足りる

　登記完了証は、登記申請をした人に交付されます。そのため、権利者だけでなく、義務者に対しても交付されます。
　ただ、権利者が数人、義務者が数人いる場合には「権利者側で1人」「義務者側で1人」に通知すれば足ります。

```
権利者　　A
義務者　　B
CがAに代位した場合
→　CBが登記完了証の交付を受ける（Aは登記が完了した通知を受ける）
```
通知を受けるべき者が2人以上あるときは、その1人に通知すれば足りる

　債権者代位をした場合には、実際に動いた人に登記完了証が交付されます。そのため、上記の事例では**実際に申請しているＣＢが交付を受けられる**人になります。

　そして、これとは別にＡに連絡がいきます。「あなたの名義が作られています」という連絡です。これは、**「登記が完了した旨の通知」と呼ばれる**制度です（言葉は似ていますが、別制度です）。

　これは、**他人によって自分名義が作られたときに、連絡がくる**制度と思ってください（以前、触れた職権保存登記でも同じ現象が起きます）。

　ちなみに、ここで通知を受ける人が数人いる場合には１人に通知すれば足ります（この点は、登記完了証の交付と同じです）。

問題を解いて確認しよう

1	登記の申請が、登記権利者及び登記義務者から申請された場合、登記完了証は登記権利者のみに対して交付される。〔オリジナル〕	×
2	債務者が単独で相続した土地について、相続を登記原因とする所有権の移転の登記が債権者の代位により申請され、当該登記を完了したときは、登記官は、当該債務者に対し、登記が完了した旨を通知しなければならない。〔24-25-ア、令3-13-オ〕	○
3	所有権の登記がない建物について、裁判所書記官の嘱託による仮差押えの登記を完了したときは、登記官は、当該建物の所有者に対し、登記が完了した旨を通知しなければならない。〔24-25-ウ〕	○
4	債権者代位による登記の申請があった場合に、当該登記が完了したときは、被代位者には登記完了証は交付されない。〔オリジナル〕	○
5	Ｅが贈与を登記原因としてＡの持分の全部の移転の登記手続を求める確定判決に基づき申請する当該持分全部移転の登記をした場合、登記完了証は２通交付される。〔30-17-ウ改題〕	×

これで到達! 合格ゾーン

> ☐ 申請情報を記載した書面を提出する方法により申請された登記を完了したときは、登記官は、登記の目的を記録すればよく、登記原因及びその日付を登記完了証に記録する必要はない。〔24-25-オ〕
>
> > ★登記完了証に何が書かれるかという論点です。オンライン申請の場合は申請情報のほとんどが書かれますが、書面申請の場合は、登記の目的のみとなっています。オンライン申請の場合は申請情報をコピーして貼り付けることで簡単に作れますが、書面申請の場合は登記官の手打ちになることから、記載内容を少なくしているものと思われます。

　登記識別情報と登記完了証については比較がよく出されます。次の図表を見てください。

	登記識別情報	登記完了証
通知・交付の方法 （書面申請）	書面の交付 （送付も可能） （規63 I ②）	書面の交付（送付も可能） （規182 I ②）
通知・交付の方法 （オンライン申請）	ダウンロード（規63 I ①） 書面の交付（送付も可能） （規63 I ②）	ダウンロード（規182 I ①） 書面の交付（送付も可能）

　登記識別情報と登記完了証はどうやってもらうかというと、書面申請の場合は書面でもらいます。

　オンライン申請の場合は選べて、ダウンロードでもらうこともできるし、紙でもらうこともできます。

　平成17年改正時はダウンロードのみだったのですが、**紙で欲しいという要望が強い**（昔は「登記済証」（別名、権利証）という紙でもらえていました）**ので、法改正をして紙でもらえるようにしました。**

	登記識別情報	登記完了証
登記完了の時から3か月を経過しても受領しない場合（書面申請）	登記識別情報の通知をすることを要しない（規64Ⅰ③）	登記が完了した旨の通知をすることを要せず、作成した登記完了証を廃棄することができる（規182の2Ⅰ②）

　登記識別情報も登記完了証も、受け取りに来なければ渡さないことになります（平成17年改正までは、この規定がなかったので、登記所側がずっと保管する羽目になっていました）。

	登記識別情報	登記完了証
交付を希望しない旨の申出	できる（規64Ⅰ①）	できない

　登記識別情報については「欲しくないから、通知しないで」という申出を認めています。しばらく売る気がない人、パスワードを下手にもらってそれをなくすほうが怖い人は「初めからパスワードを要らないよ」と申し出ることができます。

　一方、登記完了証は**他の手続で使うことがないもので、危険性がありません**。そのため、登記識別情報と違って、要らないよという申出を認めていないのです。

	登記識別情報	登記完了証
登記の申請の委任を受けた代理人が、特別の委任がなくても受け取ることができるか	できない（規62Ⅱ参照）	できる

　これも**危険性という観点で判断できる**ところです。
　登記識別情報は重要なもので危険性があるので、これは特別の委任がなければ、司法書士であっても受け取れません。一方、登記完了証は危険性がないので、特別の委任がなくても受け取れるとしています。

1 登記の申請が、登記権利者及び登記義務者から申請された場合、登記 ✕
　完了証は登記権利者のみに対して交付される。〔オリジナル〕

2 登記の申請人があらかじめ登記完了証の交付を希望しない旨の申出をし ✕
　たときは、登記完了証は交付されない。〔オリジナル〕

3 登記の申請の委任を受けた代理人が、申請情報を記載した書面を登記所 ✕
　に提出する方法によって当該申請をした場合において、当該代理人が登
　記完了証の交付を受けるための特別の委任を受けていないときは、当該
　代理人は登記完了証の交付を受けることができない。〔オリジナル〕

── ヒトコト解説 ──

1 登記完了証は、申請人全員に渡されます。

2 登記識別情報とは結論が違います。

3 これも登記識別情報と結論が違い、危険性がないので特別授権がなくても完
　了証の交付を受けることができます。

Point

登記官から不当な処分を受けたときの対処法

① 審査請求（行政不服審査法＋不動産登記法）をする方法

② 裁判所に処分の取消しを求めて訴訟を提起する方法（行政訴訟）

③ 国を被告として国家賠償訴訟を提起し、金銭的な賠償を求める方法

　この表には、登記申請が不当に却下された場合、何ができるかということをま
とめています。

　②は、訴訟を起こすということで、③は、国家賠償請求で、お金を請求する制
度です。

　これら3つの制度があるのですが、**不動産登記手続においては、これら3つに、
順番はありません。**

　行政事件の理屈に審査請求前置主義というものがあって、審査請求を先にやらないと行政訴訟は起こせないとしているのですが、登記においては、そのルールは適用されません。

　①〜③のなかで、一番出題が多いのが①です。大体4年スパンで出題されます。

申請人　　　　　お宅の部下の登記官にひどい目に遭わされました。
　　　　　　　何とかしてください。

法務局長

　審査請求とは、**登記官の上司である、法務局長にチクル制度**のことをいいます。

申立て	申立ての方式	書面（審査請求書）による（オンライン請求も可）
	請求先	処分をした登記官
	名宛人	監督法務局又は地方法務局の長
	申立期間	制限はない

　まずは申立てをする場面から見ていきましょう。申立てのポイントは誰宛の紙を、誰に渡すかという点です。

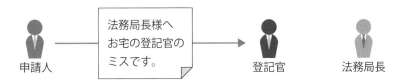

申請人　　　法務局長様へ　お宅の登記官のミスです。　　登記官　　法務局長

　ボスである**法務局長宛の手紙を、登記官に渡す**のです。登記官に「これを上司に渡してください」という感覚で渡すのです。

　なぜ登記官に渡すのでしょうか。

　これは、**登記官にもう1回考え直させるためです**。

　そして、申立期間、これがよく出てきます。

　いつまで経ってもできるとしています。極論を言えば、申請書の保存期間を過ぎてしまって、申請書が登記所になくなっても、審査請求は可能です。

登記官の 判断	審査請求に 理由ありと判断	登記官は、登記完了の前後を問わず相当の処分をしなければ ならない（157 I）。
	審査請求に 理由なしと判断	登記官は審査請求書を受け取った日から3日以内に、審査請 求に理由がないと判断した旨の意見を付して、事件を監督法 務局又は地方法務局の長に送付する。

　審査請求書を受け取った登記官は、向こうの言い分が正しいかどうかをもう1
回判断します。

　向こうの言い分が正しければもちろんそれに応じた処理、登記を入れるなどを
すべきでしょう。

　逆に向こうの言い分が正しくないと思っても、登記官は却下してはいけません。

　上司に渡せと言っている以上、上司に送る必要があるのです。

法務局長 の判断	審査請求に 理由ありと判断	登記官に相当の処分を命じ、その旨を審査請求人及び登記上 の利害関係人に通知する（157 III）。 →　この処分を命ずる前に、法務局長は、登記官に仮登記を 　　命ずることができる。
	審査請求に 理由なしと判断	裁決で当該審査請求を棄却する（行服45 II・49 II）。

　法務局長に送られたら、その法務局長が審査請求は正しいかどうかを判断して
処理をします。

　そして、審査請求に理由がある場合（つまり、申請人が正しい場合）、法務局
長は、「仮登記を先に入れておいて」と命ずることができます。

　上記のように頼むことができます。

これは法務局長の判断で行うものです。仮登記をすることは義務ではありません。

また、

審査請求するんだけど、仮登記宜しくね。

……。

申請人　　　　　　　　　　　　　　　　　　法務局長

こんな請求に応じる義務なんてありません。

問題を解いて確認しよう

1	審査請求書は、処分を行った登記官を監督する法務局又は地方法務局の長に提出しなければならない。〔12-24-4（20-22-ア）〕	×
2	登記の申請を却下した登記官の処分に対して審査請求がされたときは、審査請求を受けた法務局長又は地方法務局長は、審査請求に明らかに理由がないと認める場合を除き、登記官に対し仮登記を命じなければならない。〔8-23-3、令2-25-オ〕	×
3	登記官が違法な処分をした場合であっても、処分の取消しを求める審査請求又は行政訴訟を提起することができるときは、審査請求又は行政訴訟によって処分が取り消されない限り、当該処分によって被った損害の賠償を国に対して請求することはできない。〔8-23-5〕	×
4	不動産登記法は、審査請求前置主義を採用していないので、審査請求と取消訴訟のいずれの手続を選択してもよいが、審理の重複を防止するため、双方の手続を併行させることはできない。〔16-12-オ〕	×
5	登記官の処分に不服のある者は、当該処分の取消しを求める訴えを提起する前に審査請求をしなければ、当該訴えを提起することができない。〔28-26-イ（令2-25-ア）〕	×
6	登記官の処分を不当として審査請求を行う者は、当該登記官を監督する法務局又は地方法務局の長に対し、登記官を経由して審査請求しなければならない。〔20-22-ア（令2-25-イ）〕	○
7	審査請求は、登記の申請情報の保存期間が満了した後はすることができない。〔元-23-5（24-26-ア、28-26-オ）〕	×

| 8 | 審査請求は、登記官の処分の是正が法律上可能であり、かつ、その利益がある限り、いつでもすることができる。〔20-22-エ〕 | ○ |
| 9 | 登記官は、審査請求に理由があると判断した場合には、3日以内に意見を付して事件を監督法務局又は地方法務局の長に送付し、その長の命令により、相当の処分をしなければならない。〔16-12-エ〕 | × |

╭─────── ×肢のヒトコト解説 ───────╮

1 審査請求書は、登記「官」に提出します。

2 仮登記を命じる義務まではありません。

3 いきなり国家賠償請求をすることはOKです。

4 併行で、手続を行うことも可能です。

5 順番についてのルールはありません。

7 審査請求に期間制限はありません。

9 理由がある場合は、登記官自身が相当の処分をすることになります。

╰──────────────────────────────╯

これで到達！ 合格ゾーン

□ 審査請求人は、裁決があるまでは、いつでも審査請求を取り下げることができる（行服27Ⅰ）。そして、審査請求の取下げは、書面でしなければならない（行服27Ⅱ）。〔20-22-ウ（24-26-オ、令2-25-ウ）〕

> ★審査請求は書面で行って、その書面が関係各所に回っていくことを想定しています。そのため、取り下げるときも書面で行うことを規定しています。

□ 一般的な行政庁の処分に対する審査請求の場合においては、利害関係人は、審査庁の許可を得て、参加人として当該審査請求に参加することができる（行服13Ⅰ）。しかし、当該規定は登記官の処分に係る審査請求については適用されない（158）。〔12-24-2〕

> ★審査請求は書面で行って、その書面が関係各所に回っていくことを想定しています。そのため、審査請求をした人以外の関係者が参加することができません。

☐ 一般的な行政庁の処分に対する審査請求の場合においては、審査請求の審理は原則として書面によりされるが、審査請求人又は参加人の申立てがあったときは、申立人に口頭で意見を述べる機会が与えられる（行服31 Ⅰ）。しかし、行政不服審査法31条1項は登記官の処分に係る審査請求については適用されない（158）。〔12-24-3（28-26-ア）〕

> ★審査請求は書面で行って、その書面が関係各所に回っていくことを想定しているため、口頭で意見を述べる機会は与えられていません。

◆ 審査請求の対象となる「登記官の不当処分」◆

		審査請求の可否
登記申請の却下		○
登記申請の受理	「管轄違いの登記」「非登記事項」「二重登記」	○
	上記以外の却下事由にあたる場合	×
登記事項証明書の交付、受領証の交付処分等		○

では、どういったことを登記官にされると審査請求できるかを見ていきましょう。

基本的には、**不利益を受ければ審査請求できる**と思って構いません。例えば、登記事項証明書を請求したら拒否されたというだけでも審査請求が認められています。

例外は、却下事由があるにもかかわらず登記がされた場合です。

却下事由がある内容の登記が入ってしまった場合、関係者は「なんで登記をしたんだ、消してくれ」と求めることになるでしょう。

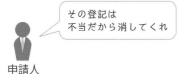

その登記は
不当だから消してくれ

申請人　　　　　　　　　　登記官

登記簿
（添付情報がないのに
通した登記）

却下すべき登記でも、**いったん入ってしまうとその登記は有効です。そのため、登記官はそれを抹消することができません。**

このように、却下すべきものが登記されても、審査請求できないのが原則です。

ただ、下記の例では異なります。

その登記は
不当だから消してくれ

申請人　　　　　　　　　　　登記官

登記簿
（管轄違いの登記）

登記簿
（非登記事項）

登記簿
（二重登記）

　却下事由でも、上記の却下事由を見逃して登記が入った場合は、その登記は無効です。

無効な登記であるため、登記官は抹消できます。

　こういった、**「管轄違いの登記」「非登記事項」「二重登記」を理由とする場合には、審査請求することができます。**

問題を解いて確認しよう

1	登記申請の代理権の授与の意思表示を取り消したにもかかわらず、既に交付していた委任状に基づく申請により、所有権の移転登記がされた場合には、登記義務者は、登記の抹消を求めて審査請求をすることができる。〔8-23-4〕	×
2	権利に関する登記が申請の権限を有しない者の申請によりされたものであることを理由として審査請求をすることはできない。〔24-26-ウ〕	○
3	登記官の処分に対する審査請求に関しては、登記手続の特殊性にかんがみ、不動産登記法は行政不服審査法の規定の適用除外を定めており、登記事項証明書・登記事項要約書の交付に関する処分は、審査請求の対象から除外されている。〔16-12-ア〕	×

```
┌────── ✕肢のヒトコト解説 ──────┐
```
1 「管轄違いの登記」「非登記事項」「二重登記」の場面ではないため、審査請求
　できません。

3 そういった処分でも審査請求が可能です。

◆ 審査請求ができる者 ◆

	論点	結論
一般論	売買による所有権移転の登記の申請が却下された場合 →　登記権利者又は登記義務者は単独で審査請求できるか	可
	抵当権移転登記の申請が却下された場合 →　抵当権設定者は審査請求できるか（大決大6.4.25）	不可
	相続の登記の抹消の処分がされた場合 →　代位により債務者のために相続の登記を行った債権者が 審査請求できるか	可
地位の承継	審査請求をした者が死亡した場合 →相続人は、審査請求人の地位を承継するか（行服15Ⅰ）	承継する
	審査請求の目的である権利を譲り受けた場合 →譲り受けた者は、審査請求人の地位を承継するか	承継 しない

　登記申請を却下された場合、誰が審査請求できるのでしょう。

　登記は共同申請で行いますが、**審査請求は権利者・義務者が独断ですることが可能**です。

　また、その地位に**包括承継があった場合、その相続人が行うこともできます。**

　ただ、その権利者から不動産を買った人（特定承継）は審査請求はできません。その登記の権利者の人がやるべきであり、不動産を買っただけではその地位を引き継ぐことにならないのです。

　次に、抵当権移転登記があった場合、設定者は審査請求できるでしょうか。
　抵当権移転登記は、今の抵当権者と、抵当権の譲受人で行います。**設定者はそもそも申請人ではないので、審査請求はできません。**

最後に債権者が代位で作った登記を、関係者が勝手に消した場合を想像してください。

代位者としてみれば、

代位者 「自分が作った登記を、何で勝手に消すの」

と面白くないはずです。この場合、**代位者が審査請求することができます。**

問題を解いて確認しよう

1	抵当権移転の登記の申請を却下した処分について、抵当権設定者も審査請求をすることができる。〔元-23-1（16-12-イ）〕	×
2	代位により債務者のために相続の登記を行った債権者は、相続の登記の抹消の処分について審査請求をすることができる。〔12-24-1〕	○
3	審査請求をした者から、審査請求の目的である処分に係る権利を譲り受けた者は、審査庁である法務局又は地方法務局の長の許可を受けて、審査請求人の地位を承継することができる。〔20-22-オ〕	×

×肢のヒトコト解説

1 設定者は申請人ではないので、審査請求できません。

3 特定承継では、審査請求人の地位は引き継ぎません。

第4章　その他

最後に択一で数回出題されている分野を紹介します。
ここも暗記することは後で構わないので、初めて読む
ときは全体のイメージを重視して読むようにしましょ
う。

第1節　登記識別情報の提供がない場合の本人確認手続

登記識別情報が無い時はどうなるのでしょうか。

登記識別情報が無い時でも、**登記申請をしたら、登記を受け付けてくれます。**
ただ登記識別情報が無い以上、本人なのか、成りすましなのかがわかりません。
そこで成りすましかどうかを確認するために、**基本は事前通知という手続をと
ります。**

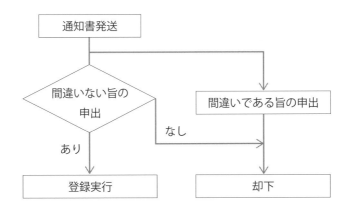

　登記識別情報が無ければ、後々登記簿上の住所に手紙を送り、その手紙を持っ
てきたのであれば、本人だと扱います。正確には、「間違いなくこの登記申請を
しました」と申出をすれば登記を入れます。

全く登記申請をしていないのに、いきなり「あなた登記申請しましたか」という手紙が来れば、「いや私は申請していませんよ。それは成りすましですよ」というように申し出ることができます。この場合は、却下になります。

この手続には、通知の面と、申出の面で論点があります。
まず通知の面ですが、**この通知は必ず通知書という手紙を送ります**。お知らせは登記簿上の住所に宛てて送るので、オンラインで行うことは無理です。

論点 登記義務者	送付先	送付方法
自然人	申請情報の内容（登記記録）とされている申請人（登記義務者等）の住所 （規70Ⅰ①）	本人限定受取郵便等
法人	法人の代表者の住所 （規70Ⅰ①、準43Ⅱ但書）	
	法人の主たる事務所 （規70Ⅰ②、準43Ⅱ本文）	書留郵便等

必ず通知書という手紙を送りますが、その手紙の送り方も若干違います。
基本的には、**本人限定受取郵便**で送るのです。
事前通知書は直接ポストには届きません。
「あなた宛の書類が来ていますから、身分証を持って、郵便局に取りに来てください」という手紙が来るのです。

義務者が法人の場合、基本は法人の主たる事務所に送ります。ただ、申出をすることによって、**代表取締役個人の住所に送る**ことも認められています。

そして、自然人である代表者個人に送る場合は、本人限定受取郵便になり、**法人に送る場合は、書留郵便**です。
法人の場合、身分証を持ってきてくださいと言っても、法人には身分証がありませんので、本人限定受取郵便という手法は取れないのです。

状況 ＼ 論点		事前通知に対する申出の方法	
		方式	詳細
登記の申請の方法	電子申請	オンライン	登記義務者が、電子署名を行った上登記所に送信する方法
	書面申請	書面	登記義務者が、申請書又は委任状に押印したものと同一の印を用いて当該書面に押印した上、登記所に提出する方法

次は、間違いない旨の申出の手続の論点です。

登記申請を書面で行っているか、オンラインで行っているかで、申出の方法も変わってきます。

書面申請でやっている場合は、書面で回答します。その時は、**書面申請の時と同じ印鑑を押して、自分が本人だってことを立証**します。

一方、その登記申請を**オンラインでやっていた場合は、申出もオンライン**です。**オンライン上の本人確認である電子署名をした上で、回答**することになります。

どちらにしても、**登記申請行為をしている人が、申出をしているのかを確認したい**のです。

問題を解いて確認しよう

1	登記の申請において、登記識別情報の提供ができない場合にされる登記義務者に対する事前通知に対し、法務省令で定められた期間内に登記義務者から申請の内容が真実である旨の申出がされたときは、当該申出に係る登記の申請は、当該申出がされた時に受付がされたことになる。〔17-16-ア〕	×
2	日本国内に住所を有する登記義務者に対して登記官が事前通知を発送した日から2週間内に当該登記義務者から申請の内容が真実である旨の申出がされなかったときは、申請は却下される。〔23-13-ア〕	○

3	インターネットを利用した申請がされた場合における登記識別情報の提供ができない場合にされる登記義務者に対する事前通知は、インターネットを利用してされる。〔17-16-イ〕	×
4	電子情報処理組織を使用する方法で不動産登記の申請の手続をした場合であっても、事前通知は、書面を送付してされ、登記義務者から申請の内容が真実である旨の申出も、書面ですることを要する。〔23-13-イ（24-14-イ）〕	×
5	債権譲渡を登記原因とする抵当権の移転の登記の申請につき事前通知がされる場合において、当該申請の登記義務者が法人であり、かつ、申請人から法人の代表者の住所に宛てて事前通知書の送付を希望する旨の申出があったときは、事前通知書は、書留郵便又は信書便の役務であって信書便事業者において引受け及び配達の記録を行うものによって送付される。〔27-13-イ〕	×
6	登記官が本件登記の登記義務者に対して事前通知をする場合には、法令で定める期間内に当該登記義務者から本件登記の申請内容が真実である旨の申出がされた日が、本件登記の申請の受付日として記録される。〔令4-17-ア（17-16-ア）〕	×
7	本件登記の申請が書面を提出する方法により行われた場合において、登記官が本件登記の登記義務者に対して事前通知をしたときは、当該登記義務者は、電子情報処理組織を使用する方法によって、本件登記の申請内容が真実である旨の申出をすることはできない。〔令4-17-オ（28-25-ア）〕	○

───────── ╭ **×肢のヒトコト解説** ╮ ─────────

1 申請時点で受付があったとされます。

3 事前通知は必ず書面でされます。

4 オンライン申請した場合の申出は、オンラインで行います。

5 自然人の住所に行うので、本人限定受取郵便に限られます。

6 申請の時点で受付をしてくれます。

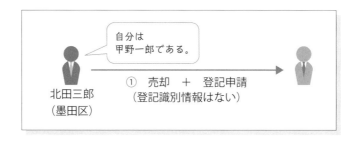

自分は
甲野一郎である。

北田三郎
(墨田区)

① 売却 ＋ 登記申請
（登記識別情報はない）

　ここに北田三郎という悪人がいます。甲野一郎に成りすまして、不動産物件を売ろうとしているのです。

　北田三郎が、甲野一郎に成りすましましたが、もちろん登記識別情報が無いので、登記識別情報が無いということを示して登記申請をすることになります。

1	所有権保存	（略）	所有者　千代田区丸の内１－１－１ 　　　　　　　　　　　　甲野一郎

　この登記簿の状態だったら事前通知はどこに送るかというと、これは千代田区丸の内１－１－１の甲野一郎の自宅に送ります。

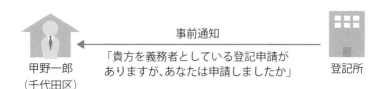

甲野一郎
(千代田区)

事前通知
「貴方を義務者としている登記申請が
ありますが、あなたは申請しましたか」

登記所

　このような手紙が送られてきたら、甲野一郎は「いや私には売った覚えなんかないですよ。それ成りすましですよ」と申し出ることは間違いありません。

　これでは成りすましが成功しません。

　こういった成りすましをする人というのは、実は事前に相当手の込んだことをやるのです。次の登記簿を見てください。

1	所有権保存	（略）	所有者　千代田区丸の内１－１－１
			甲野一郎
付記 1号	１番所有権登記名 義人住所変更	（略）	原因　令和６年10月22日住所移転 住所　墨田区吾妻橋１－１－１

　勝手に名変登記を申請して、自分（北田三郎）の住所に住所が変わったという
登記を入れるのです。

　これが入れば、事前通知は北田三郎の住所である墨田区に送られます。あとは、
北田三郎が「間違いない旨の申出」をして、成りすましのまま登記ができてしま
います。

　平成17年の不動産登記法改正前には、こういった事件が実際に多くありまし
た。そのため、平成17年改正後には、**事前通知は、登記簿上の現在の住所に送
りますが**、ただ、**住所変更があったら、前の住所にも送る**という制度を作ったの
です（現在の住所に送る制度を**事前通知**、前の住所に送る制度を**前住所通知**と呼
びます）。

　ではどんな場合に前住所に通知をするのでしょうか。

 覚えましょう

前住所通知をする要件
①登記識別情報の提供をすべき登記を申請する場合において、登記義
　務者等が登記識別情報を提供できない場合で
②当該登記が「所有権」に関するものであり
③登記義務者等の住所について変更の登記がされているとき

　ポイントは②です。
　所有権の登記をしているというのが条件なのです。

　所有者が登記識別情報を持っていない場合であれ、抵当権者が登記識別情報を

持っていない場合であれ、登記識別情報なしで申請すれば、事前通知がされます。

一方、前住所通知は、所有権に関する登記の場合にしか行いません。**所有権の登記には危険性があるので、その登記だけに限定して行います。**

上記の要件に該当していても、前住所通知をしない場合があります。

前住所通知を要しない場合（規71Ⅱ）
① 登記義務者の住所変更（更正）の原因が、行政区画若しくはその名称又は字若しくはその名称についての変更又は錯誤若しくは遺漏である場合

先ほど見た登記簿の1番付記1号が、行政区画変更だった場合です。これは**北田三郎が成りすまして、勝手にできるようなものではない**ので、大丈夫だろうという判断です。

前住所通知を要しない場合（規71Ⅱ）
② 登記の申請の日が、同項の登記義務者の住所についてされた最後の変更の登記の申請に係る受付の日から、3か月を経過している場合

この付記1号の名変登記を入れてから、成りすまして登記をするまでは、相当短い間に行います。実際の事件も住所変更登記から、3か月以内に起きていることが多かったようです。

そこで、住所変更登記から3か月以内に登記申請があったら「これは成りすましの事件ではないか」と疑って、前住所通知を送るようにしているのです。

逆に3か月を経過していれば、「これは成りすましでやっている登記ではないな」と判断され、前住所通知をしないことになっています。

前住所通知を要しない場合（規71Ⅱ）
③ 登記義務者が法人である場合

義務者が法人の場合です。**姿・形のない法人に成りすますというのは無理**なので、前住所通知はしないことにしています。

前住所通知を要しない場合が、あと1つあるのですが、これは別の制度のところで説明します。

問題を解いて確認しよう

1 登記の申請における登記義務者が法人である場合において、事前通知をするとき、申請人から事前通知書を法人の代表者の住所にあてて送付を希望する旨の申出があれば、登記官は、当該法人の代表者の住所にあてて事前通知書を送付することができる。〔オリジナル〕　　○

2 登記義務者の最後の住所の変更の登記の申請の日から3か月を経過して所有権に関する登記の申請をする場合において、正当な理由があることにより登記識別情報を提供することができないときは、事前通知は送付されるが、当該登記をする前に、登記義務者の登記記録上の前の住所に宛てて当該申請があった旨の通知はされない。〔23-13-エ〕　　○

3 登記義務者が法人であり、その本店について変更の登記がされ、所有権に関する登記の申請をする場合において、正当な理由があることにより登記識別情報を提供することができないときは、事前通知のほか、当該登記をする前に、登記義務者の登記記録上の前の本店に宛てて当該申請があった旨も通知される。〔23-13-オ〕　　×

4 債権譲渡を登記原因とする抵当権の移転の登記の申請につき事前通知がされる場合においては、当該移転の登記の申請が登記義務者の住所についてされた最後の変更の登記の申請に係る受付の日から3か月以内にされているときであっても、前の住所地への通知はされない。

〔27-13-ウ〕　　○

×肢のヒトコト解説

3 法人はなりすましの可能性が低いので、前住所通知はなされません。

本 人 確 認 情 報

○○法務局御中　　　　　　　　　　　　　　　　令和○年○月○日

　当職は、本件登記申請の代理人として、以下のとおり、申請人が申請の権限を有する登記名義人であることを確認するために必要な情報を提供する。

東京都新宿区新宿一丁目1番1号

司法書士○○○○　　　　　職印

（登録番号○○司法書士会第34213号）

1　登記の目的　　　　 所有権移転

2　不動産　　　　　　 ○市○町○丁目○番○の土地不動産番号1234567890123

3　登記識別情報を提供できない事由　　 失　効

4　申請人■登記義務者

　　住　　　所　　　○市○町一丁目1番1号

　　氏　　　名　　　甲野一郎

　　生年月日　　　　昭和43年6月15日

5　面談の日時・場所・状況

　　日　　　時　　　令和6年6月7日午前10時00分（曇り）

　　場　　　所　　　当職事務所

　　状　　　況

　　登記義務者が、本件不動産を売却するにあたり、登記申請の必要書類の事前確認等を行うため、当職が面談した。

6　申請人との面識の有無　　　 氏名を知りかつ面識がある

7　面識の経緯・時期・具体的事由

　　面識を生じた時期　　　平成31年3月初旬頃から

　　　　　　　　　　　　　　（登記申請から5年3カ月前）

　　経　　　　　　　緯

　　平成31年4月1日に登記義務者である甲野一郎氏が発起人として株式会社甲野商事を創立したときに、当職が設立登記を受託し、それを契機にして、以後、定期的に、会社の役員変更登記等を受託している（受任件数10回以上）。

　　また、各種議事録や契約書等の作成及び相談を受けるため、社長である甲野一郎氏とは、年に3回以上は、会社や当該事務所で面談している。

これは以前説明した本人確認情報というものです。登記識別情報が無い登記申請をする場合は、事前通知の手続をとります。

この事前通知の手続では時間がかかってしまいます。

そこで、即日登記をしてほしいという人は、司法書士に「本人確認情報を作ってくれ」と頼んで、このような紙を作ってもらいます。

この紙を作って、登記官を説得できれば、事前通知は省略できます。

 覚えましょう

要件	①登記識別情報の提供をしなければならない者に登記識別情報の提供ができない正当な理由があること ②登記申請が，登記の申請の代理を業とすることができる代理人によってされること ③登記官が、②の資格者代理人から、本人確認情報の提供を受けたこと ④登記官が、③の本人確認情報の内容を相当と認めたこと
効果	事前通知を省略できる。

ポイントになるのが④「相当と認めたこと」で、この紙を提供した上で、**登記官を説得できなければダメ**なのです。

また、**司法書士、土地家屋調査士、弁護士等、そういった人々でなければできません**（これが要件の②です）。そして、このような人々がやっているのだという立証が必要になります。

> 資格者代理人が本人確認情報を提供するときは、当該資格者代理人が登記の申請の代理を業とすることができる者であることを証する情報を併せて提供しなければならない（規72条Ⅲ、準49条Ⅱ）。
> 例）当該資格者代理人が所属する司法書士会、土地家屋調査士会又は弁護士会が発行した職印に関する印鑑証明書（準49Ⅱ③）

いろんな立証の仕方がありますが、1つ具体例を載せました。

先ほどの本人確認情報という紙の右上に、「職印」となっているところを見付

けてください。

　司法書士になる時に実印登録をします。その印を職印と呼び、それがこの紙に押されています。**この職印の印鑑証明書を付けることで、司法書士であることの立証をします。**

　そしてこの印鑑証明書については、原本還付が可能です。
　権利者、義務者の印鑑ではありませんので、原本還付して構わないのです。

　以上の要件をクリアすれば、この事前通知は省略できます。
　ただ、基本的には前住所通知は省略できません。

　一定の要件をクリアすると、前住所通知まで省略できます。
　ポイントは「**確実**」という文字です。
　「相当」というレベルまでいくと事前通知が省略でき、そして、そのレベルが「確実」というレベルまでいけば前住所通知まで省略できるようになるのです。

　　　　　　　　問題を解いて確認しよう

1　売買を登記原因とする所有権の移転の登記の申請につき当該申請の代　　　○
　　理人である司法書士から本人確認情報の提供があった場合において、
　　当該情報の内容が相当であり、かつ、その内容により申請人が登記義
　　務者であることが確実であると認められるときは、前の住所地への通
　　知はされない。〔27-13-エ〕

2　所有権に関する登記の申請において、登記識別情報の提供ができない場　　○
　　合に、当該申請の代理人となった司法書士が、当該申請人が登記義務者
　　であることを確認するために必要な情報を提供したときは、登記官にお
　　いてその情報の内容が相当と認められる場合に限り、事前通知が省略さ
　　れる。〔17-16-エ（23-13-ウ）〕

3	登記義務者が登記識別情報を提供することができないため申請代理人である司法書士が作成した本人確認情報を提供して申請をするときは、当該申請代理人が司法書士であることを証する情報を提供しなければならない。〔30-14-イ〕	○
4	登記官が、本人確認情報の内容を相当と認めることができない場合には、当該登記の申請は直ちに却下される。〔オリジナル〕	×

╭─────────────── ✕肢のヒトコト解説 ───────────────╮

4 本人確認情報の制度は、事前通知を回避する手段です。本人確認情報の要件を備えない場合は、却下されるのでなく、事前通知が実施されることになります。

╰──────────────────────────────────────╯

これで到達！ 　**合格ゾーン**

☐ Aに成年後見人が選任されている場合において、本件申請の添付情報として資格者代理人が作成した本人確認情報を提供するときは、当該本人確認情報は、当該成年後見人についてのものであることを要する。〔29-18-ウ〕

> ★登記名義人が成年被後見人である場合は、その成年後見人が「申請の権限を有する者」となるため、資格者代理人は成年後見人が本人かどうかを審査して、本人確認情報を作ります（不登規72Ⅰ①参照）。

第2節 電子申請

オンライン手続においては、電子署名と電子証明書という概念が重要になります。

この2つのイメージは、**ロックを掛ける（電子署名）、それを解除するパスワード（電子証明書）**という関係です。

では、このロックはどこに掛けるべきでしょうか。

申請情報への 電子署名	登記権利者及び登記義務者のいずれもが申請情報に電子署名を行わなければならない。
添付情報への 電子署名	電子申請における添付情報には、添付情報の作成者の電子署名を施さなければならない。

　申請情報には、権利者と義務者両方ともロックを掛ける必要があります。

　またそれだけでなく、添付情報についてもロックを掛ける必要があります。

　例えば、承諾書を添付情報として出す場合は、承諾書を作った利害関係人がロックを掛けることになります。

　ロックを掛けるだけでは、空けることはできませんので、パスワードも送る必要があります。

電子申請における 電子証明書の送信	電子署名が行われている情報（申請情報及び添付情報）を送信する場合には、電子証明書であって法務省令で定めるものを併せて送信しなければならない（令14）。

　このように申請情報、添付情報にロックを掛けてパスワードも一緒に送る、これが電子申請の基本となります。

👆 **Point**

オンライン申請

```
申請情報    データ ＋ 電子署名・電子証明書 ┐
                                          ├ 送信
添付情報    データ ＋ 電子署名・電子証明書 ┘
```

　オンライン申請では、申請情報、添付情報をデータで作り、これらに電子署名と電子証明書を施すことになります。

　そして、それらを合わせて送信することを要求しています。

問題を解いて確認しよう

1　登記権利者と登記義務者とが共同して自ら電子申請をする場合には、　○
　登記権利者及び登記義務者のいずれもが申請情報に電子署名を行わな
　ければならない。〔17-17-イ〕

2　電子申請をする場合において、第三者の承諾を証する情報を申請情報　○
　と併せて提供するときは、当該第三者の承諾を証する情報に当該第三
　者が電子署名を行わなければならない。〔17-17-ウ〕

◆ 書面申請とオンライン申請の比較 ◆

	書面申請	オンライン申請(特例方式を除く)
受領証の交付請求	可	不可
原本還付の請求	可	不可
事前通知の方法	書面（規70）	
事前通知に対する「間違いない旨」の申出	書面を提出	オンライン
登録免許税の納付方法	収入印紙・領収書で納付	・収入印紙・領収書で納付 ・オンライン納付（税21）
取下げ・補正	書面	オンライン（規39Ⅰ・60）
取下げによる書面の返還	すべて返還	返還されない
却下による書面の返還	添付情報は返還 申請書は返還ＮＧ	返還されない
登記識別情報の通知の方法	書面の交付 （送付も可能）	ダウンロード 書面の交付（送付も可能）
登記完了証の交付	書面	オンライン 書面

書面申請とオンライン申請を比較、まとめた図表になっています。

ここまでに説明していない部分を中心に解説します。

受領証の交付請求

　登記申請をしたときに、登記所から「申請書を受け取りました」という旨の領
収書のことを受領証といいます。

オンライン申請の場合には、画面をみれば登記を受け付けたかどうかは分かりますので、受領証を要求することはできません。

> 原本還付の請求

コピーをつけるので、書類の原本を返してほしいという制度のことです。
　オンライン申請の場合は、添付情報はデータで送っているので、書類の原本を返してくれというのは変でしょう。

問題を解いて確認しよう

1	電子申請をした申請人は、申請に係る登記が完了するまでの間、申請情報及びその添付情報の受領証の交付を請求することができる。〔24-14-エ〕	×
2	電子申請をする場合において、申請情報と併せて提供した添付情報は、登記が完了する前に限り、原本還付の請求をすることができる。〔17-17-オ（24-14-オ）〕	×
3	電子申請をした場合、事前通知に対する登記義務者からの当該申請の内容が真実である旨の申出は、オンラインですることを要する。〔オリジナル〕	〇
4	電子申請の受付をした登記所に、登録免許税に係る領収証書を貼付した登録免許税納付用紙を提出する方法によって、登録免許税の納付をすることはできない。〔31-12-エ（20-27-エ）〕	×
5	電子申請の取下げは、法務大臣の定めるところにより電子情報処理組織を使用して申請を取り下げる旨の情報を登記所に提供する方法によってしなければならない。〔24-14-ウ〕	〇

×肢のヒトコト解説

1　受領証の交付の請求はできません。
2　オンライン手続では、原本還付は認められません。
4　領収書、印紙による納付も認められます。

☐ 会社法人等番号を有する法人である電子申請の申請人が、その者の電子証明書を提供したときは、当該電子証明書の提供をもって、当該申請人の会社法人等番号の提供に代えることができる（不登規44Ⅱ）。〔31-12-イ〕

> ★電子証明書には色々な情報が載っているので、電子証明書を提供することによって、会社法人等番号が判明するのです（他にも住所・登記官が確認することができる代理権限も分かります）。

☐ 電子申請を利用して登記を申請する場合において、登記事項証明書を提供しなければならないときには、登記情報提供業務を行う指定法人から登記情報の送信を受けるための情報の送信をすることで、登記事項証明書の提供に代えることができる（不登令11）。〔20-27-イ、30-14-ウ〕

> ★登記所から登記事項証明書のデータをもらって、オンラインで送信することはできません。この場合、申請先の登記所が登記事項証明書が見られるための情報をもらってそれを送信することで、提供に代えることができます。

　実は、**このオンライン制度ですが、全く流行りませんでした。**

　その**理由の１つは、添付情報のデータ化**です。添付情報がデータになっていなければ、オンライン申請ができないのです（例えば、戸籍はデータでもらえませんし、判決文もデータでもらうことはできません）。

　また、**もう１つのネックが電子署名と電子証明書**で、一般人には普及していないのです。登記をするためだけに、この手続をとってくれることも期待できません。

　そこで、当面の間の特例措置を作りました。

> ☝ **Point**
>
> **特例方式**
>
> 申請情報　　データ ………………………………………… 送信
>
> 添付情報　　紙　　＋　　押印 ………………………… 持参　又は　郵送

　申請情報はデータで、添付情報は紙（その場合は押印をする）でいいとしたのです。そして、添付情報は登記申請の後、登記所に持参又は郵送すればいいとしたのです。

　これを特例方式、別名で半ラインと言ったりします。
　申請だけオンラインで、あとは紙でやるというところから来ているようです。

　そして、持参又は郵送と言いましたが、これは**原則2日以内**にする必要があります。**実体もないのに、登記申請をすることを防ぎたい**、そういうところから、申請して基本2日以内を要求しています。

> **登記原因証明情報**
> 　書面によるものは、スキャナで読み取ってPDF化し、申請情報とともにオンライン提供し、原本である書面は後日郵送する（令附則5条Ⅳ前段）。
> （名変登記では不要）

　申請情報はデータで送りますが、このデータを送る際に、登記原因証明情報も、送る必要があるのです。
　具体的には、登記原因証明情報の原本は残しておいて、これをスキャンしてPDF化したデータを申請情報と一緒に送りなさいとしています。

　「登記原因は、先に確認しておきたい」というところから、登記原因証明情報はPDF化して先に送れとしました。

　ただこれには例外があります。
　名変登記の場合です。**名変登記は物権変動ではない**ので、先に確認したいとい

う要請が働かないため、ＰＤＦデータの送信を要求しませんでした。

> **登記原因証明情報のＰＤＦ**
> 電子署名を要しない

　登記原因証明情報、原則はＰＤＦ化したデータを送ります。このＰＤＦデータ、これは電子情報なのですが電子署名を施す必要はありません。

　もともと電子署名が普及しないからこの制度を作ったのに、ここで電子署名を要求したら、やはり普及しなくなってしまいます。

> **登記識別情報**
> オンライン提供のみ

　登記識別情報については、後日紙で出すということはできません。オンラインで出さなければダメなのです。

　登記識別情報で重要なのは、パスワードが書いてある紙ではありません。

　パスワード自体が重要なのです。そして、パスワードは入力することで伝えることができます。

　そのため、登記識別情報は後日出すことは認めず、申請の際に入力することを要求したのです。

問題を解いて確認しよう

1	特例方式により添付情報を書面で提供する場合は、その旨を申請情報の内容としなければならない。〔オリジナル〕	○
2	特例方式により登記原因証明情報を記載した書面を提出する場合において、申請情報と併せて、当該書面に記載された情報を記録した電磁的記録を送信するときは、当該電磁的記録について作成者が電子署名をしなければならない。〔オリジナル〕	×
3	特例方式により登記を申請する場合、登記識別情報は、書面を登記所に提出する方法により提供することができる。〔オリジナル〕	×

2 登記原因証明情報のＰＤＦデータには、電子署名をする必要はありません。

3 登記識別情報の重要なところは紙ではなく、12桁の番号です。その番号はオンラインで送信することができます。

最後に……

まずは、不動産登記法の読了、お疲れさまでした。

大部分の方は、「読んだだけで、あまり頭に残っていない」という状態だと思います。民法などと異なり、読了しただけではなかなか知識が定着しないのがこの不動産登記法です。

不動産登記法は基本をしっかりやった後に、**どれだけ過去問を繰り返したかで決まります。**

ある程度基本を固めたら、ぜひ過去問を解き始めてください。

それでは、不動産登記法はこれにて終了です。

最後までお付き合いいただき、ありがとうございました。

索引

〈執筆者〉

根本 正次（ねもとしょうじ）

2001年司法書士試験合格。2002年から講師として教壇に立ち、20年以上にわたり初学者から上級者まで幅広く受験生を対象とした講義を企画・担当している。講義方針は、「細かい知識よりもイメージ・考え方」を重視すること。熱血的な講義の随所に小噺・寸劇を交えた受講生を楽しませる「楽しい講義」をする講師でもある。過去問の分析・出題予想に長けており、本試験直前期には「出題予想講座」を企画・実施し、数多くの合格者から絶賛されている。

令和7年版 根本正次のリアル実況中継
司法書士 合格ゾーンテキスト
5 不動産登記法Ⅱ

2019年3月25日　第1版　第1刷発行
2024年6月25日　第6版　第1刷発行

執　筆●根本 正次
編著者●株式会社　東京リーガルマインド
　　　　LEC総合研究所　司法書士試験部

発行所●株式会社　東京リーガルマインド
　　　　〒164-0001　東京都中野区中野4-11-10
　　　　　　　　　　アーバンネット中野ビル
　　　　LECコールセンター　📞 0570-064-464
　　　　　受付時間　平日9：30～20：00/土・祝10：00～19：00/日10：00～18：00
　　　　　※このナビダイヤルは通話料お客様ご負担となります。
　　　　書店様専用受注センター　TEL 048-999-7581 / FAX 048-999-7591
　　　　　受付時間　平日9：00～17：00/土・日・祝休み
　　　　www.lec-jp.com/

本文デザイン●株式会社リリーフ・システムズ
本文イラスト●小牧 良次
印刷・製本●図書印刷株式会社

根本正次
LEC専任講師

誰にもマネできない記憶に残る講義

司法書士試験は、「正しい努力をすれば」、「必ず」合格ラインに届きます。
そのために必要なのは、「絶対にやりぬく」という意気込みです。
皆さんに用意していただきたいのは、
司法書士試験に一発合格する！という強い気持ち、この1点だけです。
あとは、私が示す正しい努力の方向を邁進するだけで、
合格ラインに届きます。

私の講義ここがPoint!

1 わかりやすいのは当たり前！私の講義は「記憶に残る講義」

❶ 知識の1つ1つについて、しっかりとした理由付けをする。
❷ 一度の説明ではなく、時間の許す限り繰り返し説明する。
❸ 寸劇・コントを交えて衝撃を与える。

2 法律を教えるのは当たり前！時期に応じた学習計画も伝授

❶ 講義の受講の仕方、復習の仕方、順序を説明する。
❷ すでに学習済みの科目について、復習するタイミング、復習する範囲を指示します。
❸ どの教材を、いつまでに、どのレベルまで仕上げるべきなのかを細かく指導する。

3 徹底した過去問重視の指導

❶ 過去の出題実績の高いところを重点に講義をする。
❷ 復習時に解くべき過去問を指摘する。
❸ 講義内で過去問を解いてもらう。

根本講師の講義も配信中！

Nemoto

その裏に隠された緻密な分析力！

私のクラスでは、
❶ 法律を全く知らない人に向けて、「わかりやすく」「面白く」「合格できる」講義と
❷ いつ、どういった学習をするべきなのかのスケジュールと
❸ 数多くの一発合格するためのサポートを用意しています。
とにかく目指すは、司法書士試験一発合格です。一緒に頑張っていきましょう！

合格者の声　　根本先生おすすめします！

一発合格

長井 愛さん

根本先生の講義はとにかく楽しいです。丁寧に、分かりやすく説明してくださる上に、全力の寸劇が何度も繰り広げられ、そのおかげで頭に残りやすかったです。また先生作成のノートやレジュメも分かりやすくて大好きです！！

一発合格

最年少合格

大島 駿さん

根本先生の良かった点は、講義内容のわかりやすさはもちろん、記憶に残る講義だということです。正直、合格できた１番の理由は根本先生の存在があったからこそだと思います。

一発合格

大石徳子さん

根本講師は、受験生の気持ちを本当に良く理解していて、すごく愛のある先生だと思います。講座の区切り、区切りで、今受験生が言ってもらいたい言葉を掛けてくれます。

一発合格

望月飛鳥さん

初学者の私でも分かりやすく、楽しく授業を受けられました。講義全体を通して、全力で授業をしてくれるので、こちらも頑張ろうという気持ちになります。

一発合格

H・Tさん

寸劇を交えた講義が楽しくイメージしやすかったです。問題を解いている時も先生の講義を思い出しました。

一発合格

田中佑幸さん

根本先生の『論点のストーリー説明→条文根拠づけ→図表まとめ』の講義構成がわかりやすく記憶に残りやすかったです。

新15ヵ月合格コース

短期合格のノウハウが詰まったカリキュラム

LECが初めて司法書士試験の学習を始める方に自信をもってお勧めする講座が新15ヵ月合格コースです。司法書士受験指導40年以上の積み重ねたノウハウと、試験傾向の徹底的な分析により、これだけ受講すれば合格できるカリキュラムとなっております。司法書士試験対策は、毎年一発・短期合格を輩出してきたLECにお任せください。

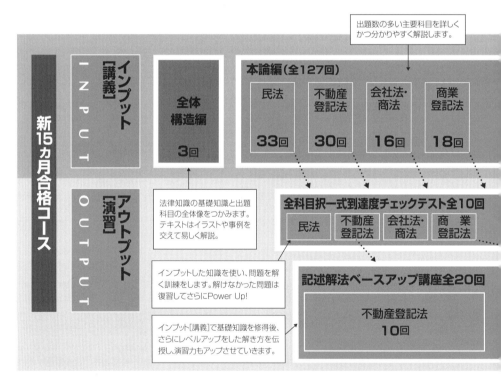

出題数の多い主要科目を詳しくかつ分かりやすく解説します。

新15ヵ月合格コース

インプット[講義]　INPUT

全体構造編 3回

本論編（全127回）

民法	不動産登記法	会社法・商法	商業登記法
33回	30回	16回	18回

法律知識の基礎知識と出題科目の全体像をつかみます。テキストはイラストや事例を交えて易しく解説。

アウトプット[演習]　OUTPUT

全科目択一式到達度チェックテスト全10回

民法	不動産登記法	会社法・商法	商業登記法

インプットした知識を使い、問題を解く訓練をします。解けなかった問題は復習してさらにPower Up!

記述解法ベースアップ講座全20回

不動産登記法 10回

インプット[講義]で基礎知識を修得後、さらにレベルアップをした解き方を伝授し、演習力もアップさせていきます。

インプットとアウトプットのリンクにより短期合格を可能に！

合格に必要な力は、適切な情報収集（インプット）→知識定着（復習）→実践による知識の確立（アウトプット）という３つの段階を経て身に付くものです。新15ヵ月合格コースではインプット講座に対応したアウトプットを提供し、これにより短期合格が確実なものとなります。

初学者向け総合講座

本コースは全くの初学者からスタートし、司法書士試験に合格することを狙いとしています。入門から合格レベルまで、必要な情報を詳しくかつ法律の勉強が初めての方にもわかりやすく解説します。

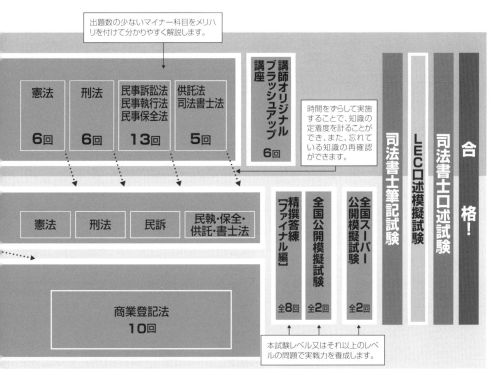

出題数の少ないマイナー科目をメリハリを付けて分かりやすく解説します。

| 憲法 6回 | 刑法 6回 | 民事訴訟法 民事執行法 民事保全法 13回 | 供託法 司法書士法 5回 |

講師オリジナルブラッシュアップ講座 6回

時間をずらして実施することで、知識の定着度を計ることができ、また、忘れている知識の再確認ができます。

| 憲法 | 刑法 | 民訴 | 民執・保全・供託・書士法 |

商業登記法 10回

精撰答練 「ファイナル編」 全8回

全国公開模擬試験 全2回

全国スーパー公開模擬試験 全2回

本試験レベル又はそれ以上のレベルの問題で実戦力を養成します。

司法書士筆記試験

LEC口述模擬試験

司法書士口述試験

合　格！

※本カリキュラムは、2023年8月1日現在のものであり、講座の内容・回数等が変更になる場合があります。予めご了承ください。

詳しくはこちら⇒ www.lec-jp.com/shoshi/

■お電話での講座に関するお問い合わせ 平日：9:30～20:00　土祝：10:00～19:00　日：10:00～18:00
※このナビダイヤルは通話料お客様ご負担になります。※固定電話・携帯電話共通（一部のPHS・IP電話からのご利用可能）。

LECコールセンター 0570-064-464

合格ゾーン過去問題集

択一式：全10巻
記述式：全2巻

直近の本試験問題を含む過去の司法書士試験問題を体系別に収録した、LEC定番の過去問題集

合格ゾーン過去問題集

単年度版

本試験の傾向と対策を年度別に徹底解説。受験者動向を分析した各種データも掲載

合格ゾーンポケット判
択一過去問肢集

全8巻

厳選された過去問の肢を体系別に分類。持ち運びに便利なB6判過去問肢集

合格ゾーン
当たる！直前予想模試

問題・答案用紙ともに取り外しができるLECの予想模試をついに書籍化
LEC門外不出の問題ストックから、予想問題を厳選

※本内容は2024年5月15日現在のものであり、変更になる場合があります。予めご了承ください。

LECの圧倒的な実績

司法書士受験指導歴

40年

LECは1984年からこれまで40年以上の司法書士試験指導実績から
全国で多くの合格者を輩出して参りました。

これまで培ってきた司法書士試験合格のための実績とノウハウは、
多くの司法書士受験生の支持を集めてきました。

合格者が選んだ公開模試は受験必須

令和5年度司法書士試験合格者が
LECの模試を選んだ割合

約 5人に 3人

実績の詳細についてはLEC司法書士サイトにてご確認ください。

書籍訂正情報のご案内

　平素は、LECの講座・書籍をご利用いただき、ありがとうございます。

　LECでは、司法書士受験生の皆様に正確な情報をご提供するため、書籍の制作に際しては、慎重なチェックを重ね誤りのないものを制作するよう努めております。しかし、法改正や本試験の出題傾向などの最新情報を、一刻も早く受験生に提供することが求められる受験教材の性格上、残念ながら現時点では、一部の書籍について、若干の誤りや誤字などが生じております。

　ご利用の皆様には、ご迷惑をお掛けしますことを深くお詫び申し上げます。

　書籍発行後に判明いたしました訂正情報については、以下のウェブサイトの「書籍　訂正情報」に順次掲載させていただきます。

　書籍に関する訂正情報につきましては、お手数ですが、こちらにてご確認いただければと存じます。

書籍訂正情報 ウェブサイト

https://www.lec-jp.com/shoshi/book/emend.shtml

LEC Webサイト ▷▷ **www.lec-jp.com/**

● 情報盛りだくさん！

 資格を選ぶときも，
講座を選ぶときも，
最新情報でサポートします！

≫ 最新情報

各試験の試験日程や法改正情報，対策講座，模擬試験の最新情報を日々更新しています。

≫ 資料請求

講座案内など無料でお届けいたします。

≫ 受講・受験相談

メールでのご質問を随時受付けております。

≫ よくある質問

LECのシステムから，資格試験についてまで，よくある質問をまとめました。疑問を今すぐ解決したいなら，まずチェック！

≫ 書籍・問題集（LEC書籍部）

LECが出版している書籍・問題集・レジュメをこちらで紹介しています。

● 充実の動画コンテンツ！

 ガイダンスや講演会動画，
講義の無料試聴まで
Webで今すぐCheck！

≫ 動画視聴OK

パンフレットやWebサイトを見てもわかりづらいところを動画で説明。いつでもすぐに問題解決！

≫ Web無料試聴

講座の第1回目を動画で無料試聴！気になる講義内容をすぐに確認できます。

LEC 全国学校案内

*講座のお問合せ，受講相談は最寄りのLEC各校へ

LEC本校

■ 北海道・東北

札　幌本校　　☎011(210)5002
〒060-0004 北海道札幌市中央区北4条西5-1　アスティ45ビル

仙　台本校　　☎022(380)7001
〒980-0022 宮城県仙台市青葉区五橋1-1-10　第二河北ビル

■ 関東

渋谷駅前本校　　☎03(3464)5001
〒150-0043 東京都渋谷区道玄坂2-6-17　渋東シネタワー

池　袋本校　　☎03(3984)5001
〒171-0022 東京都豊島区南池袋1-25-11　第15野萩ビル

水道橋本校　　☎03(3265)5001
〒101-0061 東京都千代田区神田三崎町2-2-15　Daiwa三崎町ビル

新宿エルタワー本校　　☎03(5325)6001
〒163-1518 東京都新宿区西新宿1-6-1　新宿エルタワー

早稲田本校　　☎03(5155)5501
〒162-0045 東京都新宿区馬場下町62　三朝庵ビル

中　野本校　　☎03(5913)6005
〒164-0001 東京都中野区中野4-11-10　アーバンネット中野ビル

立　川本校　　☎042(524)5001
〒190-0012 東京都立川市曙町1-14-13　立川MKビル

町　田本校　　☎042(709)0581
〒194-0013 東京都町田市原町田4-5-8　MIキューブ町田イースト

横　浜本校　　☎045(311)5001
〒220-0004 神奈川県横浜市西区北幸2-4-3　北幸GM21ビル

千　葉本校　　☎043(222)5009
〒260-0015 千葉県千葉市中央区富士見2-3-1　塚本大千葉ビル

大　宮本校　　☎048(740)5501
〒330-0802 埼玉県さいたま市大宮区宮町1-24　大宮GSビル

■ 東海

名古屋駅前本校　　☎052(586)5001
〒450-0002 愛知県名古屋市中村区名駅4-6-23　第三堀内ビル

静　岡本校　　☎054(255)5001
〒420-0857 静岡県静岡市葵区御幸町3-21　ペガサート

■ 北陸

富　山本校　　☎076(443)5810
〒930-0002 富山県富山市新富町2-4-25　カーニープレイス富山

■ 関西

梅田駅前本校　　☎06(6374)5001
〒530-0013 大阪府大阪市北区茶屋町1-27　ABC-MART梅田ビル

難波駅前本校　　☎06(6646)6911
〒556-0017 大阪府大阪市浪速区湊町1-4-1
大阪シティエアターミナルビル

京都駅前本校　　☎075(353)9531
〒600-8216 京都府京都市下京区東洞院通七条下ル2丁目
東塩小路町680-2　木村食品ビル

四条烏丸本校　　☎075(353)2531
〒600-8413　京都府京都市下京区烏丸通仏光寺下ル
大政所町680-1　第八長谷ビル

神　戸本校　　☎078(325)0511
〒650-0021 兵庫県神戸市中央区三宮町1-1-2　三宮セントラルビル

■ 中国・四国

岡　山本校　　☎086(227)5001
〒700-0901 岡山県岡山市北区本町10-22　本町ビル

広　島本校　　☎082(511)7001
〒730-0011 広島県広島市中区基町11-13　合人社広島紙屋町アネクス

山　口本校　　☎083(921)8911
〒753-0814 山口県山口市吉敷下東 3-4-7　リアライズⅢ

高　松本校　　☎087(851)3411
〒760-0023 香川県高松市寿町2-4-20　高松センタービル

松　山本校　　☎089(961)1333
〒790-0003 愛媛県松山市三番町7-13-13　ミツネビルディング

■ 九州・沖縄

福　岡本校　　☎092(715)5001
〒810-0001 福岡県福岡市中央区天神4-4-11　天神ショッパーズ
福岡

那　覇本校　　☎098(867)5001
〒902-0067 沖縄県那覇市安里2-9-10　丸姫産業第2ビル

■ EYE関西

EYE 大阪本校　　☎06(7222)3655
〒530-0013　大阪府大阪市北区茶屋町1-27　ABC-MART梅田ビル

EYE 京都本校　　☎075(353)2531
〒600-8413　京都府京都市下京区烏丸通仏光寺下ル
大政所町680-1　第八長谷ビル

スマホから
簡単アクセス！

LEC提携校

＊提携校はLECとは別の経営母体が運営をしております。
＊提携校は実施講座およびサービスにおいてLECと異なる部分がございます。

■■■ 北海道・東北 ■■■

八戸中央校【提携校】　☎0178(47)5011
〒031-0035　青森県八戸市寺横町13　第1朋友ビル　新教育センター内

弘前校【提携校】　☎0172(55)8831
〒036-8093　青森県弘前市城東中央1-5-2
まなびの森　弘前城東予備校内

秋田校【提携校】　☎018(863)9341
〒010-0964　秋田県秋田市八橋鯲沼町1-60
株式会社アキタシステムマネジメント内

■■■ 関東 ■■■

水戸校【提携校】　☎029(297)6611
〒310-0912　茨城県水戸市見川2-3092-3

所沢校【提携校】　☎050(6865)6996
〒359-0037　埼玉県所沢市くすのき台3-18-4　所沢K・Sビル
合同会社LPエデュケーション内

東京駅八重洲口校【提携校】　☎03(3527)9304
〒103-0027　東京都中央区日本橋3-7-7　日本橋アーバンビル
グランデスク内

日本橋校【提携校】　☎03(6661)1188
〒103-0025　東京都中央区日本橋茅場町2-5-6　日本橋大江戸ビル
株式会社大江戸コンサルタント内

■■■ 東海 ■■■

沼津校【提携校】　☎055(928)4621
〒410-0048　静岡県沼津市新宿町3-15　萩原ビル
M-netパソコンスクール沼津校内

■■■ 北陸 ■■■

新潟校【提携校】　☎025(240)7781
〒950-0901　新潟県新潟市中央区弁天3-2-20　弁天501ビル
株式会社大江戸コンサルタント内

金沢校【提携校】　☎076(237)3925
〒920-8217　石川県金沢市近岡町845-1　株式会社アイ・アイ・ピー金沢内

福井南校【提携校】　☎0776(35)8230
〒918-8114　福井県福井市羽水2-701　株式会社ヒューマン・デザイン内

■■■ 関西 ■■■

和歌山駅前校【提携校】　☎073(402)2888
〒640-8342　和歌山県和歌山市友田町2-145
KEG教育センタービル　株式会社KEGキャリア・アカデミー内

■■■ 中国・四国 ■■■

松江殿町校【提携校】　☎0852(31)1661
〒690-0887　島根県松江市殿町517　アルファステイツ殿町
山路イングリッシュスクール内

岩国駅前校【提携校】　☎0827(23)7424
〒740-0018　山口県岩国市麻里布町1-3-3　岡村ビル　英光学院内

新居浜駅前校【提携校】　☎0897(32)5356
〒792-0812　愛媛県新居浜市坂井町2-3-8　パルティフジ新居浜駅前店内

■■■ 九州・沖縄 ■■■

佐世保駅前校【提携校】　☎0956(22)8623
〒857-0862　長崎県佐世保市白南風町5-15　智翔館内

日野校【提携校】　☎0956(48)2239
〒858-0925　長崎県佐世保市椎木町336-1　智翔館日野校内

長崎駅前校【提携校】　☎095(895)5917
〒850-0057　長崎県長崎市大黒町10-10　KoKoRoビル
minatoコワーキングスペース内

高原校【提携校】　☎098(989)8009
〒904-2163　沖縄県沖縄市大里2-24-1
有限会社スキップヒューマンワーク内

※上記は2024年5月1日現在のものです。

書籍の訂正情報について

このたびは，弊社発行書籍をご購入いただき，誠にありがとうございます。
万が一誤りの箇所がございましたら，以下の方法にてご確認ください。

1 訂正情報の確認方法

書籍発行後に判明した訂正情報を順次掲載しております。
下記Webサイトよりご確認ください。

www.lec-jp.com/system/correct/

2 ご連絡方法

上記Webサイトに訂正情報の掲載がない場合は，下記Webサイトの
入力フォームよりご連絡ください。

lec.jp/system/soudan/web.html

フォームのご入力にあたりましては，「Web教材・サービスのご利用について」の
最下部の「ご質問内容」に下記事項をご記載ください。

> ・対象書籍名（○○年版，第○版の記載がある書籍は併せてご記載ください）
> ・ご指摘箇所（具体的にページ数と内容の記載をお願いいたします）

ご連絡期限は，次の改訂版の発行日までとさせていただきます。
また，改訂版を発行しない書籍は，販売終了日までとさせていただきます。

※上記「**2**ご連絡方法」のフォームをご利用になれない場合は，①書籍名，②発行年月日，③ご指摘箇所，を記載の上，郵送
にて下記送付先にご送付ください。確認した上で，内容理解の妨げとなる誤りについては，訂正情報として掲載させてい
ただきます。なお，郵送でご連絡いただいた場合は個別に返信しておりません。

送付先：〒164-0001 東京都中野区中野4-11-10 アーバンネット中野ビル
株式会社東京リーガルマインド 出版部 訂正情報係

> ・誤りの箇所のご連絡以外の書籍の内容に関する質問は受け付けておりません。
> また，書籍の内容に関する解説，受験指導等は一切行っておりませんので，あらかじめ
> ご了承ください。
> ・お電話でのお問合せは受け付けておりません。

講座・資料のお問合せ・お申込み

LECコールセンター ☎ 0570-064-464

受付時間：平日9：30～20：00／土・祝10：00～19：00／日10：00～18：00

※このナビダイヤルの通話料はお客様のご負担となります。
※このナビダイヤルは講座のお申込みや資料のご請求に関するお問合せ専用ですので，書籍の正誤に関
するご質問をいただいた場合，上記「**2**ご連絡方法」のフォームをご案内させていただきます。